대
역
관

김지남

대역관

김지남

하치경 장편소설

①

조선통신사의 실체

역적모의냐 정치적 음모냐?

역모로 몰아붙여라!
사건은 만들면 되고 소문은 퍼뜨리면 된다.

바른북스

1.

역적모의냐
정치적 음모냐?

"전하! 이번 일은 전하를 능멸하는 처사로 결코 그냥 지나쳐서는 안 될 일이옵니다."

라고 하며 허탈한 모습을 보이는 임금 앞에 김만기가 엎드려 아뢰었다. 그러나 임금은 생각이 조금 달랐다.

"부원군, 천막 하나 가지고 너무 과한 것 아니오?"

"전하! 이번 일은 그렇게 단순하게 넘길 일이 아니옵니다. 그들은 이번 연시연(延諡宴)에서 신과 옆에 계시지만 병판까지 독살하려 했다는 소문까지 나돌았습니다. 이는 국기문란(國紀紊亂) 사건입니다. 이렇게 무도한 남인(南人)들을 그대로 두신다면 말이 되겠습니까. 차제에 놈들을 모조리 제거해 버려야 하옵니다."

그러자 옆에 있던 병조판서 김석주와 김익훈도 고개를 숙이며 계속해서 임금의 통촉을 간청했다. 임금은 아무리 생각해도 비 오는 날 궁중 천막 하나를 허락 없이 가져갔다고 해서 그걸 빌미로 영의정을 파직한다는 것은 너무 과하다고 생각했다.

때는 1680년(숙종 6년) 3월 초, 날씨는 화창한 봄이었다. 그러나 정국은 꽁꽁 얼어붙은 한겨울이었다. 그날은 남인(南人)의 영수이며 영의정인 허적(許積)의 할아버지 허잠(許潛)에게 시호를 내리는 날이었다. 그날 공교롭게도 비가 내리고 있었다. 임금이 기름 먹인 천막을 보내려 했는데, 알고 보니 영의정 허적이 임금의 허락도 없이 먼저 가져가 버린 사건이었다.

정권의 주도권을 빼앗기고 그늘에서 매일같이 서러운 나날을 보내던 서인(西人)들은 독이 오를 대로 올라 이렇게 좋은 기회를 놓칠 수 없었다. 만약 이번 기회를 놓치면 언제 또 이런 기회를 맞을지 알 수가 없기 때문이었다. 그래서 그들은 어떠한 일이 있어도 이번 기회에 사건을 만들어 정권의 주도권을 되찾을 궁리를 하고 있었다. 그 방법은 일단 헛소문을 크게 내고 뒤에서 슬슬 부채질을 하는 것이었다. 그들은 이런 술수에 이미 익숙해져 있었다.

당쟁사는 그 뿌리가 깊지만, 1574년 선조 때 김효원으로 거슬러 올라가면 그 역사는 100년이 넘었고, 인조와 현종 때 입어야 할 상복의 기간을 두고 다투던 예송문제에서 본다 해도 50년이 넘었다. 정쟁을 일삼는 사람들은 반대파의 사소한 실수도 그냥 지나치는 법이 없었다. 없는 죄는 만들면 되고, 작은 일은 크게 헛소문만 내면 되었다.

이번 일도 나라의 제2인자의 지위에 있는 영의정이 궁중의 천막을 임금 허락 없이 사용했다 하여 벌어진 사건이다. 그러나 이러한 사소한 일도 상대가 있으면 사정은 달라진다. 서인들은 이 사건을 국기문란 사건으로 몰아 전국의 유생들을 끌어들여 부추겼다. 이에 발맞추어 지역과 정파에 매몰된 서인계열의 유생들은 벌떼같이 상소를 올렸다. 연일 계속되는 지역 상소에 임금도 지쳐 결국은 좋은 게 좋다는 식으로 굴복하여 정권의 주체에 대한 결단을 내렸다.

남인의 영의정 허적을 서인의 김수항으로 교체하고, 훈련대장에 김만기, 총융사에 신여철, 수어사에 김익훈, 병조판서 겸 어영대장에 김석주 등 모든 병권과 군권을 서인들에게 넘겨주었다. 천막사건으로 병권과 군권을 손에 쥐기는 했지만 서인들은 그것만으로 만족할 수 없었다. 아직도 조정 내에는 남인의 사람들이 많이 남아있었기 때문이었다.

***

이런 일이 있은 지 한 달도 채 되지 않은 4월 초였다. 그날도 새벽부터 비가 내리고 있었다. 김석주는 빗속에 가마를 타고 덕수궁으로 향했다. 이른 아침이라 어영청 군사들의 경비가 곳곳에 삼엄했다. 그러나 여영대장이 된 김석주는 가는 곳마다 군사들이 예를 갖추었다. 김석주는 병조판서로서 어영대장까지 겸하고 있으니 자기로서는 더 바랄 게 없다고 생각했다.

"김 내관, 전하를 뵈러 왔다고 고하시게."

"아니? 어인 일로 이렇게 이른 아침에?"

"그건 자네가 알 바 아니네, 빨리 고하시게!"

김석주의 성화에 못 이긴 김 내관은 아주 못마땅한 듯 인상을 찌푸리며 침전으로 향했다.

"전하! 병판 대감께서 청대(請對)하기를 원하옵니다."

그래도 아무런 대답이 없자 다시 고했다.

"전하! 병판 김석주 대감이 화급히 아뢰올 말씀이 있다고 하옵니다."

그러자 어험! 하는 헛기침 소리와 함께 임금의 목소리가 들렸다.

"무슨 일인데, 이렇게 식전부터 법석이느냐고 여쭤라."

김석주는 그 말씀을 듣고 독대하여 아뢰어야 할 말씀이라고 하자 김 내관은 그 뜻을 임금께 다시 아뢰었다.

"그럼 드시게 하라!"

"전하, 긴히 아뢰올 말씀이 있어 이렇게 이른 시간에 무례를 무릅쓰고 급히 찾아뵈었습니다."

9

"그래, 무슨 일이요?"

"역적모의입니다."

"뭐라! 역적모의라?"

"네, 그러하옵니다. 전하!"

하고 김석주는 마른 침을 삼키며 맞잡은 두 손을 덜덜 떨었다.

"그래, 좀 더 가까이 와서 침착하게 이야기해 보오."

"영상으로 있던 허적의 서자 허견이 복선군(福善君) 이남(李枏)을 임금으로 내세울 모의를 꾸미고 있다고 합니다."

"아니, 허 영상의 아들이라 했소?"

"네, 그러하옵니다. 전하!"

"그자는 지난해에도 남의 아내를 빼앗아 물의를 일으킨 놈이 아닌가?"

"망극하옵니다. 전하!"

"그래, 그렇다 하고 대체 무슨 명분으로 역모를 꾸민다는 거요?"

"아뢰옵기 황송하오나, 지금까지 알려진 바로는 전하의 옥체가 약하시고 아직까지 세자가 없으셔서 그런다고 하옵니다."

"허허 참! 과인의 나이가 이제 스물인데 지금 원자가 없다 하여 역모를 꾸밀 일인가?"

"망극하옵니다."

"병판은 대체 이 사실을 어찌 알았소?"

"모의에 가담한 문산 별장 정원로와 강만철이라는 자가 고변을 해왔습니다."

"그래, 그들은 지금 어디에 있소?"

"그놈들도 역모에 가담했던 자들이기에 일단 하옥시켜 두었습니다."

"그럼 거사 자금이 있어야 할 터인데?"

"지금까지 알려진 바로는 사역원 역관 놈들인데 그중에는 수역 장현(張

炫)이라는 자가 주동이라고 합니다."

"뭐라? 장현이라면, 효종대왕 때부터 북벌계획을 주도했던 그 역관 아니오?"

"네, 그러하옵니다."

"연행을 다니며 밀무역으로 국중거부(國中巨富)가 되었다는 말은 들었는데 그렇게 모은 재산을 역모에 쓴다고? 그럼 거병은?"

"대흥산성에 1만여 명과 이천(伊川)에 있는 둔군(屯軍)들을 매일 같이 조련하며 하명만을 기다리고 있다고 하옵니다. 이것이 정원로와 강만철이 고변한 서장이옵니다."

라고 하며 몇 장의 투서를 품 안에서 꺼내 올렸다.

"그럼 거사가 임박했다는 말이 아닌가?"

"망극하옵니다. 전하!"

"자꾸 망극하다는 말만 하지 말고 대책이 무엇이오."

"이 일은 신에게 맡겨주십시오. 깨끗이 쓸어버리겠습니다."

"그러면 내일 병조에 정국(庭鞫)을 설치하도록 하시오."

그러자 김석주는 정원로와 강만철이 투서한 내용을 임금께 올리고 잠시 물러나왔다. 임금은 의관을 정제하고 도승지 유상운을 불러 지금 즉시 대신(大臣)들과 금부당상(禁府堂上), 양사장관(兩司長官)과 훈련대장을 입궐시키라고 하였다. 평소 몸에 화기가 많은 임금은 역모라는 소리에 혼자서 분을 삭이지 못해 냉수 한 사발을 마신 뒤, 그것도 모자라 부채를 신경질적으로 부쳐대며 신료들이 오기를 기다리고 있었다.

한편 김석주는 궁궐 수비를 맡고 있는 어영대장으로서 휘하의 군사들을 풀어 돈화문에서부터 인정전과 선정전, 왕비의 침전인 대조전을 비롯하여 궁궐의 주요 통로까지 어영청 호위무사들이 겹겹이 둘러싸게 하였다.

그런 와중에 입궐 명을 받고 맨 먼저 달려온 사람은 훈련대장 김만기였다. 임금은 그를 보자마자 총융사와 수어사에게 군사를 풀어 한성과 경기 일원의 경비를 강화하라고 지시하였다. 어명이 떨어지자마자 궁궐 밖에는 말발굽 소리가 요란하더니 일시에 무장한 병사들이 궁을 에워싸기 시작했다.

시간이 지나자, 좌·우의정과 육조판서, 사헌부, 사간원 관원 등이 줄줄이 대전으로 모여들었다. 백관이 만조하자 임금이 그제야 오늘 긴급히 대신들을 불러 모은 연유를 말했다.

"지금 궐 밖에는 역모를 꾸미고 있다는 상변이 있어 경들을 급히 부른 것이오."

역모라는 말을 들은 대신들은 전부 하나같이 엎드리며 여기서도 망극, 저기서도 망극하며 망극의 합창이라도 하듯 하였다. 임금이 무슨 말만 하면 신하들은 엎드려 망극하다는 소리만 하니 임금도 그 소리가 지겨웠던지 언성을 높이며 역정을 부렸다.

"이제 그놈의 '망극' 소리는 그만하시오. 위급한 일이 생기면 그 대책을 말해야지 그저 '망극, 망극'만 하고 있으면 어찌하겠다는 말이오?"

그 말을 들은 신하들은 또 일제히,

"망극하옵니다. 전하!"

라고 하였다. 그래도 임금은 미간을 찌푸리며 말을 이어갔다.

"조금 전 병판에게 정국을 열라 했으니 며칠 후면 그 전모가 밝혀질 것이지만 과인에게 올라온 글이 있으니 먼저 한번 들어들 보시오."

하며 승지 윤계를 불러 정원로(鄭元老)와 강만철(姜萬鐵)이 올린 상변 내용을 낭독하게 했다.

"소인은 허견과 4년 전부터 가깝게 지내오다 작년 정월 허견, 이태서와 함께 강만철 집에서 복선군(福善君) 접견을 의논하였고, 지난여름에는 허견이 글을 보내와 복선군의 집에서 두 번째 만났으며, 그 뒤 소인의 집에서 세 번째 모였습니다. 그때 허견이 말하기를 임금님 나이도 어린데 몸이 자주 아프시고, 세자까지 없으시니 만약 무슨 일이라도 생기면 복선군이 임금 자리에 앉지 않으려 해도 그게 어려울 것입니다. 그렇게 말하니 복선군 이남(李柟)은 그 말을 듣고도 아무 말을 하지 않았습니다. 그때 허견은 다시 '이제 나라가 곧 망하려 하는데 우리가 잘해야 할 것입니다.'라고 하기에 소인은 모골이 송연해서 임금님께 이를 곧 말씀드리려 했으나 임금님께서 워낙 영상대감을 신임하고 존중하시므로 감히 말씀드렸다가 오히려 소인이 무고로 화를 당할까 봐 말씀을 못 드리고 있었습니다. 그런데 역모자들은 개성 대흥산성에 1만에 이르는 군사를 두고, 이천(伊川)에 있는 둔군(屯軍)의 군사들에게 매일같이 강한 훈련을 시키는 등 사태가 너무 급박하게 돌아가기에 소인으로서는 더 이상 미룰 수가 없어 이번에 감히 아뢰게 된 것입니다."

윤계의 고변 낭독이 끝나자 어전은 찬물을 끼얹은 듯 조용했다. 어느 누구도 감히 얼굴을 들지 못하고 서로 쳐다보지도 못했다. 한동안의 침묵이 흐르자 임금이 입을 열었다.

"이번 이 일을 어떻게 처리하면 좋겠소?"

"허견은 며칠 전까지 영상 자리에 있던 허적의 서자인데 제 아비를 그 자리에 있게 한 전하의 하늘 같은 은혜를 모르고 감히 역모를 꾸몄다고 하니 국청을 거칠 것 없이 바로 잡아다 효수(梟首)를 하여야 할 것이옵니다."

김만기가 목청을 높여 아뢴다.

그러자 김만기의 말을 사헌부 대간이 가로막고 나섰다.

"지금 나라 안은 극심한 당쟁으로 없는 사실을 만들어 정적을 죽음으로 내모는 일이 한두 번이 아니었습니다. 설사 그 죄가 중하다 하더라도 법에 정한 절차는 거쳐야 하니 국청을 열어 그 사실관계를 밝힌 후에 죄질에 따라 형벌을 내리셔도 늦지 않을 것으로 사료됩니다.”

대신들은 모두 사헌부 대간의 말이 옳다고 맞장구를 쳤다. 임금은 이번 역모의 전모를 밝힐 수 있도록 병조에 정국(庭鞫)을 설치하라고 다시 한번 명을 내리고 자리에서 일어나 나가버렸다.

뒷날 아침 일찍 김석주는 병조 앞마당에 정국을 열었다. 살벌한 분위기에 바람도 숨을 죽였다. 뜰에는 형틀과 죄인들을 다룰 의자가 놓이고, 그 옆에는 인두가 화로 속에 이글거리고 있었다. 정승과 의금부 당상관, 사헌부 사간원 전 관원 좌·우포도대장, 육방승지 문사낭청(問事郎廳) 등이 자리를 하자 위관(委官)이 죄인을 앞으로 끌어내라 소리를 질렀다. 그러자 나졸들이 주모자의 한 사람으로 지목된 이태서를 끌고 나왔다. 그는 온몸이 이미 피투성이가 되어, 의자에 앉힐 때는 이미 몸을 가누질 못했다. 정국이 있기 전에 모진 고문이 그를 이미 죄인으로 만들어 놓은 상태였다. 역모를 고변했다는 정원로도 옆 좌석에 묶여 나와 앉았다. 이태서에 대한 위관의 추국이 시작되었다.

“역적 이태서에게 묻겠다. 네놈이 허견과 주고받은 글 중에 ‘송별한 뒤에 언약대로 하자.’는 말이 있는데 그 언약이 무엇이더냐?”

이태서는 고개를 숙인 채 아무런 대답을 하지 않자 위관의 추국은 더 큰 소리로 이어졌고 회유와 협박이 이어졌다.

“네놈의 죄상은 이미 다 알려져 있다. 조금이라도 고생을 덜 하고 싶으면 묻는 말에 즉시 실토를 해야 할 것이다.”

그래도 아무런 말이 없자 정원로는 작은 서찰 하나를 내보이며 이것이 이태서가 허견과 주고받은 편지인데 자신에게도 보내주었다고 하였다. 그러면서 그 편지 속의 '언약'이라는 말이 바로 '역적모의'라고 말했다. 정원로 옆에 서있던 나졸이 서찰을 받아 이태서에게 보여주었다. 이태서는 한동안 편지를 유심히 바라보았다.

"이 편지는 소인의 필적이 아닙니다. 이것은 가짜입니다."

라고 하며 들었던 고개를 다시 떨구었다.

"무어라? 이 편지가 가짜라고!"

가짜라는 말에 흥분한 위관은 자리를 박차고 일어나며 고래고래 고함을 질렀다.

"저 역적 놈이 아직 주둥이가 살아있는 걸 보니 주리가 많이 부족한 모양이다. 자백할 때까지 틀어라."

두 형리가 주릿대로 이태서의 두 정강이를 사정없이 비틀기 시작했다. 그러나 아무리 비틀어도 비명만 지를 뿐 역모를 인정하지 않았다. 그러자 이번에는 위관이 직접 마당으로 내려가 화로에 벌겋게 달아있는 인두를 꺼내 이태서의 눈앞에 들이댔다.

"이래도 불지 않을 테냐?"

그러나 이미 의식이 흐려져 이태서는 인두에 대한 두려움조차 없는 듯했다. 위관의 인두가 그의 가슴을 파고들었다. 그의 가슴에는 하얀 연기와 함께 노란 불길이 번지고, 비릿하게 맨살 타는 냄새가 코를 찔렀다. 죄를 문초하던 나졸들은 물론 단상에서 이를 보고 있던 병판 김석주를 비롯한 참관인들도 모두 고개를 돌렸다. 이태서는 마지막 남은 가느다란 비명 소리 하나를 남기고 완전히 실신해버렸다. 나졸들은 짐승의 사체처럼 그를 질질 끌고 가 다시 옥에 처넣었다.

끝내 역모를 부인하던 이태서에게서 되레 홍역을 치른 위관은 점심을 먹은 뒤 복선군 이남을 끌어냈다. 그는 임금의 근친이라 몸은 성했지만 두 손은 포박되어 있었다. 진실이든 누명이든 역모의 죄명으로 정국에 끌려 나온 이상 왕족의 예우는 없었다. 역시 형틀에 앉혀 추문을 받기 시작했다. 복선군은 임금의 당숙이라 병판이 직접 추국했다.

"죄인의 역모는 이미 함께 작당한 자들의 고변으로 전모가 상세하게 드러났으니 더 이상 추문할 것도 없다. 다만 죄인의 입에서 그 사실을 듣고 싶을 뿐이니 괜한 고생 자초하지 말고 이실직고하시오."

복선군이 임금의 당숙이고, 김석주 역시 임금의 외척이니 따지고 보면 그렇게 먼 사이도 아니었다. 그러나 권력을 두고 치열하게 다투는 당파싸움 앞엔 혈연도 아무런 의미가 없었다.

"내가 전하의 지친으로 이미 이 지경에 이르렀는데 무엇을 더 숨기겠는가. 내 스스로 모든 사실을 밝히겠소."

하고 다음 말을 이어갔다.

"작년 가을 늦게 정원로 집에서 허견과 함께 모였는데 허견이 주상의 춘추가 젊으신 데도 옥체가 편찮으시고 또 세자가 없으니 만약 무슨 일이 있으면 어떻게 되겠는가. 나라의 어려움이 이미 고질이 되었는데 바로 잡을 만한 자가 없으니 앞으로 잘해야 할 것이며 또 당론으로 이를 타파하는 것이 마땅하다고 하기에 나는 그 말만 듣고 아무 말 없이 그냥 나와버렸소. 그것이 전부이고 역모를 꾀한 사실은 없소."

라고 극구 역모 사실은 부인했다.

"그런 일이 있었다면 종실로서 마땅히 그자들의 역모를 전하께 고하고 사전에 분쇄해야 할 위치에 있는 분이 그 말을 듣고도 그냥 나와버렸다는 것은 그들과 뜻을 같이하겠다는 것 아니오?"

"아니, 전하의 옥체가 약하시고 아직 후사가 없어 걱정이라고 염려한 말을 역모라고 뒤집어씌우면 대체 내가 무슨 말을 하겠소? 이것은 우리가 역모를 꾀한 것이 아니라 당신네들이 지금 역모라는 음모를 꾸미고 있는 것이요."

"허허! 이런 답답한 일이 있나, 주상전하의 춘추가 이제 갓 스물인데 세자 운운하며 나라의 어지러움을 당론으로 바로잡아야 한다는 게 역모가 아니고 무엇이오? 이게 우리의 음모라고? 여봐라! 이 대역죄인을 즉시 하옥시켜라."

병판 김석주의 하명이 떨어지자 나장들이 달려들어 복선군을 옥으로 데리고 갔다.

정국이 열린 지 사흘째 되는 4월 9일 아침,

역적모의 주모자로 알려진 허견(許堅)이 정국으로 끌려 나왔다. 그는 여기에 끌려 나오기 전에 이미 몽둥이로 정강이를 패는 형신(刑訊)을 얼마나 당했는지 혼자서는 바로 서지도 못했다. 허견이 형틀에 앉아 헝클어진 상투를 늘어뜨린 채 고개를 숙이고 있었다. 허견에 대한 정국도 김석주가 직접 관장했다.

"대역죄인은 들어라. 이미 너희들의 역모에 대해 이태서는 물론 복선군도 모두 시인하고 자백하는 것을 여기에 참관한 모든 대신들과 심지어는 말단 나졸들까지 다 들었다. 이런 마당에 네놈이 부인을 한다 하여 그것이 받아들여질 리도 없고 너에 대한 고통만 가해질 뿐이다. 어서 모든 사실을 이실직고하고 주상전하의 선처를 기다리는 것이 순리이다. 어찌하겠느냐?"

"듣기 싫다. 나는 이미 죽은 목숨이다. 자백을 해도 죽을 것이고 부인을 해도 죽을 것이다. 그대는 정치적 음모를 꾸미며 얼마나 많은 무고한 사람들을 죽이고 유형을 보냈느냐. 그 사실이야말로 천하가 다 아는 사실이다. 그리고 이번 사건도 남인들이 꾸민 역모가 아니라 선왕 15년 갑인예송으로 정권을 빼앗긴 너희 서인들의 음모가 아니고 무엇이냐. 긴말 하기도 싫고 듣기도 싫다. 나를 어서 죽여라."

그렇지 않아도 피부가 검고 험상궂은 인상으로 소문난 김석주는 미간을 잔뜩 찌푸리며 언성을 높였다.

"이 역적 놈아, 정치적 음모라니, 그럼 내가 없는 사실을 꾸며내기라도 했단 말이냐?"

"그렇다."

죽음 앞에서도 당당하게 자신의 소신을 밝히는 허견을 곱게 다룰 방법은 없었다.

"저런 쳐 죽일 놈을 봤나. 내가 국청을 여러 번 보았지만 이렇게 지독한 놈은 처음이다. 네놈은 년 전에 남의 아내를 훔친 일로 그때 이미 내 손에 죽었어야 했는데. 애비의 낯을 봐서 지금까지 살려두었더니 온 나라를 어지럽히고 역모까지 꾸미고 있으니 지금이라도 당장 죽어야 한다."

하면서 역시 인두를 들고 그의 넓적다리와 가슴을 마구 지져댔다. 병조의 뜰 안은 살타는 냄새와 연기가 코를 찔렀다. 허견은 온몸이 인두에 갈가리 찢겨지고 떨어져 나가도 이번 사건은 자기들의 역모가 아니라 서인들의 음모라고 주장했다. 허견의 고문을 보고 있던 수어사 김익훈이 김석주에게 말했다.

"병판, 저 놈들이 저렇게 부인을 하니 어찌 하면 좋겠소?"

"이런 때 약해지면 안 되오, 아무리 부인을 하더라도 자백을 할 때까지 고문을 하고 실신하면 끝에 가서 자백하였다고 하면 그만이오."

그리고는 인두를 내팽개치면서 당장 차코를 씌워 처넣으라고 고함을 질렀다.

허견에 대한 정국이 끝나자 다음 날부터 복창군 이정(李楨)과 복평군 이연(李楝)에 대한 정국이 차례대로 열렸다. 그 뒤를 이어 허견의 아버지인 전 영의정 허적에 대한 심문조사가 이루어졌지만 잔인한 고문에도 누구

하나 자백은 없었다. 일 차 주모자들에 대한 정국이 끝나자 김석주는 지금까지의 정국에서 그들의 음모는 명백히 드러났다고 임금에게 아뢰었다.

"전하, 지금까지 정국에서 밝혀진 바에 의하면 역적들의 모의는 더 이상 의심할 여지가 없습니다. 그러나 그들은 결코 자백하지 말자고 사전 맹약이 있었는지 순순히 자백하는 자가 없었습니다."

"그래요! 그렇다면 참으로 무서운 역도들이오, 하지만 역모를 꾀한 자들이 어디 그들뿐이겠소. 이참에 완전히 그 뿌리를 뽑아야 할 것이오."

임금의 이 한 마디에 역모의 회오리가 사역원을 덮쳤다.

***

의금부와 포도청 나졸들이 사역원에 들이닥쳐 장현과 조금이라도 가까이 지낸 역관은 모조리 정국으로 잡아들였다. 그중에는 역관 김지남도 끼어있었다. 지남을 끌고 온 나졸들은 다짜고짜로 그를 형틀에 묶었다. 그리고 바지를 벗기고 곤장으로 볼기짝을 쳐대기 시작했다. 지남은 자신이 왜 끌려와서 곤장을 맞는지 까닭을 알지 못했다. 그렇다고 그 이유를 물어볼 짬도 주지 않았다. 한참을 두들겨 패고 나서 볼기짝이 핏덩이가 되고 허리는 마비되어 움직일 수도 없을 때, 그제야 위관이 지남에게 물었다.

"네 이놈, 역적 장현의 심복이지?"

완전히 떡이 된 지남은 대답을 하려도 목소리가 나오지 않았다. 억지로 모깃소리를 내며 되물었다.

"그게 무슨 말이요?"

"시침 떼지 마! 이놈아. 네놈이 그놈의 심복이라는 것은 이미 염탐하여 다 아는 사실이다. 우겨봐야 소용없어."

"글쎄 뭐가 심복이고 또 심복이면 어떻다는 겁니까?"

"옳지, 그래 네놈의 입으로 분명히 심복이라고 자인했겠다. 그러면 장현이 복평군에게 거사 자금을 대기로 한 것도 알고 있지?"

"그게 무슨 말이요?"

위관이 금시초문의 이야길 자꾸 묻자 지남 역시 그게 뭐냐고 되물었다.

"이놈이 주둥아리 놀리는 것 보니 아직 맷집이 남아있나 보네."

라고 말하자 나졸들이 피범벅이 된 엉덩이를 또 내려치기 시작했다. 이미 살이 터지고 찢어져 누더기가 된 볼기는 아무리 더 때려도 피만 튀어오를 뿐 감각은 별 없었다.

그때 위관이 또 물었다.

"네놈이 심복이니 장현이 거사 자금을 대기로 한 사실을 알고 있을 게 아니냐?"

"무슨 거사를 말하는 겁니까?"

위관의 집요한 질문에도 지남이 계속 동문서답을 하자 위관도 화가 머리끝까지 치솟아 올랐다.

"이놈 보게. 젊은 놈이 목숨이 아깝지 않나 보네."

하면서 지남의 머리채를 잡고 쥐어박더니 얼굴을 있는 대로 휘갈겼다.

지남의 얼굴이 홱 돌아가고 코에서 피가 튀었다. 피와 땀과 눈물이 범벅이 되어 지남의 얼굴을 타고 흘러내렸다.

"소인은 거사란 말을 들어보지도 못했습니다."

그 말에 위관이 눈짓을 하자 나장이 장봉으로 지남의 등짝을 무자비하게 후려치기 시작했다. 몽둥이가 몇 번 춤을 추고 나자 그대로 기절하고 말았다. 언제 끌려왔는지 장현이 포승줄에 묶여 지남이 고문당하는 모습을 보고 있었다. 차마 그 잔인한 모습을 볼 수 없었던지 입을 열었다.

"위관 나으리, 저자는 복창군도, 허견도, 역모도, 모릅니다. 저자는 우리 사역원에서 촉망받는 아주 유능한 인재입니다. 아무런 죄도 없는 사람을 이럴 수는 없습니다. 지금 즉시 저 사람을 풀어주십시오, 만약 죄가 있다면 이 늙은이(당시 68세)가 모두 지고 가겠습니다."

지남이 고문을 당하는 모습을 장현에게 보여주면 겁을 먹을 줄 알았는데 그는 오히려 더 당당하게 지남의 석방을 요구했다. 그러자 장현을 형틀에 묶어 앉혔다.

처음에는 위관이 장현에게 점잖게 물었다.

"수역은 언제부터 복창군을 알게 되었는가?"

"소현 세자께서 심양에 끌려가실 때 그곳에서 처음 뵈었습니다."

"그런 후에는 언제 만났는가?

"세자 저하께서 왕위에 등극하신 후 북벌을 논하실 때 그 일로 몇 번 뵈었습니다."

"그럼 근자에는?"

"그때 맺어진 인연으로 가끔씩 사냥하는 데도 따라가고 때로는 식사도 같이 하곤 했습니다."

"그러니, 수역이 복창군의 심복이라는 말이 빈말은 아니었구먼. 그리고 중국을 오가며 번 돈으로 이번 거사 자금을 대기로 했다고 하던데?"

"그게 무슨 말씀이오이까? 거사 자금이라뇨?"

거사 자금이란 소리에 깜짝 놀란 장현이 정색을 하며 위관을 바라보았다.

"난들 어찌 알겠는가? 다만 고변에 자네가 거사 자금을 대기로 했다고 하기에 내가 하는 말일세."

"당치도 않는 말씀이오이다. 내가 역모 자금을 대기로 한 게 아니라 오히려 내가 지금 역모에 말려들고 있는 것입니다."

그 말을 듣고 있던 김석주가 나서며 다시 장현에게 물었다.

"너는 복창군을 심양에서 만났다고 했는데 그때부터 지금까지 어떻게 그렇게 친하게 지냈느냐?"

"친하다니요? 당치도 않습니다. 소인 같은 역관이 어찌 감히 지엄하신 주상전하의 지친과 친하게 지낼 수 있겠습니까. 다만 그때의 인연으로 오늘날까지 예로써 대하고 있을 뿐입니다."

"오늘날까지 예로써 대하고 있다고 하는 걸 보니 네놈이 역모의 거사 자금을 대기로 하였다는 것은 능히 짐작이 가는구나?"

"역모라니요? 소인은 지금 처음 듣는 이야기입니다. 저 같은 일개 역관이 어찌 감히 역모에 가담할 수 있겠습니까?"

장현의 계속되는 반박에 화가 치민 김석주는 또 버럭 소리를 질렀다.

"여봐라, 저놈을 순순히 다뤄서는 안 될 것 같다. 저 역적 놈을 매우 거칠게 다스려라."

그러자 나장이 인두를 들고 장현의 얼굴 앞에 한 번 휙 돌리고 나서 그의 넓적다리와 가슴팍을 푹푹 지져대기 시작했다. 벌겋게 단 인두가 부지직하고 옷과 살을 함께 태우며 하얀 연기와 불꽃을 뿜어냈다. 장현은 나이가 많은 탓에 한 번의 낙형(烙刑)으로 충격을 받아 그만 실신하고 말았다.

"네 이놈, 이래도 부인할 테냐? 빨리 자백해, 네놈이 이번 거사 자금을 대기로 하였다던데 너만 부인하느냐?"

이미 의식이 흐려진 장현의 귀에는 거친 김석주의 호통도 아련하게 들릴 뿐이었다. 아무리 악을 써도 장현의 반응이 없자 찬물을 끼얹으라고 소리 질렀다. 나장이 옆에 있던 물통으로 장현의 머리에다 뒤집어씌웠다. 그러자 그는 가느다란 실눈으로 김석주를 째려보았다.

"어서 날 죽여라. 정원로는 네가 내세운 앞잡이라는 사실은 너도 알고 나도 안다. 더 이상 주접떨지 말고 어서 날 죽여라."

장현도 이번 사건을 김석주가 꾸민 정치적 음모라고 허견과 똑같은 말을 하자 김석주는 자기 분을 이기지 못해 완전히 이성을 잃고 말았다.

1. 역적모의냐 정치적 음모냐?

"아직도 저 역적 놈의 주둥아리가 살아있구나. 저놈의 아가리에 똥물을 퍼 넣어라!"

똥물 이야기가 나오자 형리들은 서로 얼굴만 쳐다보고 있었다.

"무엇들 하고 있느냐 저놈의 아가리에 빨리 똥물을 퍼 넣어라 하지 않았느냐."

그의 신경질적인 반응에 못 이겨 사령이 똥물 한 바가지를 들고 왔다.

김석주는 자기가 직접 똥물을 퍼 넣겠다고 나장들로 하여금 장현의 입을 벌리게 하였다. 그리고 장현의 입에 직접 똥바가지를 부었다.

장현의 의식은 혼절상태지만 몸은 아직 살아있어 본능적으로 똥물을 확 토했다. 그러자 그 똥물이 김석주의 얼굴에 그대로 뿜어져 버렸다.

김석주는 "이놈이!" 하고 뒷걸음을 치면서 얼굴에 묻은 똥물을 훔쳐내기 바빴다. 그 꼴을 보고 있던 사람들이 차마 웃지는 못하고 킥킥거리고 있었다.

그러자 정국은 순식간에 똥물로 엉망진창이 되어버렸다. 그리고 정국은 더 이상 속개할 수 없었다. 그때 한 사람이 나타나 김석주에게 귓속말을 속삭이고 돌아갔다. 김석주는 고개를 끄덕이더니 김지남을 한 나장 등에 업혀 정국장 밖으로 내보냈다.

***

다행히 정국장에서 빠져나온 지남은 금부의 나졸들의 들것에 실려 집 문밖에 버려졌다. 피투성이가 된 지남을 본 어머니는 놀라 기절을 하며 쓰러졌다. 아내는 하인과 함께 지남을 집 안으로 끌고 들어왔다. 아내는 옷을 벗기고 찬물로 그의 몸을 닦았다. 핏물이 바닥에 흥건히 고였다. 살이 찢어지고 피가 엉겨 붙은 엉덩이는 손을 댈 수가 없었다. 그길로 달려가 의원을 불러왔다. 의원은 상처를 닦아내고 찢어진 살점을 서로 붙여 약을 바르고 봉합했다.

"상처가 심하긴 해도 목숨에는 지장이 없겠습니다. 오늘은 이만하고 내일 사시쯤에 다시 오겠습니다."

라며 응급조치만 하고 돌아갔다. 그 이튿날 의원은 상처에 침술을 가하고 새 고약으로 바꿔 붙인 뒤, 보따리 하나를 풀어놓으며 그 약은 지남이 쓰지 못하는 허리와 터진 상처에 효험이 있는 탕약이라며 은근한 불에 정성껏 달여서 하루 세 번씩 먹이라고 당부하고 돌아갔다. 지남이 집에서 요양하며 지낸 지 이레가 되는 날, 수역 변승업이 홍세태를 데리고 찾아왔다.

"지남이, 이제 정신이 돌아왔는가?"

"수역 님, 어쩌시려고 소인을 찾아오셨습니까? 남의 눈도 있을 텐데?"

"이 사람아, 내가 남의 눈을 피할 일이 무에가 있는가? 그건 그렇고 탕약 냄새가 나는 걸 보니 의원이 다녀가긴 한 모양이구면."

하면서 지남을 위로했다. 변 수역은 이번에 곤욕을 치른 수역 장현과 함께 조선 최고의 역관으로 그도 국중거부(國中巨富)로 알려진 사람이다. 장현이 남인 계열의 수역이라면 변승업은 서인계열이었다. 그래서 이번 정국에서 변 수역은 김지남이 아무런 죄가 없다는 사실을 알고 훈련대장 김만기에게 사람을 넣어 지남을 빼내 왔던 것이다.

"세태 자네는 할 일도 많은 사람이 뭣 하러 왔는가?"

"이 사람아, 자네가 이 지경이 되었는데 내가 어찌 그냥 넘어갈 수 있나?"

"그래도 안 죽고 이렇게 살아있으면 되는 것 아니야?"

"자네는 죽었었네, 그러니 자네는 인생을 두 번 사는 거야. 복도 많은 거지."

하면서 무거운 분위기를 바꿔보려고 애를 썼다.

"이런 복 나는 싫으니 자네가 좀 가져가게."

서로가 한동안 농을 주고받으며 병문안을 끝냈다. 변 수역이 자리에서 일어나자 세태는 자주 오겠다고 인사를 하고 변 수역을 따라 집을 나섰다.

그런 뒤로 지남은 석 달 동안 집에서 꼼짝도 못 하고 치료하며 독서에 열중했다. 특히 왜란과 호란(胡亂)에 관한 책들을 보면서, 왜적들이 쳐들어온 지 20여 일 만에 한양 도성이 무너지고, 임금이 의주로 쫓겨 간 사실에 괴로워했고, 그 뒤 1636년 병자호란으로 임금이 적장 앞에 엎드려 땅바닥에 머리를 찧었다는 삼배구고두례(三拜九叩頭禮)는 도저히 참을 수 없는 나라와 백성의 모욕으로 생각하고 있었다. 치욕적인 이 두 사건이 젊은 그를 분노케 하였고 우리도 강력한 화약무기를 가져야 한다는 생각을 일깨워 주었다.

***

집에서 요양한 지 두 달여가 지나 처음으로 사역원에 출근했다. 그날 도제조의 훈시가 있었다. 전 직원을 강당에 모이게 하여 역모 사건으로 위축된 사역원 분위기를 일신시키려는 의도로 보였다.

"오늘은 오랜만에 김 역관을 비롯한 모든 직원들이 정상 출근한 날입니다. 지난 역모 사건은 우리 사역원으로서는 가장 뼈아픈 일이기도 했습니다. 나라를 위해 힘써 일해온 우리 역관들의 전통이 한꺼번에 무너져 내린 날이기도 했습니다. 장 수역을 비롯한 몇몇의 무고한 역관들이 그 소용돌이에 휘말려 갖은 고생을 하고 나왔습니다. 우리는 이 나라의 자랑스러운 외교관이며, 통상문제에 있어서는 항상 선봉에 서있고, 국방에 있어서도 최일선에 서서 상대국가의 정황을 수집, 분석하는 막중한 임무를 수행하고 있습니다. 그러나 우리는 이번 사건으로 백성들의 오해로 너무나 큰 것을 잃어버렸습니다. 부디 이번 사건을 거울삼아 오직 우리 앞에 주어진 일에만 묵묵히 일해줄 것을 당부합니다. 이상입니다."

훈시가 끝난 뒤 직원들은 모두 원의 후정으로 몰려나갔다. 지남의 얼굴을 보자 반갑게 인사를 하며 손을 잡는 동료도 있고 괜히 아는 척했다가 무슨 화라도 당할까 애써 피하는 사람도 있었다. 그리고는 저마다 끼리끼리 나무 밑에 모여 나누는 이야기는 역모 사건이었다. 이번 일로 20명이 죽었느니 30명이 죽었느니 하면서 어깨너머로 주워들은 이야기들을 떠들어 대고 있었다.

사무실로 돌아와 오랜만에 책상 앞에 앉으니 분위기도 어색하고 일도 손에 잡히지 않았다. 그래도 자리를 지키려니 아직 완치되지 않은 허리가 몹시 고통스러웠다. 퇴근시간 무렵 세태가 찾아왔다.
"오늘 모처럼 나가서 술이나 한잔하세."
그렇지 않아도 일손도 잡히지 않고 있던 터라 세태의 이야기가 반가웠다. 그 시간에도 다른 사람은 이미 퇴근을 하고 없는 때였다. 세태는 지남을 데리고 종로의 자기 단골집으로 갔다. 그 집은 구석지고 허름했으나 막걸리를 잘 담고, 주모가 마치 할머니같이 자상해서 글을 쓰는 사람들이 좋아하는 장소였다. 지남도 세태를 따라 한두 번 따라왔던 곳이기도 했다. 세태는 한쪽 구석에 자리를 잡고 "할머니" 하고 주모를 불렀다. 주모는 지남을 보더니 깜짝 놀랐다.
"아니! 이 양반은 지난번에 국청을 받다가 죽었다고 소문이 났던데."
주모는 자기 눈을 의심하는 눈치였다.
"죽기는 왜 죽어요, 이렇게 멀쩡한데, 여기 막걸리 한 되하고 먹을 만한 전 하나 부쳐줘."
주모는 부엌으로 가며 못 믿겠다는 듯 뒤를 힐긋힐긋 돌아보았다. 잠시 뒤 주모는 막걸리 한 병에 김치와 노릇노릇하게 구운 부추전을 가지고 와, 죽었다 살아온 사람이니 쉰네가 술 한 잔 올리겠다며 지남에게 먼저 잔이 찰랑찰랑 넘치도록 따르고 세태에게도 한 잔 가득 부었다. 둘은 주모가 따라 주는 막걸리를 단숨에 쭈욱 들이켰다. 사실 지남은 지금도 탕약을 먹고 있어 술을 먹으면 안 되지만 오랜만에 만난 친구를 두고 혼자 마시게 할 수 없어 그냥 같이 마셨다. "조심해! 요즘 세상이 두 패로 갈라졌으니." 하면서 지남보다 술이 센 세태는 술잔을 먼저 놓으며 물었다.

"이번에 혹시 자네를 고자질한 인간이 누군지 아는가?"

"그걸 어찌 알 수 있겠나. 다만 평소에 여기저기 모이면 북벌론의 당위성을 이야기하며 장 수역을 칭찬한 게 화근이 된 것 같아."

"장 수역 건도 말도 안 되는 소리이지, 그 어른이 볼모로 잡혀가는 세자 저하와 봉림대군을 모시고 심양에 갔을 때 그 참상을 보고 북벌에 대한 꿈을 갖게 되었고, 세월이 흐른 뒤 한양과 심양을 오가며 복선군을 몇 번 만났다 하여 심복으로 몰아붙이는 것도 말도 안 되는 억지고, 친하면 무조건 역모에 거사 자금을 댈 것이란 예단도 생사람 잡는 거지."

세태가 열을 올리자 지남이 진정을 시켰다.

"이 사람아! 무슨 말 하면 그쪽으로 다 들어가."

"들어가면 들어가는 거지, 내가 그른 말 하는 거야?"

흥분한 세태는 자작을 하며 한 잔을 더 들이켰다.

"그래 자네 말이 맞기는 해. 그래도 몽둥이로 등짝이며 정강이뼈 몇 대만 후려 까여봐, 천하에 없는 놈도 불라는 대로 불게 되어있어."

"그래, 자네가 경험자이니 그 말이 맞겠지."

하며 막걸리 한 사발을 또 들이키고 나서 장안의 시인답게 한 수를 읊었다.

약자는 법에 울고 권자는 거짓에 웃네/
인두며 몽둥이면 진실은 간곳없고/
광풍이 몰아칠 땐 푸른 잎도 낙엽일세/

그러자 지남도 한 사발을 들이키고 마주하며 창화하였다.

서풍이 들이치니 생가지 부러진다/
심양길 넘나들며 피 끓여 모은 단심/
세상이 하 수상하니 북청길이 되었네/

어느새 술은 되고 밤이 깊어 두 사람은 주막을 나섰다. 가는 길이 어두워
고개를 들어보니 하늘도 깜깜했다. 서로는 어깨를 감싸고 대화를 나눴다.
"왜 이리 어두워."
"거짓의 숲에 가려진 세상이라 그래!"

2.

통신사의
일원이 되다

요직을 독점하고 있던 남인이 경신환국과 삼복지변으로 몰락하고 김만기와 김석주를 비롯한 서인들이 조정을 오로지하였다. 이 두 사건 이후, 민심은 숨을 죽였고, 백성은 그렇다 하면 그런 줄 알고 따를 수밖에 없었다.

　그래도 세월은 흘렀다. 이듬해 6월이었다. 동래 부사로부터 대마도에서 등일정(藤一政)이란 자가 와서 에도막부가 조선의 통신사를 요청한다는 치계(보고)가 있었다. 1680년 에도막부에서는 4대 관백(쇼군)인 도쿠가와 이에쓰나가 사망하고, 그 뒤를 이어 동생인 도쿠가와 쓰나요시(德川康吉)가 5대 관백으로 취임하였다. 그는 오로지 무(武)를 숭상하던 다른 관백과는 달리 문치(文治)를 내세운 덕을 갖춘 쇼군이었다. 그래서 에도막부에서는 쓰나요시의 관백 취임식에 자신들보다 높은 문화수준을 갖춘 조선통신사를 축하사절로 보내줄 것을 요구했던 것이다.

　조정에서는 통신사 파견을 놓고 찬성파와 반대파로 갈라져 며칠이 지나도 결론이 나지 않았다. 조정은 상대편이 주장하면 무조건 먼저 반대하는 풍조가 만연했었다. 왕실이 상(喪)을 당하면 상복 입는 기간을 두고 서로 싸우고, 왕이 세자를 책봉하면 그 일을 두고도 다퉜다. 처음에는 먼저 말로 시작하다가 자기들 주장이 관철되지 않으면 집단행동으로 들어갔다. 이러한 정치행태는 제도처럼 굳어졌다.
　이번 통신사 파견문제도 그랬다. 반대하는 쪽은 임진왜란으로 감정도 좋지 않은 데다 1666년 이후 15년 동안 서로 아무런 왕래도 없었고 또한 사신으로 온 왜차(倭差)도 막부의 고위 관리가 아니어서 우리를 무시하는 외교적 결례라는 점을 들었다. 그러나 찬성하는 쪽은 왜의 국력을 들고 나왔다. 그들의 요구를 들어주지 않으면 또 무슨 일을 당할지 모른다는 것이었다.

양쪽의 주장은 팽팽했다. 쉽게 결론을 내릴 수 있는 사안이 아니라 임금의 고민은 깊어졌다. 그때 임금은 왜와의 외교사정에 밝은 사역원의 의견을 들어보기로 했다. 일본통인 수역 변승업을 통신사로 보내야 한다고 의견을 냈다. 이유는 지금 현재 일본의 국력이 너무 강하기 때문이라는 것이었다. 임금도 그의 의견을 받아들였다. 결국 모든 것은 힘이 지배했다. 임금은 파견하기로 결정하고, 조정은 바쁘게 돌아갔다.

파견준비는 인선과 예단준비였다. 인선은 통신사를 선정하는 문제이고 예단은 선물을 준비하는 것이었다. 인선이야 많은 사람들 중에 적당한 사람을 선정하면 되지만 예단은 전부 백성들이 마련해야 하니 여간 문제가 아니었다. 예단의 종류는 20여 가지나 되었고, 그중에서도 가장 어려운 문제는 호피와 표피였다. 이 2가지는 통신사를 보낼 때마다 빠지지 않고 보냈는데 일본에는 호랑이가 없어 관백이 특히 좋아했기 때문이었다.

전국 8도 관찰사에게 호랑이와 표범을 5마리 이상씩 잡아 올리라고 명했다. 관찰사는 다시 각 군, 현에 아예 10마리씩 배정했다. 백성들은 "호랑이가 개냐?"고 분통을 터뜨렸다. 그런데 호랑이는 겨울이 아니면 사냥을 할수가 없었다. 그런데 겨울이 와도 눈이 내리지 않아 호랑이 발자국을 발견할 수가 없었다. 각 도 관찰사는 장계를 올렸다. 눈이 내리지 않아 호랑이 발자국을 찾지 못해 밤에 몰이꾼을 매복시키는 수밖에 없는데 그러다가 오히려 호랑이에게 소리도 없이 물려가는 경우가 너무 많이 발생한다는 것이었다. 그러나 그것은 백성들이 알아서 할 문제로 치부되고 말았다.

조정에서는 통신사로 보낼 사람과 통역을 맡을 인선에 골몰하고 있었다. 들리는 소문에 의하면 여러 사람이 거명되다가 마지막으로 정사엔 호조 참의 윤지완, 부사에 사복시정 이언강, 종사관에 전 교리 박경후가 선정되었고, 수역으로는 당연히 왜와 대마도 통인 변승업이 일찍이 낙점되었다. 그 외에도 가선 박재흥, 절충 홍우재가 추가로 임명되었다. 통신사에 따라갈 사람은 모두 473명이었다.

변승업이 김지남을 불렀다. 그는 지남에게 앞으로 있을 임술 통신사에 함께 가야 한다고 했다. 지남은 한어(漢語) 통역관으로 왜어를 모른다면서 거절했다. 하지만 이번 일은 통역이 아닌 다른 임무로 가는 것이라고 하며 내일 다시 오라 하고 돌려보냈다. 조정에서는 역관으로 하여금 상대국을 정탐하기 위해 연행사에 왜학역관을, 통신사에 한학역관을 보내는 경우도 종종 있었다. 다음 날 지남은 변 수역을 따라 훈련도감으로 갔다.
"변 수역, 이번에 가면 유황을 들려 올 수 있는 묘안이 있겠소?"
훈련대장 김만기가 변 수역과 지남을 앉혀놓고 의중을 물었다. 당시 우리 조선은 유황 부족으로 필요한 양만큼 화약을 만들지 못해 일본과 중국에서 수입해 쓰고 있었다. 그러나 중국과 일본은 유황의 거래를 엄격히 통제하고 있었다. 특히 일본은 화산지역이 많아 어디를 가더라도 질 좋은 유황이 지천으로 깔려있었다. 우리로서는 어떻게 하든지 그 유황을 공식적으로 살 수 있는 길을 모색해야만 했다.
"소인이 이번에 길을 한번 뚫어보겠습니다."

왜의 막부가 법으로 통제하고 있는 것을 변 수역이라 하여 마음대로 구입할 수 있는 것은 아니었다. 그 상황에서 변 수역은 최선을 다해보겠다는 말밖에 할 수가 없었다.

"그럼 꼭 그렇게 해주시게, 그리고 비용은 인삼을 충분히 가지고 가게. 그리고 김지남을 압물통사로 명해서 인삼과 모든 것을 극비에 부치도록 하여야 할 것일세."

훈련대장의 지시를 받고 나온 변승업은 지남에게 말했다.

"대감의 말씀 잘 들었지, 자네를 오늘 이 자리에 오라고 한 것은 이 때문이었네."

지남은 집으로 돌아오는 길에 한편으로 불길한 생각이 들었다. 몇 해 전 북벌에 관여했다가 국청에 끌려가 죽을 고문을 당하고 함경도로 유배를 당했던 장현 수역이 떠올랐다. 그러나 이 길은 위험하면서도 거의 불가능에 가까운 일이지만 누군가는 꼭 해내야 할 일이기에 지남은 위험을 무릅쓰고 모든 것을 감내하기로 결심했다.

조정의 명이 있은 뒤로 한 해 동안 백성들이 목숨 걸고 준비한 끝에 호피며 표피 등 예단이 준비가 다 되었다. 호랑이 가죽과 표범 가죽은 함경도, 평안도, 강원도, 경상도, 전라도 관찰사가 각 5~6장씩 보내왔다. 쇼군이 키우고 싶다고 특별히 부탁한 해동청 매 새끼 10마리도 경기도 관찰사가 보내왔다. 황해도, 경기도, 전라도에서는 개성, 강화, 금산 인삼을 보내왔다. 각 도의 관찰사가 호피를 진상하면서 잡은 호랑이보다 물려 죽은 백성 수가 훨씬 많았다고 앞으로 호랑이 예단 제도는 없어져야 한다고 읍소했다. 그러나 그게 약소민족의 애환일 뿐 가능한 일은 아니었다. 그리고 통신사가 타고 갈 배는 전라좌수영과 경상우수영에서 기선 3척과 짐을 실을 복선 3척 등 모두 6척을 만들고 있었다.

2. 통신사의 일원이 되다

임술년(1682년) 5월 5일, 숙종 임금은 왜에 보낼 예단을 친히 챙겼다. 관백과 아들 저군(儲君) 그리고 집정들에게 보낼 예단을 종류별로 분류하고 물건의 상태가 좋지 않으면 바꾸기도 하고 그 숫자가 모자라면 다시 채우도록 하였다. 그 종류를 헤아려보니 해동청 매, 호랑이 가죽, 표범 가죽 등 피물(皮物)과 능단(綾緞), 유포(油布), 인삼 등 18가지였다.

5월 8일, 임금은 정사 윤지완, 부사 이언강에게 절부(節符)와 부월(斧鉞)을 내렸다. 이것은 임금이 내리는 전권의 상징으로 사람의 생사여탈권을 가지고 있었다. 그리고 종사관도 함께 불러 잘 다녀오라는 하사주가 있었다. 삼사는 그길로 한강 나루터로 향했다.

그 무렵 지남도 어머니와 아내가 준비해 둔 짐을 챙겨 출발 준비를 하였다. 통신사의 뱃길은 워낙 위험해 불귀의 신세가 되어버린 일이 많았기 때문에 어머니와 가족의 걱정은 이만저만이 아니었다. 지남의 짐은 큰 묶음으로 세 보따리나 되었다. 그도 그럴 것이 이제 가면 섣달 경에나 돌아오게 될 터이니 봄에서 겨울옷까지 사철 옷을 모두 싸서 보내야 했기 때문이다.

출발하는 날 아침. 먼저 신주방(神主房)에 들러 참배하고 나오니 어머님은 손자들 손을 잡고 아내와 함께 이미 문밖에 나와계셨다.

"어머니, 잘 다녀오겠습니다. 너무 걱정 마시고 건강 잘 챙기십시오."

지남은 큰절을 올리며 어머님께 고별인사를 올렸다.

"오냐! 몸 성히 잘 다녀오너라. 너무도 멀고 험한 길이라 나도 마음이 잡히질 않는다. 허나 나랏일에 나서는 장부는 한 치의 흔들림도 없어야 할 것이다."

"네, 어머님, 명심하겠습니다. 그리고 당신은 내가 없더라도 어머님 잘 모시고 애들 잘 돌보게."

"소첩이 있으니 집 걱정은 마시고 무사히 잘 다녀오시기나 하세요."

아내는 웃음으로 지남을 마주했다. 웃는 눈에 눈물이 맺혀있었다. 결코 눈물을 보이지 않으리라 다짐했던 아내도 흐르는 눈물을 어쩔 수가 없었다. 아내가 울자 어머니도 울고 어머니가 우니 아들 현(顯)과 순(舜) 두 어린 것들도 따라 울어 삽시간에 울음바다가 되었다. 지남은 말없이 아내의 등을 쓰다듬고 다독였다. 할머니 손을 잡고 멋모르고 우는 두 아들을 차례로 꼬옥 껴안았다. 그들의 이마에 입 맞추고 머리를 쓰다듬었다. 큰아들 경아는 이미 뱃머리에 나갔는지 보이지 않았다.

그때 집 밖에서 사역원 친구 정(正) 유자효가 늦었다며 떠나길 재촉했다. 지남도 더 이상 지체할 수 없어 어린아이들을 다시 한 번씩 꼬옥 안아보고 말에 올라탔다. 고삐를 당겨 말 머리를 돌리니 그때는 지남도 참았던 눈물이 주르르 흘러내렸다. 하늘을 보며 눈물을 삼켰다. 가족들은 손을 흔들며 멀어지는 지남을 바라보고 서있었다. 지남이 시야에서 멀어지자 어머니는 그길로 삼각산 문수사로 나섰다.

왜로 가는 통신사의 길은 저승길이나 다름없었다. 뱃길에 거친 파도와 풍랑을 만나 통신사가 죽거나 일행이 몰사한 경우가 한두 번이 아니었다. 굳이 뱃길만이 아니라 육로도 워낙 멀어 장기간 여행을 하다 보니 질병과 피로에 목숨을 잃는 사람이 너무도 많았다. 이번 사행에도 몇 사람이 어떻게 목숨을 잃을 건지 알 수 없는 일이었다. 나라의 일이라 떠나기는 하지만 사정이 이러하니 가족의 걱정은 당연한 것이었다.

지남과 유자효는 말을 타고 가고 시봉은 수레에 짐을 싣고 뒤를 따랐다. 한강 나루에 도착하니 백사장과 언덕은 구경꾼과 환송 인파로 하얗게 덮여있었다. 입구에 들어서니 신호동, 김정규, 김정룡, 그리고 후배 생도들이 미리 나와 기다리고 있었다. 말에서 내려 이들이 준비해 온 이별주를 시원하게 한 잔씩 나누었다. 그때 지남의 형님도 죽순차와 제호탕을 끓여 와서 한사코 권했다. 긴 여정에 몸을 조금이나 챙겨주려는 형제애가 남달랐다.

친구들과 어울려 이별주를 나누다 보니 어느새 배가 떠난다고 취수의 나팔 소리가 '뿌~우 뿌~우' 하고 계속 울려댔다. 그들과 작별인사를 하고 배에 오르려 하니 그 배에는 큰아들 경아가 먼저 타고 손짓을 하고 있었다. 배에 오르니 경아는 아빠의 손을 잡고 얼굴에 몇 번 비비더니 아버지를 힘껏 안으며 환송했다.

"아버님, 부디 몸조심하시고 잘 다녀오십시오. 집에는 소자가 할머니와 어머님 말씀 모시겠습니다."

"오냐, 고맙다. 내가 없더라도 글공부 부지런히 하여라."

지남은 큰아들을 다시 한번 꼬옥 안았다. 배가 움직이려 하자 아들이 배에서 뛰어내리며 모랫바닥에 엎드리며 큰절을 올렸다.

사공이 "배 떠난다. 배 떠난다." 하고 큰 소리를 지르며 노를 젓기 시작하자 배가 서서히 움직였다. 찌그덕찌그덕 노 젓는 소리가 가족과 이별을 지었다.

삼사는 이미 한강을 건너 '조선통신사'라는 깃발을 앞세우고 북과 피리 소리에 맞춰 출발했다. 연도에는 구경꾼들로 장관을 이루었다. 그런 와중에도 무엇을 놓고 왔는지 한강으로 되돌아가는 사람, 가는 사람을 붙들고 뭐라고 계속 말을 거는 사람, 이런 사람 저런 사람들로 보통 구경거리가 아니었다. 그러다 보니 양재역에 도착하니 이미 하루해가 저물었다. 본래 당초 계획에도 양재역에서 유숙하기로 되어있어 지남도 동료들과 함께 그곳에서 첫날을 잤다.

***

통신사는 일본에 보내는 사절을 말한다. 중국에 보내는 사신은 조천사(명), 연행사(청)라 하여 그 명분에 따라 동지사와 정조사라는 정례 사절이 있었고, 성절사, 천추사 같은 임시 사절도 있었다. 통신사라는 명칭이 언제부터 사용되었는지 정확한 연대는 알지 못하나 세종 때부터 정사, 부사, 서장관 형태로 삼사를 파견한 것을 보면 대략 그때로 짐작할 수 있다. 그러나 그 이전에도 왜구의 침입이 자주 있어 태조와 태종 때에도 왜구문제를 해결하고자 보빙사와 회례사 등의 이름으로 사신을 보낸 적이 있었다.

이번 사행에 참가하는 인원은 정사, 부사, 종사관의 삼사와 삼사의 통역을 맡은 당상 역관 3인을 비롯하여 일본에 가면 일본 서승(書僧)들과 시를 주고받을 제술관(製述官), 삼사를 직접 수행하는 자제군관(子弟軍官, 보통 삼사의 혈족)과 무술을 하는 군관, 일반 통역을 담당하는 상통사, 예물을 관리하는 압물통사, 그를 보조하는 예단직, 치료를 담당하는 의원, 문서를 기록, 관리할 사자관(寫字官), 그림을 그리는 화공, 화약과 무기를 다루는 별파진, 승마묘기를 부리는 마상재, 음악을 담당하는 악공, 말을 먹이고 관리하는 이마, 어린이 재주꾼 소동, 일반 잡무를 담당하는 사노와 원역, 심부름하는 사령, 나팔을 부는 취수, 깃발을 들고 가는 기수, 음식을 만드는 도척, 배를 끌고 가는 선장, 노를 젓는 격군 등 무려 그 수는 400여 명에 이르렀고 이번 임술 사행에는 473명이었다.

통신사가 가는 길은 거의 전례에 따라 미리 정해져 있었다. 갈 때는 한양-양재-양지-죽산-무극-숭선-충원(충주)-안보-조령-문경-용궁-예천-안동-의성-의흥-신녕-영천-경주-울산-동래-부산으로 정해져 있었

2. 통신사의 일원이 되다

고, 돌아올 때도 거의 같은 길을 택하였으며, 한양에서 부산까지 오가는 데 걸리는 날짜는 보통 20일 전후로 날씨에 따라 차이가 있었다.

둘째 날, 임술 사행단도 첫 새벽에 아침을 먹고 양재역에서 출발하였다. 일찍 서두른 탓에 용인에서 점심을 먹고 양지에 도착하여 유숙하였다. 그런데 가족들이 이곳까지 따라오며 배웅을 하는 통에 사람이 너무 많아 매우 혼란스러웠다. 윤 정사는 마중 나온 가족을 전부 돌려보내라 지시하고 각자가 통솔해야 할 수하들을 철저히 관리하라고 엄명을 내렸다.

지남에게도 마도(馬徒), 구종(丘從), 용마도(籠馬徒), 배리(陪吏), 통인(通引) 2명, 사령(使令), 방자(房子), 사환군(使喚軍) 각 1명, 등 수행원 9명과 짐 싣는 복마(卜馬), 노자(奴子)가 탈 말 등 말 2필 등이 배정되어 앞으로 사행길 내내 이들과 함께 움직여야 했다. 지남에게는 이들 외에도 서넛의 짐꾼이 있었다.

***

한양을 출발한 지 3일째 되는 날, 양지에서 죽산을 거쳐 무극에서 아침을 먹게 되었다. 지남은 자신이 통솔해야 할 9명을 무극역참 봉놋방에 불러 모았다. 서로 상견례를 하고자 함이었다. 지남이 먼저 서두를 잡아 나갔다.

"반갑네, 나까지 포함해서 전부 열이지, 이번 사행길에 우리 열 사람은 모두 행동을 같이해야 돼. 그래서 무엇보다 먼저 얼굴을 알아야 하고 이름도 알아야 하니 서로 통성명을 하기 위해 불렀으니 앉은 순서대로 자기소개를 해보게!"

"예부에 근무하는 사령 김덕뫼입니다. 아까부터 대충 봤는데 내 나이 서른이 훨씬 넘었으니 이 중엔 소인이 제일 연장자 같습니다."

"배리 이용걸입니더. 본래 동래에서 취토장(取土匠)으로 있다가 남의 부뚜막과 지붕 밑을 너무 많이 뜯었다 하여 쫓겨났다가 어찌하다 보니 지금은 양천현에서 일하고 있습니다. 올해 갓 서른입니더."

그 말을 듣고 있던 덕쇠가 씨익 웃으며 말했다.

"사투리가 심하시네, 그리고 나이를 속이는 것 같은데? 갓 서른이 왜 그리 마빡이 까졌어? 갓 마흔은 되어 보이는데?"

"체구가 커서 그렇지 아직 얼굴은 앳돼 보이네요."

하고 옆에 누군가가 말을 받았다. 지남이 시간이 없으니 빨리 진행하라며 다음에 사람에게 시선을 돌렸다.

"소인은 통인 이인종인디요, 나이는 스물여덟이고 바로 이 너머가 소인이 일하는 곳입니다요."

"거기가 어딘데?"

하고 덕쇠가 다시 묻자,

"아, 여기서 쫌만 더 가면 충원(충주)이지 어디유?"

이인종은 덕쇠가 처음 보는 사이에 꼬치꼬치 캐묻는 게 못마땅하여 퉁명스럽게 대답했다.

"통인 윤이수입니다. 소인도 나이는 스물여덟이구요, 한성부 소속입니다."

"소인 용마도 도묵입니다. 나이는 스물다섯, 한성부 소속입니다."

"쏘인은 마도 도턱임다. 나이는 트물텟이고요, 토묵이 텅님 싸톤 동쎙임다."

혀가 짧은 그의 말이 끝나자 무슨 말인지 하나도 못 알아들었다며 한꺼번에 웃음이 터져 나왔다.

"아니, 뭐라고 한 거야? 다시 한번 말해봐!"

라고 떡쇠가 말하자,

"아! 싸람 말할 때 뭐 듣고 있다가 타시 하라 마라 하는 거요? 싸람 놀리는 거요 뭐요?"

라고 하며 도석이 화를 벌컥 내자 사촌 형인 도묵이 다시 쉽게 말을 풀어주었다.

"저 사람 이름은 도석이구요, 다만 혀가 조금 짧고 말을 약간 더듬기는 하는데 엄청 좋은 놈입니다, 제 사촌 동생이니 잘 부탁합니다."

"소인은 구종 명희입니다."

"소인은 방자 술병입니다. 경주부에서 올라왔습니다."

"소인 사환 김팔수 인사드립니다. 나이는 스물다섯입니다."

모두 자기소개가 끝나자 지남이 바쁜 듯이 입을 열었다.

"나는 사역원 정(正) 역관 김지남일세. 이번 사행은 전하의 국서를 뫼시고 에도까지 가게 되는데 그 길이 알다시피 저승길이 될 수도 있고 이승길이 될 수도 있는 험한 길이지 않은가. 특히 내가 맡은 일은 전하의 예물을 관리하는 총책으로 그 임무가 막중하네. 앞으로 서로 도와가며 좋은 사행 길이 되었으면 하네."

그러자 역시 제일 맏형답게 덕뢰가 일어서서 좌중을 이끌었다.

"통사 나으리, 이 자리엔 소인이 제일 연장자입니다. 아는 것은 없지만 아우들 데리고 한패가 되어 정성껏 모시겠습니다. 안 그런가?"

"맞십니더, 우리 같은 아래 것들이야 나이가 벼슬 아입니꺼? 여기 보니 김 사령님이 제일 연장자이고 그다음이 젠데요, 성님 말씀대로 우리는 똘똘 뭉쳐 나으리를 뫼시겠심더."

용걸이 맞장구를 치자 이어서 이인종이 말했다.

"여기가 무극이니 이 모임을 '무극패'라 하고 한번 잘해봐유."

덕뢰가 일어서서 왼손을 허리에 고이고 오른손으로 좌중을 가리키며 말했다.

"그럼, 이제부터 우리 복잡한 이름 부르지 말고 간단한 별호를 지어 부르세. 별호는 내가 지어주겠네. 맘에 안 들면 말해, 이용걸은 나이는 서른이지만 마흔 살 같이 겉늙어 보이니 '갓마흔', 인종은 무슨 말을 해도 너무 돌려 알기가 어려우니 '아리까리', 통인 윤이수는 '통수', 용마도 도묵은 '도루묵', 마도 도석은 혀가 짧으니 '짤내미', 구종 명희는 '멍', 방자 술병은 이름 그대로 '술병'으로 하고, 사환군 김팔수는 '통수'로 하지, 그리고 나는 제일 큰형이니까 '큰형님'으로 하지, 다들 뭐 이유 있어?"

이때 지남이 말을 가로채 "'큰형님' 하지 말고 '떡뫼'라고 하게."

"아, 역시 나리의 기지가 기발하십니다. '떡뫼'가 좋습니다."

"자, 그럼 우리 패의 이름도 지었고 각자 별호도 다 얻었으니 앞으로 나를 부를 때는 '나으리'라 부르지 말고 '통사님' 하고 부르세." 하며 지남이 건배 제의를 했다.

"그럼 통사 나으리 하고 부르겠습니다."

떡뫼가 말하자 갓마흔이 복잡하다며 그냥 우리끼리 부를 때는 '나으리'라고 부르자고 했다. 모두 다 박수 치며 통과를 시켰다. 지남의 건배가 끝난 후 짤내미가 말했다.

"방자 썽님, 썽님은 이듬이 툴뺑이 뭐요, 툴뺑!"

도석은 짧은 혀로 술병의 이름을 말해놓고 혼자서 웃어 죽겠다고 깔깔댔다. 그러자 좌중은 짤내미의 말을 못 알아들어 쩔쩔매고 있는데 그래도 술병은 자기 이름이라 알아듣고 해명을 했다.

"이 사람아, 알고 보면 내 이름 좋은 이름이여, 자네들 술 좋아하잖아, 아, 술병 없으면 세상 어떻게 살 거여?"

"아. 그러고 보니 형님 이름이 제일 좋네요. 그런 이름을 누가 지어줬어요?"

"본래 내 이름이 술을 담는 술병이 아니라 술병(述炳)이지만, 어쨌든 이름 덕에 술은 많이 먹고 사네."

"네, 이놈도 술 두고는 못 참으니 앞으로 잘해봅시다."

아랫사람들이라 빈속에 술이 들어가니 상견례가 너무 길어져 버렸다.

이렇게 해서 지남과 행동을 같이할 무극패들은 가벼운 막걸리 반주에 아침을 먹고 충주를 향해 떠났다.

다음 날 지남은 숭선에서 역마(驛馬)를 갈아타고, 충원(충주)에 도착해서 그날 밤을 지내게 되었다. 봄이라 걷기에는 좋았지만 벌써 사흘째 하루에 수십 리씩을 오다 보니 수하들이 체력도 떨어지고 발바닥에 물집이 생겨 고통스러워했다. 그날 밤 숙박은 충주 객사에서 하였는데 인근 문의, 목천, 서원(청주) 진천, 전의 수령들이 전부 모여 식사를 제공하였다. 통신사가 노정을 따라 지나갈 때는 인근 지방 수령들이 숙식을 제공하였는데 이를 지대(支待)라 하였다. 그러니 충주같이 이렇게 여러 고을에서 지대를 하면 먹을 것이 많고 풍부하지만 그렇지 못한 지역에서 유숙할 때는 잠자리와 먹는 음식도 변변치 않았다.

지남이 운 좋게 객사에서 방 하나를 잡았더니 갓마흔이 동생들을 데리고 잽싸게 주방으로 가서 먹을 음식을 챙겨왔다. 역시 밖에서는 크든 작든 조직을 갖고 있는 게 여간 편한 게 아니었다. 그런데 누가 빠진 듯해서 둘러보니 아리까리와 술병이 없었다. 떡뫼가 두 사람을 찾아보라고 하고 있는 터에 둘이서 막걸리 한 말을 메고 왔다.

"아니, 이 술을 어디서 훔쳤어?"

"훔치다니요? 제 고향이 여기라고 말씀드렸잖아유?"

아리까리가 으스대며 자기 고향의 인심자랑을 늘어놓았다. 충원의 관리들이 인종을 보자 반갑다며 막걸리 한 통을 뒤로 챙겨주었던 것이다. 지남이 막걸리를 마시면서 다른 사람 먹을 것을 가져온 게 아니냐고 걱정을 하자 별걱정을 다한다며 사람 사는 게 다 그런 거라고 오히려 지남을 타이르는 듯이 말했다. 아리까리 인종 덕분에 무극패는 충주에서 푸짐하게 막걸리로 축제를 하였다.

뒷날 아침(12일), 충원을 출발하여 안보역에 도착하여 숙박했다. 그날 밤 아리까리가 지남을 찾아왔다.

"나으리, 내일 우리가 넘을 조령은 요즘 산적 떼가 극성을 부리고 있다고 합니다. 놈들끼리도 빼앗은 물건을 다시 빼앗고 빼앗기는 일도 있다고 하니 우리는 조심하는 게 좋을 것입니다."

그 말을 들은 지남은 고개를 끄덕였다. 이미 사행단이 어제 충원에서 하룻밤을 묵었으니 소문이 놈들 귀에 들어갔을 수도 있겠다는 생각이 들자 그대로 가만히 있을 수 없었다.

밤이 깊어 모두 피곤에 지쳐 자고 있을 때, 지남은 혼자 일어나 갓마흔을 깨워 예단을 보관하고 있던 방으로 갔다. 방문을 지키고 있던 나졸이 꾸벅꾸벅 졸고 있었다. 지남은 그를 깨웠다. 경계를 서고 있던 나졸은 지남을 보자 깜짝 놀라며 압물통사께서 밤에 잠 안 자고 왜 이곳에 왔느냐고 물었다. 지남은 졸고 있는 나졸을 꾸짖고 나서 자물쇠를 열고 방으로 들어갔다. 갓마흔에게 관백에게 줄 예단의 붉은 보자기와 자신의 옷 보따리를 싸고 있던 흰 무명 보자기를 서로 바꿔 싸게 하였다. 그 소리를 들은 갓마흔은 깜짝 놀라며 아연실색하였다.

"아니, 나리, 이게 무슨 짓입니꺼? 감히 어디에 손을 댄다는 말입니꺼?"

"자네는 시키는 대로만 하면 돼, 무얼 꾸물거리나 냉큼 하지 못하고!"

"소인은 못 합니더. 소인도 처자식이 있는 몸입니더. 어찌 가만히 잘 자고 있는 이놈을 깨워 이런 엄청난 대역죄를 저지르게 하십니꺼? 너무

하십니다."

"네가 못하면 내가 하마."

하면서 지남이 먼저 자기 옷 보자기를 벗겨들고 예단의 보자기를 벗기려 하자 문밖을 지키고 있던 나졸이 들어와서 그 광경을 보고 단번에 지남을 밀치며 제지하였다.

"통사님, 이게 무슨 짓입니까? 감히 어디에 손을 대는 것입니까?"

"자네는 알 것 없네. 자네는 문밖에 가서 도적이나 잘 지키게."

하며 나졸을 밖으로 내보냈다. 그리고 겁을 먹고 명을 거역하는 갓마흔도 함께 내보냈다. 한참 뒤 지남은 혼자서 창고에서 나왔다. 그리고 다시 문을 굳게 잠그고 나졸에게 졸지 말고 잘 지키라고 이르고 방으로 돌아왔다.

3.

주흘산의 산적 떼

5월 13일, 안보역의 아침이 밝았다. 오늘은 새재(鳥嶺)를 넘어야 했다. 모두 아침을 든든히 먹고 출발했다. 산에 오르니 이곳은 이제야 철쭉이 한창이었다. 갈수록 산은 깊고 인적이 드물어 무서운 정적이 감돌았다. 분위기를 바꾸려고 떡쇠가 고향이 충원인 이인종에게 말을 걸었다.

"아리까리! 새재는 전설도 많다던데 뭐 재미나는 이야기 한번 해봐!"

"지금 하면 숨차서 못 갑니다. 나중에 쉴 때 해드릴게요."

하면서 묵묵히 앞사람의 뒤만 따라 올라갔다. 점점 산이 높아지자 들리는 소리는 새소리와 거친 숨소리뿐이었다.

얼마를 갔을까 모두가 땀을 뻘뻘 흘리며 쌕쌕거리기 시작했다. 그중에서도 덩치가 제일 큰 떡쇠와 갓마흔의 숨소리가 가장 거칠었다.

"아이구, 나으리 더워서 더 못 가겠심더."

갓마흔이 길 한쪽에 그늘 아래 벌러덩 드러누워 버렸다. 그러자 전부 기다렸다는 듯이 땀을 줄줄 흘리며 여기저기 흩어져 앉았다.

"어이, 아리까리, 아까 한다던 이야기 한번 해봐, 쉬면서 한번 들어보자."

떡쇠가 다시 이야기를 청했다.

"그럼 오래전부터 내려오는 이곳 '급제바위' 하나 들려드리겠습니요?"

아리까리가 입담을 자랑하기 시작했다.

"우리가 가는 이 길은 옛날부터 영남 유생들이 과거 보러 다니던 길이라 '과거 길'이라 했습니다. 여기서 좀만 더 가면 꼭대기 부분에 널찍한 바위가 하나 있는데 그 바위를 '급제바위'라고도 합니다. 그 바위에 한 번 앉았다 가면 급제한다 하여 그 소문 때문에 과거를 보러 가는 유생들은 누구나 다 한 번씩 앉아보고 가는 바위가 있습니다요."

그러자 짤내미가 끼어들며 반박을 하고 나섰다.

"순 거짓말, 쎄상에 그런 게 어디 있더요?"

"야, 너 가만히 좀 있어. 남 이야기하는데 툭툭 튀어나오지 말고."

하면서 술병이 짤내미의 등짝을 툭 치며 말했다. 그러자 아리까리는 이야기를 다시 시작했다.

"옛날 예천에 효성이 지극한 한 소년이 병든 홀어머니와 둘이 살고 있었는데, 그는 품을 팔아 어머니를 봉양하였답니다. 그러면서도 그는 책 읽기를 좋아해서 남에게 빌려온 책으로도 어찌나 글을 잘하는지 주위 사람들은 과거를 한번 보라고 권했답니다. 그래서 과거를 한두 번 보기는 했지만 낙방을 했대요. 그러나 아들은 과거보다 어머니 봉양이 먼저라고 생각하고 책을 덮었답니다. 어머니는 자신 때문에 아들이 과거를 못한다고 한탄하며 죽기 전에 급제하는 모습을 보고 싶어 하니까 아들은 어머니 소원대로 책을 다시 꺼내 과거 준비를 했답니다.

과거를 보러 가던 날, 지금 이 길에서 다른 서생을 만나 함께 재를 넘었답니다. 그때 영마루에 못 미쳐 깔딱고개가 있는데 그 앞에서 지금 우리처럼 잠시 쉬고 있는데 한 노인네가 수레를 끌며 올라가고 있었대요. 그래서 아들은 어머니 생각이 나서 같이 가는 사람에게 수레를 같이 좀 끌어주자고 하자 그는 그럴 시간이 없다며 책을 펴 읽기 시작했고, 그는 노인네의 수레를 꼭대기까지 끌어다 주었답니다. 그리곤 널찍한 바위가 있어 거기서 잠시 쉬는데 노인이 어디를 가느냐고 묻기에 지금 병든 어머님을 위해 마지막 과거를 보러 가는 중이라고 했답니다.

그 노인네는 '어려운 사람 도울 줄 알고, 병든 노모 봉양할 줄 아니 인간이 갖춰야 할 덕목은 다 갖추었구나.' 하면서 '인간에겐 그 이상의 소중한 것은 없다. 그러니 너는 앞으로도 그 인지본(仁之本)을 한시도 잊어서는 안 될 것이야.' 하고 휙! 하는 바람 소리와 함께 노인네도 수레도 함께 사라져 버리고 없더라는 겁니다. 그는 너무 놀라서 주위를 두리번거리고 있었는데 마침 뒤따라오던 그 유생이 오기에 함께 재를 넘었답니다."

그 말을 듣고 있던 짤내미가 불쑥 나서며 하는 말이,

"와! 순 거짓말이다! 순 거짓말!"

분위기에 찬물을 확 끼얹어 버렸다.

"그러면 나도 안 할게!"

아리까리가 하던 말을 중단해 버렸다.

"아니, 괜찮아, 그냥 끝까지 해봐, 다른 사람들은 다들 잘 다 듣고 있지 않은가."

지남이 아리까리를 달래주자 그는 중단했던 이야기를 다시 이어가기 시작했다.

"그래서 그는 한양에 도착해서 노인네가 한 인지본(仁之本)이란 그 석 자의 의미를 알 것 같기도 하고 모를 것 같기도 하여 『논어』를 펴보니 거기에 그런 의미가 있었다는 겁니다. 그래서 그걸 열심히 읽고 그다음 날 과거장에 들어가 눈을 감고 마음을 가다듬고 있는데 눈앞에 펼쳐진 글제가 놀랍게도 '仁之本'이란 세 글자였답니다.

그러니 그는 어제 본 『논어』의 내용과 자기 어머님을 간호한 내용을 가지고 글을 써서 장원급제하였답니다. 여기서 조금만 더 가면 그 바위가 나오는데 '급제바위'라 하여 영남 선비들은 과거 보러 갈 때마다 꼭 한 번씩 앉았다 간다고 합니다."

아리까리는 이야기를 다 끝내고 나서 다시 이야기를 추가했다.

"영남 유생들이 한양으로 과거 보러 갈 때 추풍령으로 가면 추풍낙엽처럼 떨어지고 이 새재로 가면 급제바위 때문에 새처럼 날아 급제한다는 말이 있어 힘들어도 이 길을 택했다고 합니다요. 나으리, 소인의 이야기가 어떻습니까?"

"풍은 좀 있지만 재미있네. 그래서 전설이 아닌가? 자, 너무 오래 쉬었네. 다들 일어나세."

지남의 독촉에 모두 자리를 털고 일어났다. 이미 줄은 끊어져 앞사람들은 보이지도 않았다. 조금 쉬고 나니 한결 나아진 듯했다.

***

조금 쉬었다고 하여 악산으로 소문난 주흘산의 새재가 그렇게 호락호락한 곳은 아니었다. 고개는 갈수록 가파르고 골은 깊었다. 산길은 한없이 구불거리는데 숲마저 우거져 길은 잘 보이지도 않았다. 보이는 것이라곤 하늘뿐이니 새소리마저 무서웠다. 우거진 숲속에선 금세라도 무엇이 튀어나올 것 같았다.

앞에 간 삼사는 어디까지 갔는지 보이지도 않고 다만 무극패만 짐수레를 끌며 뒤에서 헤매고 있었다. 고갯길에 웬 놈의 바위는 그리도 많은지 수레도 몸살이 날 지경이었다. 그래도 부지런히 따라가고 있는데 앞서가던 호행차왜(護行差倭)가 다시 뒤로 돌아오더니 예물을 실은 수레가 너무 떨어지면 안 된다며 더 빨리 가라고 다그쳤다. 그는 조선통신사의 길 안내를 위해 에도막부에서 보낸 관리이다. 그는 부산에서 대마도까지 가는 해로와 대마도에서 대판까지 가는 일본 내해(內海), 그리고 대판에서 에도까지 가는 육로를 책임지고 안내하는 사람이다. 만약 통신사가 잘못되어 길을 잃거나 기한 내에 에도에 도착하지 못하면 모두 그의 책임이었다. 그래서 그는 통신사 행렬이 끊어지거나 뒤처지는 사람이 있으면 그들을 독려하고 다녔다.

무극패와 짐꾼들은 자신들이 뒤에 처진 것을 알고 있었기 때문에 죽을 힘을 다해 가고 있는데 호행차왜는 더 빨리 가야 한다며 짜증을 부리고 투덜거렸다. 한낮이 될수록 기온은 더 올라갔다. 짐꾼들의 이마에 흐른 땀이 등줄기를 타고 흘러내렸다. 그래도 한번 떨어진 산길은 쉬이 따라잡을 수 없었고 거리의 간격은 점점 멀어졌다. 차왜는 앞뒤를 오가며 계속 독려를 하다가 거리가 좁혀지지 않자 무극패에게,

"빠가야로! 빠가야로!"

욕설까지 하였다.

동래에서 근무했던 갓마흔은 웬만한 일본 말을 알아듣고 있었다. 그때 떡뫼가 갓마흔에게 물었다.

"동생, 빠가야로가 무슨 말이야?"

"바보, 멍청이란, 일본 욕입니더."

"뭐라? 이 새끼가 우리한테 칭찬은 못 해줄망정 욕을 해."

하면서 떡뫼는 지고 가던 궤짝을 내팽개치며 "이런 개자식" 하고 땅에 주저앉아 버렸다. 다른 아우들도 맏형을 따랐다. 그러자 지남이 차왜를 불렀다.

"당신은 우리를 도와주러 온 사람이 감히 누구에게 욕설을 지껄이는 거야?"

시비가 붙었지만 실은 지남은 왜어를 잘 모르고 차왜도 우리말을 잘 몰라 "개새끼 소새끼" 하면서 자기 말만 지껄이고 있었다. 지남과 차왜 간의 분위기가 심상치 않게 돌아가자 약이 바짝 오른 갓마흔이 차왜를 향해 한

주먹 놓을 듯이 째려보고 있을 때였다.

갑자기 옆에서 '탕! 탕!' 하고 두 발의 총소리와 함께 숲속에서 한 무리의 산적 떼가 덮쳤다. 지남과 갓마흔을 제외한 무극패는 전부 땅바닥에 앉아있던 터라 꼼짝없이 제압을 당하고 말았다.

"전부 땅에 엎드려! 조금이라도 허튼수작하는 놈은 대갈통을 갈겨버릴 테니까!"

무극패는 전부 땅에 엎드렸는데 호행차왜는 어쩔 줄을 모르고 그대로 서있었다.

"이놈은 대가리 깎은 것 보니 왜놈이구만."

머리는 산발을 하고 수염이 텁수룩한 털보가 총으로 차왜의 배를 쿡 찌르며 말했다.

"너, 이 새끼 쪽바리지?"

겁에 질린 차왜는 아무 말도 못 하고 다리를 후들후들 떨며 얼굴이 사색이 되었다.

"이 새끼 쪽바리 맞구면."

그는 그냥 차왜의 가슴팍에다 총을 대고 방아쇠를 당겨버렸다. 차왜가 그 자리에서 푹 쓰러지며 그의 가슴에서 피가 튀어 지남의 옷에도 피가 튀었다. 상황이 이렇게 되자 지남도 어찌할 수 없었고, 무극패는 죽은 듯이 땅에다 머리를 박고 있었다.

털보가 지남에게 다가와 비아냥거리기 시작했다.

"허! 허! 네가 생긴 게 압물쟁이 같은데, 그건 그렇고 우리가 잡은 호랑이 가죽 내놔! 그것 왜놈들에 줄 것 없어. 그것 잡는다고 우리가 얼마나 죽은 줄 알아?"

지남이 나서며 그 산적 떼에 호통을 쳤다.

"너희 놈들은 조선의 백성이 아니냐? 어디 감히 임금님의 예단을 탐하려 드느냐? 사후가 두렵지도 않으냐?"

"그래, 두렵지 않다. 어쩔래 이 새끼야!"

털보는 개머리판으로 지남의 배를 사정없이 후려쳤다. 지남이 '욱!' 하고 앞으로 푹 고꾸라지자 발길로 냅다 걷어찼다. 지남의 얼굴에도 코피가 튀었다. 그러자 떡뫼와 갓마흔이 주먹을 쥐고 벌떡 일어났다. 옆에 있던 졸개들이 총을 들이대며 소리를 꽥 질렀다.

"어쭈구리, 깝죽거리지 마, 대갈통 벌집이 되고 싶어?"

떡뫼와 갓마흔이 다시 그 자리에 주저앉고 말았다.

그때 털보는 엄숙하게 졸개들에게 명령했다.

"야! 아랫것들 건들지 마! 얘들도 양반 밑에 상놈 짓 하느라 불쌍한 놈들이야. 빨리 예단 궤짝이나 챙겨!"

두목의 명령이 떨어지자 그중에 몇 놈이 달려들더니 예단으로 보이는 붉은 궤짝을 메고 도망가며 말했다.

"너희 놈들, 오늘 운 좋은 줄 알아. 두령님만 아니었으면 벌써 몇 놈은 저승으로 보내주려고 했는데."

산적들은 붉은 궤짝을 메고 부리나케 산속으로 튀자 털보는 한참을 버티고 서있으면서 뒤를 살피고 있었다.

그런데 그때 또 다른 산적 떼가 칼과 죽창을 들고 들이닥쳤다. 그중에 두목으로 보이는 놈이 털보를 보더니 턱주가리를 들면서 말했다.

"네놈은 누구야?"

그러자 털보는 그놈을 향해 그대로 한 방을 갈겨버렸다. 피를 토하며 그 자리에서 푹 쓰러졌다.

"이 자식, 주흘산 털보도 모르는 놈이 산적이라고…."

하면서 지남의 말을 빼앗아 타고 유유히 숲속으로 사라져 버렸다.

순식간에 사람이 둘씩이나 죽어 나자빠지고 예단까지 산적들에게 빼앗겼으니 다들 제정신이 아니었다. 하지만 지남은 의외로 차분하고 자신 있는 표정이었다.

"다들 일어나! 지금 빨리 이곳을 벗어나야 해! 그런데 차왜를 어찌한담?"

하고 지남이 차왜의 시신처리를 묻자 일부는 시신을 함께 운반해야 하지 않느냐고 하는 이도 있었다. 그러나 어디서 날아왔는지 파리 떼가 새까맣게 붙어있었고 날씨가 더운 탓에 시신은 금방 썩어 들어가 고약한 냄새를 풍길 것이다. 현재의 짐만으로도 힘겨운데 썩어가는 시체를 운반한다는 것은 어려운 일이었다. 지남은 어쩔 수 없이 한쪽에 돌을 쌓아 그의 무덤을 만들어 주고 출발했다.

얼마 가지 않아 '이랴! 이랴!' 하는 소리와 함께 '두두둑 두두둑' 하는 일단의 말발굽 소리가 들렸다. 그러더니 이내 창과 칼은 빼어 든 군마가 나타났다. 산적들의 총소리를 듣고 정사가 보낸 호위군관들이었다. 맨 앞의 군관이 무슨 일이 없었느냐고 물었다. 사후 약방문이었다. 지남은 호행차왜와 다른 산적 한 명이 죽고 산적들은 빨간 보따리 2개를 빼앗아 갔다고 했다. 무사들도 여기를 빨리 벗어나야 한다며 무극패를 호위하여 기다리고 있던 정사 앞에 무사히 데려다주었다. 정사는 호위무사들에게 사태가 어떠냐고 물었고 그들은 지남에게서 들은 대로 보고했다.

"뭐라! 호행차왜가 죽고 붉은 보따리 2개를 빼앗아 갔다고? 하이구, 그럼 우리는 다 죽었구나! 이제 우리는 다 죽었어!"

하고 무릎을 치며 탄식했다. 그러자 종사관이 나서며 지남을 거세게 몰아세웠다.

그렇게 선두에서 떨어지지 말라고 소리를 질렀는데도 무슨 짓을 하며 노닥거리다가 이런 일을 만들었냐며 이들을 그냥 두어서는 안 된다고 으름장을 놓았다.

사실은 그랬다. 호행차왜가 죽었으니 일본의 에도막부에서도 그냥 있지 않을 것이고, 예단을 빼앗겼으니 일본에 갈 수도 없을 터이니 삼사는 물론 삼당상 역관 하며 그 누구도 살아남을 수 있는 사람은 별로 없었다. 순식간에 사태가 이렇게 변했으니 삼사가 사색이 되었다. 자기들이 모두 죽게 생겼으니 먼저 지남 탓을 하는 것도 당연한 일이었다. 지남이 정사에게 보고를 드리려고 하는 순간, 종사관이 지남의 뺨을 휘갈기며 밀쳐내 버리고 말했다.

"정사 영감, 이러고 있을 때가 아닙니다, 얼른 군사를 풀어 예단부터 찾아야 합니다. 그렇지 않으면 우리는 다 죽습니다."

이 부사도 박 종사관의 말이 옳다며 문경 현감에게 군사를 요청하는 사령을 보내야 한다며 야단법석이 났다. 그때 지남이 또 정사 앞으로 다가가려고 하자 화를 참지 못한 종사관이 지남에게 발길질을 해대며 군관에게서 칼을 빼앗았다. 이런 놈은 당장 죽여야 한다며 칼을 '획' 하고 휘두르는 것을 지남이 간신히 칼을 피했다. 다시 한번 종사관이 칼을 휘둘렀다. 지남이 칼을 피해 뒤로 쓰러지며 오른쪽 소매가 찢어져 나갔다.

이를 보고 있던 변 수역이 몸을 날려 종사관의 팔을 부여잡았다. 그래도 흥분이 가라앉지 않은 종사관은 너희 역관 놈들은 다 똑같은 놈들이라며 변 수역까지 싸잡아 욕설을 퍼부었다. 변 수역의 제지로 일단 위기는 넘겼지만 종사관은 지남에게 말할 틈을 주지 않았다. 어떻게 해도 죽음을 면키 어렵다고 생각한 삼사는 이성을 잃고 있었다. 그때 지남이 큰 소리로 정사에게 아뢰었다.

"나으리! 예단은 온전합니다. 예단은 걱정하지 않으셔도 됩니다."

정사도 흥분되어 지남의 말을 들으려 하지 않았다. 지남이 다시 고함을 질렀다.

"정사 나으리, 전하의 예단은 온전하옵니다."

그때 변 수역이 나서서 침착하게 물었다.

"전하의 예단이 온전하다니 그게 무슨 말이냐?"

"저놈들이 가지고 간 것은 예단이 아니라 제 옷 보따리입니다."

지남은 갓마흔을 불러 하얀 광목에 싸인 예단 궤짝을 들고 오게 해 궤짝을 풀어 정사 대감에게 보여주었다. 정사는 그 궤짝을 열어보고 자신의 눈을 의심했다. 호피와 표피를 비롯한 예물이 고스란히 있는 것을 확인하고는 놀라지 않을 수 없었다. 모두 다 어찌 된 영문인지를 몰라 지남만 쳐다보았다.

"아니! 이게 어찌 된 일이냐?"

하고 정사가 물었다. 지남은 그간에 있었던 일의 자초지종을 이야기했다. 그 말을 듣고 있던 삼사는 정말 넋이 나간 사람들 같았다. 정사는 태도가 돌변하며 변 수역에게 말했다.

"변 수역, 나는 도대체 이해가 되질 않네! 어찌 된 일인가. 그대가 김 역관을 데리고 왔다고 했지. 그러고 보니 김 역관이 오히려 우리 삼사의 목숨을 구해준 생명의 은인이 된 셈이구나."

그래도 박 종사관은 놀란 가슴을 억제치 못해 악담을 쏟아냈다.

"정사 영감, 그게 아닙니다. 예단은 온전하다고 하나 호행차왜가 살해된 것은 보통 문제가 아니옵니다. 우리와 일본 간에 커다란 외교문제가 될 것이옵니다. 그리고 어찌 되었든 산적들은 우리의 물건을 훔쳐 갔지 않사옵니까. 이러한 사태가 벌어진 것은 이놈들이 게으름을 피우다 우리와 떨어졌기 때문입니다. 아무래도 이놈들 중에는 산적과 내통한 놈들이 있을 것 같습니다."

"종사관이 이 사태를 너무 심각하게 받아들이는 것 같은데 이 문제는 내가 알아서 처리할 터이니 그냥 넘어가고 이제 출발합시다."

정사가 종사관의 말을 가로막으며 단순한 산적사건으로 처리하려 하자 박 종사관은 그렇지 않다며 훗날 귀국하면 의금부에 조사를 시켜 내막을 샅샅이 밝혀낼 것이라고 으름장을 놓았다. 정사는 종사관과는 생각이 달랐던지 아무런 대꾸도 없이 호위군관들에게 출발하라고 명하여 문경현으로 향했다.

한바탕 소란이 지나고 날이 저물기 시작했다. 어둑어둑한 땅거미 속에 말발굽 소리와 함께 급히 달려오는 일단의 군사가 있었다. 맨 앞에서 달려오던 장수가 급히 말에서 내려 정사 앞에 무릎을 꿇고 고개를 숙이며 예를 갖췄다.

"정사 영감님, 원로에 수고가 많으십니다. 소장은 경상도 관찰사께서 삼사를 잘 뫼시고 오라는 명을 받은 우후 김경율입니다."

장수가 예를 갖추자 뒤따르던 군사들도 모두 말에서 내려 무릎을 꿇고 고개를 숙였다. 그러나 그들은 새재에서 일어난 일을 전혀 모르고 있었다. 단지 예정시간보다 도착시간이 늦어지자 먼 곳까지 마중을 나왔을 뿐이었다. 정사는 아무 일도 없었다는 듯이 그들의 호위를 받으며 문경에 도착했다.

그날 저녁(13일) 문경에 도착한 정사는 현감의 안내를 받으며 객사에 숙소를 정했다.

정사는 상주 목사, 예천 군수, 용궁 현감 등 지대를 하러 온 지방 수령과 호위를 하러 온 김경률 장수 등과 저녁을 같이 하며 오늘 있었던 이야기를 다시 하게 되었다. 윤 정사는 변 수역에게 김지남을 참석시키라고 했다.

김지남은 이번 일은 자기 혼자만의 기지로 된 게 아니라 무극패가 있었기 때문에 가능했다며 그들과 함께 받아야 한다고 말했다. 그러나 변 수역은 어찌 감히 정사의 식사 자리에 하인 9명을 참석시킬 수 있느냐고 하니 그러면 자신도 가지 않겠다고 버텼다. 지남의 말에 못마땅한 종사관은 그들의 참석을 반대했지만 정사는 그들이 아니었다면 오늘 이런 자리도 없었다며 그들을 모두 부르라고 했다.

잠시 뒤 지남이 무극패를 데리고 식사 자리에 배석했다. 윤 정사는 무극패가 생명의 은인(恩人)이라며 각자에게 술을 한 잔씩 따라 주었다. 식사를 하며 두어 순배 술잔이 돌고 나서 물었다.

"오늘 낮에 김 역관이 '아리까리'의 말을 듣고 예단을 바꿔치기해 놓았다고 했는데 그 '아리까리'가 무슨 말인가?"

지남이 정사의 물음에 설명하려 하자 짤내미가 말을 가로막으며 자신이 설명을 올리겠다고 하여 지남이 양보하였다.

"덩사 나리, 아리끼리는요, 이인동 별명인데요. 그 싸람은 무슨 말을 해도 아리까리해서 알아들을 쑤가 없다는 뜨딥니다요. 이데 아디겠습니까? 나리!"

"아니, 자네 말은 아리까리 말보다 더 아리까리하구나, 나는 자네가 무슨 말을 하는지 전혀 알아들을 수가 없네그려."

"아! 탐나, 나리도 탑탑하네요. 싸람이 말을 하는데 왜 말을 못 알아들어요?"

짤내미의 설명을 듣고 있던 좌중의 각 수령들도 도무지 무슨 말인지 알 수가 없다며 박장대소하였다. 그러자 지남이 차근차근 설명을 해 올렸다.

"'아리까리'는 우리가 같이 움직이는 조에 이인종이라는 통인의 별호입니다. 그 친구는 고향이 충원인데 무슨 말을 할 때는 에둘러서 하기 때문에 조금 이해하기 어려운 부분이 있습니다. 그래서 우리가 붙여준 별호입니다."

이번에 예단의 붉은 보를 바꿔 쌌던 것도 지남이 아리까리의 말을 듣고 미리 해놓았던 것이라고 말했다. 지남의 말에 삼사와 지방 수령들은 모두 박수를 치며 그의 기지에 감탄하였다. 문경에서 정사와 저녁 식사가 끝난 후 친구 세태와 어울려 밤늦도록 술을 마시며 보냈다.

***

통신사행단은 그다음 날부터 6일간을 연거푸 내달려 용궁, 안동, 의성, 신녕을 거쳐 20일 오후 영천에 도착했다. 한양을 떠난 지 벌써 12일째였다. 지남이 내려오는 동안 무극패들의 짐도 나눠 지고 말도 돌아가며 태웠지만 워낙 먼 길이라 몸이 약한 통인 윤이수가 길바닥에 드러눕고 말았다. 지남은 그를 일행에서 빼줄 것을 요청했다. 그러나 정사는 지남의 요청을 거절했다. 다만 짐꾼을 비롯한 하급 원액들을 위해서 영천에서 충분한 휴식을 취하게 해주겠다고 했다. 정사가 영천에 도착하니 경상도 관찰사가 먼저 와서 정사를 기다리고 있었다. 영천 군수 이항도 관찰사와 함께 나와 있었다.

"정사 영감, 원로에 날씨마저 더워 오시느라 수고가 많으셨습니다."

"아이고, 이 순사님! 한양에서 뵙다가 이곳에서 뵙게 되니 더욱 반갑습니다!"

관찰사와 이 군수는 삼사를 영천 객사로 안내했다. 윤 정사가 이 군수에게 원액들이 너무 지쳐 한 이틀 정도 영천에서 쉬었으면 좋겠다고 말하자 군수는 흔쾌히 수락하였다. 영천은 예로부터 통신사 행차가 있을 때마다 조정의 하명을 받고 전별연(餞別宴)을 열어주던 곳이기도 하였다.

그날 저녁 관찰사의 이름으로 남천강 조양각에서 연회가 베풀어졌다. 조양각은 남천과 북천 두 물이 한곳에 모이는 이곳의 절벽 위에 세운 정자였다. 정사는 노독에 지친 하인들을 위로할 겸 감사의 뜻으로 연회에 앞서 마상재(馬上才)를 선보이라고 명했다. 마상재를 연다는 소문에 백사장에는 수많은 구경꾼들이 모여들었다.

마상재는 고구려 시대부터 내려오는 우리 민족의 장기였다. 말 위에서 펼치는 곡예는 종류도 다양했다. 달리는 말 위에서 공중에 물건을 높이 던졌다 받기도 하고 누워서 말을 타거나 말 옆구리에 붙어서 달리는 묘기 등 여러 가지 기술이 다양하여 보는 사람으로 하여금 감탄을 금치 못하게 하였다. 이번 임술 사행에서도 일본 측이 특별히 우리의 마상재를 요청했던 것이다. 마상재는 남천 백사장에서 많은 백성들이 보는 앞에서 시연되었다. 마상재는 마협장신술, 쌍마술, 거꾸로 타기, 꼬리잡고 뛰어타기 등 여러 가지 기예가 있지만 이곳에서는 오 순백과 형 시정이 간단한 누워타기와 꼬리잡고 뛰어타기 등 서너 가지 기술만 선을 보였다. 그래도 이것은 쉽게 볼 수 있는 게 아니었기 때문에 무극패를 비롯한 많은 하급 관리들과 짐꾼들이 보고 매우 즐거워했다.

마상재가 끝나자 조양각에는 통신사를 위한 연회가 시작되었다. 경상도 관찰사가 주재하는 행사라 영천 군수, 용궁, 안동, 신녕 수령들도 모두 정성껏 준비를 하여 술과 음식이 푸짐하고 일대 기생들을 총동원하였다. 관찰사의 환영사가 있었다.

"삼사 나으리, 먼 길을 오시느라 수고 많으셨습니다. 더욱이 새재에서 불미스러운 일까지 당하셨다는 이야기를 듣기는 했습니다만 다행히 정사 영감의 높은 덕으로 하늘이 보살펴 큰 탈 없이 오셨다 하니 참으로 다행스러운 일이 아닐 수 없습니다. 더운 날씨에 많은 사람을 이끌고 오시느라 여독이 오죽하셨겠습니까. 허나 풍광이 빼어난 이곳 영천에서 푹 좀 쉬었다 피로를 완전히 푸시길 바랍니다."

"이 순사(巡使)님과 영천 군수, 그리고 문경, 용궁, 신녕 현감들이 지성으로 이렇게 성대한 연회를 베풀어 주시니 참으로 고맙습니다. 내가 우리 일행의 전부를 대신해서 감사의 인사를 전합니다."

경상도 관찰사의 인사말에 이어 윤 정사의 답례가 끝나자 영천 군수의 인사말도 이어졌다.

"저희들은 며칠 전에 이미 조정으로부터 삼사 나으리들을 잘 뫼시라는 명을 받았습니다. 그리고 역대 통신사님들에 대해서도 늘 관례처럼 해오던 일이라 한다고는 했습니다만 변변치는 못하옵니다. 그래도 소직의 성의를 봐서라도 즐겁게 시간을 보내시면 고맙겠습니다."

이렇게 영천 군수까지 모두 인사말이 끝나자 술잔이 돌고 풍악에 맞춰 기생들이 춤을 추기 시작하였다.

"정사 나리, 제 술 한 잔 더 받으시지요."

"아, 고맙소, 이제 술이 더 안 들어갈 것 같은데…."

"그동안 고생도 많으셨고, 새재에서 산적 떼를 만났으니 고생이 오죽하겠습니까. 오늘 한잔 쭈욱 하시고 푹 주무시면 내일은 다 풀릴 것이옵니다."

"아, 나 이거 오늘 이 순사님 때문에 과음이 심한데."

두 사람은 한양에서도 서로 만난 적이 있기 때문에 더욱 반가웠고 풍악과 기생들의 춤사위에 취해서 서로 권하는 술을 다 받아 마시다 보니 만취가 되어버렸다. 그때 관찰사가 이 군수에게 정사 영감께서 주음이 과하셨으니 이만 상을 물리라고 했다. 군수가 정사를 뫼시던 기생에게 눈짓을 하자 기생이 정사를 부축하여 일어나자 조양각 전별연이 끝났다.

연회가 끝났지만 막상 즐긴 사람들은 삼사와 벼슬 높은 사람들뿐이고 아랫사람들에게는 그림의 떡이었다. 그때 술병이 떡쇠 옆구리를 푹 찌르며 말을 건넸다.

"성님, 여기까지 올 때 고생은 우리가 다 했는데, 술과 기생 등 재미는 즈그들이 다 보고, 이게 뭡니꺼? 우리도 어데 가서 한잔 더 하입시더."

"이 밤중에 길도 선데 어딜 가냐?"

"조양각 아래 남천 강변에 가모 주막들 좌~악 깔렸어요. 제 고향이 이쪽 아입니꺼, 거 가모 야들야들한 짐승들도 많아예."

"뭐, 야들야들한 것들이 있다고! 그게 어디야?"

"앗따, 성님도 보드라븐 거는 어지간히 밝히네요."

"야이, 인간아! 나도 사낸데 마누라 본 지 한 달이 다 돼간다, 미치겠다, 미치겠어. 밤마다 혼자서 지랄하는 것도 한두 번이지 이게 무슨 염병이냐."

"잠깐 기다려 보소, 내 갓마흔 성님한테 한번 운을 띄어볼께요."

그 말을 들은 갓마흔이 눈을 까뒤집고 덤벼들었다.

"그런 게 있으모 진즉 말을 했어야지, 이제 연회도 끝났으니 통사 나으리 모르게 우리끼리 옆으로 슬쩍 샜다가 오자고."

"성님, 짤내미는?"

"붙여, 붙여!"

'야들야들한 짐승'이란 소리에 넷은 죽이 맞아 핫바지 뭐 새듯 슬금슬금 어둠 속으로 사라졌다. 남천 백사장 주막거리에 들어서니 벌써 주모들이 네 사내를 보더니 소리를 지르며 손짓을 했다. 술병이 이곳저곳을 흘끔흘끔 곁눈질을 하다가 여종들이 많이 보이는 한 집 안으로 들어갔다.

"아이구! 어서 오이소, 오늘 마상재 구경 왔십니꺼?"

주모가 엉덩이를 살랑거리면서 떡뫼 일행을 반갑게 맞았다. 주막거리에는 마상재 구경을 왔다가 주막으로 몰려온 사람들로 성시를 이루고 있었다. 그중에는 벌써 만취가 되어 갈지자걸음을 걷는 사람들도 있고 한쪽에는 주모와 멱살잡이를 하고 있는 모습도 보였다. 술병은 경주 부에 방자로 있었지만 원래 태생은 영천이었다. 그래서 이쪽 사정은 누구보다 밝았다.

"성님, 술은 뭐로 할까요? 막걸리도 있고 동동주도 있는데요."

"네가 알아서 해."

술병은 모든 걸 위임받고 주모를 불렀다.

"주모, 여기 막걸리 두 되하고 안주는 김치에 매운 고추전 하나 가지고 오게."

"돼지 수육도 있는데요."

"그럼 그것도 한 쟁반 주고."

푸짐한 안주에 술꾼들의 술판이 벌어졌다. 주거니 받거니 하면서 술 두 되는 게 눈 감추듯 했다. 그리고 두 되를 다시 시키라며 떡뫼가 술병에게 말했다.

"야, 술병! 나 여기 술 마시러 온 게 아니란 거 알고 있지?"

"술집에 술 마시러 온 게 아니모 뭡니꺼?"

"이놈이 세상 살기가 싫은 모양이네."

하면서 떡뫼가 주먹을 쥐고 술병을 내려칠 기세를 보이자 술병은 죽는 시늉을 하며 살살거렸다.

"알았심더. 와! 성님 성질 한번 되게 고약하네요."

그러자 옆에 앉은 갓마흔이 다시 술병을 타박했다.

"성님 말이 옳잖아, 우리 여기 술 마시러 왔어? 빨리빨리 주문해, 이 사람아."

떡뫼와 갓마흔의 성화에 못 이긴 술병이 주모를 찾아가 술 시중을 들 수 있는 작부 넷을 불러달라고 했다. 술 시중은 한 사람이면 되지 왜 넷이나 필요하냐고 투덜대며 밖으로 나갔다. 한참 뒤 주모가 들어오며 오늘은 손님이 많아 둘밖에 못 구했다며 늙고 뚱뚱한 여자 둘을 데려다주었다.

한참이 지난 뒤에야 두 작부가 방문을 빼꼼이 열며 머뭇거렸다. 술병은 얼른 일어나 두 사람을 안으로 불러들였다. 두 여인은 다소곳이 고개를 숙이며 인사를 했다. 한 사람은 너무 늙었고, 다른 한 사람은 덩치가 완전 돼지였다. 떡뫼가 두 사람을 보자마자 시큰둥한 표정을 지으며 한마디 내뱉었다.

"와! 영천 물 좋다."

그 말의 속뜻을 알 리 없는 늙은 작부가 주제도 모르고 야시를 떨었다.

"하모예, 영천은 본래 물이 좋십니더."

갓마흔이 나섰다.

"우리가 좀 늦어놓으니 찌꺼리밖에 없는가 베?"

"오늘 음식은 찌꺼리는 아입니더. 다 오늘 들어온 깁니더."

계속해서 동문서답이 이어지자 이를 보다 못한 짤내미가 술병을 바라보며 노골적인 불만을 털어놓았다.

"툴병이 형, 이게 뭐유? 와! 너무 심하다."

그래도 무슨 말인지 눈치를 못 챈 늙은 작부는 계속 살살거리면서 떡뙤의 술잔에 술을 가득 부었다. 그리고 세 사람의 잔에도 가득 따랐다.

"자, 들자!"

떡뙤가 영 마음에 안 든다는 표정을 지으며 술을 들이켰다.

"야, 술병. 이게 야들야들한 거야? 이거 너무 센 거 아니야?"

그 말을 듣고 있던 갓마흔이 씨익 웃으며 말했다.

"성님, 우리 대충 하입시더, 배고픈 놈이 찬밥 뜨신 밥 가릴 게 있십니꺼?"

술을 다시 한 잔 마시더니 돼지 손목을 끌고 골방으로 사라져 버렸다. 주모가 다른 작부를 알아보고 있다는 술병의 말만 믿고 떡뙤는 계속 술만 퍼마시고 있었다. 그런데 온다는 야들야들한 작부는 오지 않고 골방에서 "아이구! 아이구!" 하는 돼지의 교성만 터져 나오니 떡뙤도 더 이상 참지는 못하겠다고 늙은 작부의 손을 끌고 다른 골방으로 들어갔다.

술병과 짤내미 둘만 남아 새 여자 오도록 기다리며 술만 계속 마시고 있었다.

그때 어찌 된 일인지 지남이 나머지 패들을 데리고 주점에 나타났다.

"아니! 나으리, 여길 어찌 알고 오셨습니까요?"

"둘은 어디 갔어?"

술병이 대답을 못 하고 어물어물하며 골방 쪽을 쳐다보고 있었다. 지남도 무슨 뜻인지 알겠다는 듯이 수하들과 술을 마시고 있을 때 술병은 갓마흔과 떡뫼가 들어있는 골방의 문을 두드리며 나리가 왔다고 빨리 나오라고 알렸다. 그러자 갓마흔과 떡뫼도 옷을 챙겨 입고 나타났다. 갓마흔은 얼굴이 벌겋고, 떡뫼는 시작도 못 했다며 투덜거렸다.

"야 이 사람들아 술을 마시러 가면 같이 가야지, 이게 뭔가? 의리도 없이."

떡뫼가 사과를 하자 지남은 괜히 해본 소리라며 오히려 그 문제를 해결해 주지 못하는 자신이 미안하다며 그들을 데리고 주점을 나오며 술값을 치르려고 하였다.

"언지예, 아이니더, 오늘은 그냥 가이소!"

돼지 작부가 술값을 자기가 부담하겠다고 그냥 가라고 하자, 그 말을 듣고 있던 주모가 그 작부에게 쌍심지를 켜고 삿대질을 하며 역정을 냈다.

"아니, 이것이 미칫나, 그기 무신 소리고?"

"아이니더, 이런 술값은 열 번이라도 지가 내겠심더."

"하이구야, 시상에! 야 이것아, 사내가 그 쿰 좋터나? 내 술장사 10년 해도 몸 주고 술값 내겠다고 하는 년은 처음 본다."

"처음 보모 마이 보이소, 내사 마 너무 좋아서 바위 밑에 깔려도 구름 위에 떠있는 거 같습디더!"

"에라이, 미친 것아! 사내에 걸신들린 몽달귀신이 씌었나."

"아이고 마, 지는예 저런 사내만 있으모 술값은 평생 대겠십니더."

하며 돼지는 엉덩이를 살랑살랑 흔들며 오더니 갓마흔의 등을 떠밀며 그냥 가라고 했다. 주모와 작부의 말싸움에 정신이 없던 지남은 수하들을 데리고 주막을 빠져나왔다.

***

　5월 21일 경주에 도착하니 다른 동료들은 가족들의 편지가 와있었다. 경주에 머무는 이틀간 비가 계속 내려 그들은 편지를 들고 서로 오가며 가족들의 이야기를 주고받았다. 그 틈에 끼지 못하는 지남은 혼자서 비가 내리는 하늘을 쳐다보며 가족생각을 했다. 지금 가족의 편지가 있다면 만금(萬金)을 주고라도 사고 싶은 심정이었다. 그래도 언젠가는 오리라는 기대를 하며 다시 들어와 아이들 생각, 아내 생각, 어머님 생각을 하다 잠이 들었다.

　경주에서 이틀은 대구, 자인, 청하에서 좋은 음식들을 많이 보내와서 잘 먹고 편히 쉬었다. 그 사이에 경주지역의 장사꾼들이 물건을 팔려고 몰려왔는데 그 모습들이 너무 초라하고 불쌍해서 그들을 쫓아내기는 했지만 마음이 아파 차마 모진 말은 못 하고 좋게 타일러 돌려보냈다.

　울산에 도착한 날 저녁 늦게, 지남에게도 가족의 편지가 도착했다. 얼마나 애타게 기다렸던 편지인가. 한양을 떠나온 후에도 그사이에 두 차례나 편지를 주고받은 사람도 있었다. 지남도 편지를 보내고 싶었지만 하는 일이 너무 많아 소식을 전하는 것도 잊고 있었다. 너무나 기다렸던 편지이기에 반가움도 기쁨도 훨씬 더 컸다. 지남에게 편지가 왔다는 소문이 돌자 무극패들이 몰려왔다. 그들의 가족들은 글을 몰라 편지할 줄을 모르니 남의 소식이라도 듣고 싶었던 것이다. 그래도 아내의 글이라 남에게 보일 수는 없으니 야속하지만 편지를 들고 객사 한 모퉁이로 돌아가 편지를 꺼내드니 손이 떨렸다. 언문으로 써진 편지에서 아내 냄새가 났다. 편지에 입맞춤을 하고 읽으려 하니 눈앞이 흐려졌다.

서방님께 올립니다.

오랜만에 서방님이라 불러봅니다. 그동안 별고 없으셨는지요? 오늘은 사행 가신 분들에게 서신을 보내는 날이라 하여 서방님께 글을 올립니다. 오늘로 서방님이 떠난 지 꼭 열하루째 되는 날입니다. 이곳 집에는 어머님 편안하시고 아이들도 다들 잘 자라고 있습니다. 근자에는 비가 어떻게 잦은지 걱정이 되어 조상님께 더욱 간절하게 빌고 빌었습니다. 떠나신 이후로 단 하루도 마음 편한 날이 없어 이틀이 멀다 하고 변 수역님 댁에 들러 소식을 여쭈었습니다.

어머님은 거의 매일 문수사를 찾아가시고 집에 오시면 정화수에 촛불 켜고 치성을 드립니다. 세상을 아무것도 모르는 현이가 아버지를 찾으면 막내도 형아를 따라 '아빠, 아빠' 하고 이리저리 뛰어다니곤 합니다. 아이들이 뛰노는 이러한 모습이 우리 가정의 행복이요 소첩의 가장 큰 낙이옵니다.

이 부분을 읽자 지남은 더 읽어 내려가지 못하고 눈을 감고 잠시 아이들을 떠올렸다. 어린 것들의 뛰노는 모습이 아른거려 울컥한 마음을 억제하기 어려웠다. 보고픈 마음이 눈물로 흘러내렸다. 지남은 다시 편지를 읽어 내려갔다.

그동안 낯설고 물설은 길을 가시느라 옷도 땀에 젖어 말이 아닐 텐데 빨래는 어떻게 하고 음식 또한 어떤지 만 가지가 걱정입니다. 서방님이 계시지 않는 동안 어머님 정성으로 모시고, 어린것들 걱정 없도록 키울 테니 집 걱정은 조금도 마시고, 부디부디 당신의 건강만 잘 챙겨주십시오. 또다시 글을 올리겠습니다.

임술 5월 19일
당신의 아내가 씁니다.

　지남은 편지를 다 읽고 나니 자신도 모르게 눈물이 흘러내렸다. 아쉬운
마음에 읽은 편지를 다시 읽어 내려갔다. 가족생각이 너무도 간절해서 그
길로 돌아와 답신을 썼다.

경아 엄마에게
여기는 울산이오, 조금 전에 기다리던 당신의 편지를 받았소, 당신의
편지를 받고 보니 반가움에 가슴이 뭉클해서 크게 울 뻔했소. 홀로 계
신 어머님과 개구쟁이 아들 셋을 데리고 집안 살림까지 도맡아 고생하
는 당신을 생각하면 가슴이 미어지오. 그러나 무엇보다 어머님께서 건
강하시고 아이들이 잘 자라고 있다고 하니 나도 힘이 솟는 듯하오. 고맙
소. 왜로 가는 통신사의 길이 멀고 험한 줄은 이미 당신도 알고 있지만,
나라의 일이니 어찌할 수가 있겠소. 나도 집을 이렇게 오래 떠나본 적이
없는데 떠나와 보니 집이 이렇게 그리울 줄 몰랐소. 밤마다 어린것들이
꿈에 보이고 당신의 얼굴이 아른거릴 때가 한두 번이 아니었소. 그래도
여러 사람이 함께 어울려 하는 일이라 때로는 당신 생각을 잊어버릴 때
도 많았소. 특히 당신이 변 수역의 마님을 자주 찾아뵙는다는 소식은 아
주 고마운 일이요. 나는 작고 큰 일은 모두 수역님의 지시를 받아 하고
있소. 앞으로도 수역님 댁을 자주 찾아뵈면 나의 소식을 조금은 더 빨리
들을 수가 있을 것이오.
오늘은 이만하고 내 다음에 다시 글을 보내리다.

지남은 아내에게 답장을 써놓고 편지를 받지 못한 수하들을 위로하려고 술판을 벌였다.

"나으리, 마님의 편지 받고 나니 기분이 어떻습니까? 참 부럽습니다요."

떡뫼가 묻는 말에 지남은 딱히 할 말이 없었다.

"편지가 다 그렇고 그런 내용이지 무슨 별게 있을 수 있나."

하고 대답을 해주고 나니 옆에서 걸어가던 아리까리가 자신의 신세타령을 했다.

"나 같은 무지렁뱅이는 그저 주둥아리만 깠지 눈이 있어도 글을 볼 줄 아나, 손이 있어도 글을 쓸 줄 아나. 그러니 사람도 아니제."

"그래도 자네는 통인이라 나리들 상대하지 않는가. 나 같은 놈은 사람 축에 끼지도 못하고 매일 말똥이나 치우고 말 상대만 하고 있으니 알고 보면 짐승이나 똑같제."

하고 농마도(籠馬徒) 도묵은 자신을 자학했다. 객지에 떠나와도 글을 몰라 가족의 편지 한 장 못 받았다고 이렇게 신세타령을 하는 걸 보니 지남도 마음이 답답했다.

"그래 옛말이 있지 않은가. 바지 짧은 것과 글 짧은 놈은 쓸모가 없다."

고 하며 구종(丘從) 명희도 거들었다. 무극패들은 한동안 자기네들끼리 글 못 배운 한을 술로 달래려는 듯 서로가 부어주며 밤이 이슥하도록 술을 마셔댔다.

4.

아! 동래성

5월 24일 아침, 사행단은 울산에서 동래로 향했다. 여명에 가는 길이 낯설기는 했지만 해안선을 따라 걷는 길이 신비스러웠다. 특히 갓마흔과 술병을 제외한 나머지 무극패들에게 처음 보는 바다는 무척 신기했다. 잠시 후 먼동이 트고 먼바다 수평선이 벌겋게 달아오르자 삼사를 비롯한 모든 사행단이 행군을 멈추고 해가 솟아오르기를 기다렸다. 바다가 점점 붉어지더니 드디어 태양이 바닷속에서 솟아오르기 시작했다. 사람들은 너나 할 것 없이 환호성과 탄성을 지르며 두 팔을 펼치기도 하고, 합장하여 기도하는 사람이 있는가 하면, 엎드려 큰절을 올리는 사람도 있었다. 해가 바닷속에서 솟아오르는 일출의 장관은 어디서든 흔히 볼 수 있는 것이 아니다. 그 행운은 날씨의 배려가 있어야 한다. 지남도 감격했다. 그런 광경을 본 적이 없었기 때문이었다.

　우리에게도 이러한 대자연의 경이가 있다는 것은 자랑스러웠다. 해가 불쑥 솟아오르자 검은 바다는 푸르게 변했고, 수평선 위로 하얀 갈매기 떼가 아침 군무를 펼쳤다. 분명 인간 세상에 흔한 일은 아니었다. 갯바위에 부서지는 파도 소리가 피로에 지친 그들의 시름을 한꺼번에 날려버렸다. 술병이 바다에서 해가 솟아오르는 것을 보고 짤내미에게 말했다.
　"짤내마, 나는 이제까지 밤이 되면 해가 바닷속에 자는 줄 몰랐네."
　짤내미도 맞장구를 쳤다.
　"으와! 데게 틴기하네(신기하네). 해도 밤이 되면 자는 줄 나도 이데 알았

떠(알았어)."

둘의 대화를 듣고 있던 나머지 사람들도 정말 '그런가.' 하고 모두 고개를 끄덕였다. 지남은 그냥 웃어넘기고 말았다.

바다를 뒤로하고 내륙으로 접어들었다. 밀양 군수가 보낸 안내인을 만났다. 우리 측에서 아무런 연락이나 조치를 취하지 않았는데도 각 지방에서 안내인을 보내주고, 밤이면 숙소와 음식을 보내오는 것을 보면 나라의 연락체계가 매우 치밀하다는 것을 알 수 있었다. 오후가 되자 갑자기 날이 흐려지고 빗방울이 듣기 시작했다. 큰비를 걱정하여 바쁜 걸음을 재촉하고 있을 때 이번에는 한 무리의 군사들이 달려오고 있었다. 자신들은 동래 부사가 보낸 호위무사라며 말에서 내려 예를 갖췄다. 그들의 호위를 받으며 동래 초입에 들어서니 동래 부사가 천막을 쳐놓고 기다리고 있었다. 천막에서 차를 마시고 잠시 휴식을 취한 다음 동래부(東萊府) 관아로 향했다.

삼사는 동래부에 도착하자마자 객사에서 망궐례(望闕禮)를 올렸다. 먼저 흑단령을 갖춰 입고 객사 북쪽 벽에 국서(國書)가 들어있는 용정자(龍亭子)를 모셔놓고 삼사는 동쪽에, 동래 부사와 각 지방 수령들은 서쪽에 서고, 나머지 사람들은 관직에 따라 계단 아래 동쪽과 서쪽에 서서 임금이 계시는 북쪽 궁궐을 향해 네 번 절을 올렸다. 망궐례를 마친 후 주관이 정사 앞으로 나가 문안인사를 드리는 문상례(問上禮)를 행하였다. 문상례가 끝나자 정사는 동헌에, 부사는 서헌에, 종사관은 장관청에 머물기로 하였다. 그날 저녁 식사는 동래부와 기장현에서 올렸는데 음식이 어찌나 짠지 지남은 거의 먹지 못했다. 그래도 수하들이 동래까지 오느라 모두들 고생을 많이 했으니 그날 저녁은 술을 한 잔씩 나눴다. 각자의 숙소로 돌아가는데 지남은 발바닥에 생긴 물집으로 다리를 제법 쩔뚝거렸다.

다음 날(5월 26일) 아침, 지남은 일찍 떡뫼를 깨워 동래성곽을 둘러봤다. 그는 애잔한 동래성이 보고 싶었다. 임진왜란에 대한 서책을 볼 때마다 동래성은 그의 가슴에 한으로 남아있었기 때문이다. 3,000명이나 되는 백성과 군사들이 힘 한번 제대로 써보지도 못하고 일방적으로 죽임을 당했다는 사실이 도저히 믿을 수도 없었고, 때가 오면 그 현장을 직접 확인하고 싶었기 때문이었다.

지남은 발바닥 상처 때문에 다리를 약간 절며 성의 정문인 남문(南門) 앞에 도착했다. 불과 90년 전, 부사 송상현(宋象賢)과 왜장 고니시(小西行長)가 서로 마주 보며 첫 대치를 했던 곳이다. 지남이 남문을 바라보자 떡뫼가 말했다.

"나으리, 성벽이 너무 낮은 것 같습니다요?"

지남의 자신도 그렇게 생각했다는 듯이 고개를 끄덕이며 주위를 살피고 있었다. 왜장 고니시가 부산진성을 함락시키고, 계속해서 그날 오후에 바로 이곳 동래성으로 쳐들어왔으니, 그때 부사 송상현의 심사가 어떠했을까 하고 생각하니 지남도 비장한 각오가 느껴졌다. 지남은 발바닥이 너무 아파 걷기가 불편하여 성벽 한쪽에 앉아 그때의 상황을 들려주기 시작했다.

"그날은 1592년 임진년 음력 4월 14일 오후, 성채에 붉은 복사꽃이 피어있고, 날씨는 화창한 봄날이었어. 고니시가 부산진성을 4시간 만에 함락시키고 그길로 동래성 남문, 지금 바로 이 자리에 나타나서 명(明)나라를 공격하려고 하니 길을 비켜달라고 하였대. 진심으로 길을 빌리고자 한다면 먼저 우리 조정에 먼저 승낙을 청했어야 하는데, 그러한 절차도 없이 수만 명의 군사들을 끌고 와서 다짜고짜로 부산진성과 다대포성을 공격하여 우리의 군사들과 백성들을 죽이고 마을에 불을 지른 다음, 바로 이곳 동래성으로 쳐들어온 것이야. 그러고는 이 남문 앞에 새까맣게 진을 치고 서서 나무판자에 아무렇게나 휘갈겨 쓴 글을 던졌었대. 거기에는 그렇게 써져있었다고 했어.

'전쟁을 하려면 전쟁을 하고 아니면 길을 비켜달라(戰則戰矣, 不戰則假道).'고 되어있대."

그러자 떡뫼가 주먹질을 하며 흥분해서 날뛰었다.

"세상에 그런 개자식들이 어디 있습니까? 그건 자신들의 힘만 믿고 날뛰는 짐승만도 못한 해적들이지요!"

"걔들은 본래 해적이야!"

하면서 지남은 끊어졌던 이야기를 차분히 이어갔다.

"자기들 맘대로 군대를 이끌고 와서 길을 비켜주든지 아니면 싸우자고 하니 길을 비켜줄 수는 없고, 싸울 수밖에 없는 노릇인데, 그들의 군사는 18,000명이었으니 우리의 10배가 넘고 게다가 총으로 무장을 하고 있어 그들과 전쟁은 곧 죽음이었지. 그 사실을 잘 알고 있으면서도 부사 송상현은 기꺼이 전쟁을 택한 거야. 부사도 나무판자에 간단하고 결연한 답장을 보냈대.

'싸워 죽기는 쉬워도, 길을 비켜주지는 못한다(戰死易假道難).'라는 역사적 명문을 보내고 전쟁을 붙게 된 거야.

송 부사가 죽는 한이 있어도 길을 못 비켜주겠다고 하니 그날 오후는 일단 자기들 진영으로 돌아갔었대. 그리고 그 뒷날 아침 일찍, 어제 왔던 그 군사들을 끌고 다시 와서 아무런 선전포고 없이 그냥 겹겹으로 성을 에워싸고 마구잡이로 공격하기 시작한 거야.

그 당시 동래성의 군사는 1,000여 명에 불과했고 왜놈은 18,000명이었으니 상상을 해봐! 18배나 많은 왜적이 미리 준비해 온 높은 사다리에 올라 총을 마구 쏘아대니 그게 무슨 전쟁이 되겠니? 그래도 우리는 싸워야 하니 성벽의 여장(女牆)에 몸을 숨기고 활로써 대적을 했던 거야."

그러자 떡뫼가 다시 물었다.

"아니? 놈들은 총을 쏘는데 우리는 활을 쏘았다고요?"

"그냥 듣기만 해!"

라고 하며 지남은 계속했다.

"많은 사람들이 전쟁은 무기로 하는 것이 아니라고 해. 그러나 그것은 거짓말이야! 전쟁은 무기야! 총 앞에 활은 속수무책이었고, 그나마 쏘던 화살도 동나자 돌을 집어 던지기도 하고 뜨거운 물을 퍼붓기도 하였대. 그게 무슨 전쟁이냐? 그래도 우리는 죽기를 각오하고 싸우니 저놈들도 그렇게 쉽게는 우리를 농락하지 못하고 있었는데,

그때 왜적은 동문 옆에 경사진 곳으로 올라가 언덕 위에서 총을 쏘니 그쪽이 먼저 무너지기 시작했었대. 동문 쪽이 무너지자 왜적은 성안으로 물밀 듯이 밀려와 우리 군사들을 향해 뒤에서 총을 쏘았고, 성안을 마음대로 헤집고 다니며 여자와 어린아이들을 긴 일본 칼로 풀 베듯 베어버렸대. 그리하여 아침에 벌어진 전투가 이곳에서도 한나절을 버티지 못하고 끝이 나버렸어."

"무슨 성이 한나절을 못 버텨요? 말도 안 됩니다."

"그게 사실이야, 우수한 무기 앞엔 죽음밖에 없는 거야."

라고 대답하며 떡뫼에게 중간에 자꾸만 끼어들지 말라고 하며 말을 계속했다.

"대세가 기울고 더 이상 어찌해 볼 도리가 없게 되자 송 부사는 부관에게 임금님을 알현할 때 입었던 조복(朝服)을 가져오게 하여 그 옷을 갑옷

위에 겹쳐 입고 남문 장대에 올라 임금이 계신 북쪽을 향해 사배를 올리고, 마지막으로 자기가 죽으면 아버지에게 전해달라며 효를 다하지 못하고 먼저 죽는다는 용서를 구하는 마지막 편지를 쓰고 있는데 왜적의 장수들이 송 부사 앞에 칼을 빼어 들고 들이닥친 거야. 칼을 들고 자기를 죽이러 왔는데도 아랑곳하지 않고 자기 아버지에게 편지를 쓰고 있으니 왜장도 감히 어찌하지 못하고 그 편지를 쓸 때까지 기다리고 있었다는 거야. 그래도 송 부사는 태연하게 아버지에게 편지를 마무리한 다음 의자에 꼿꼿하게 앉아 적장들을 응시했다는 거야.

그런데 적장 중에는 전쟁이 일어나기 전부터 조선을 왕래하여 부사에게 예를 다했던 평조익이라는 자가 있었는데 그는 송 부사에게 길을 터줄 테니 도망을 가라고 했대. 그러자 송 부사는,

'나는 이 성을 우리 백성과 함께할 것이다!'

라고 하며 똑바른 자세로 앉아 눈을 감자 왜장이 부사의 목을 베었다는 것이야."

그때 떡뫼가 또 끼어들었다.

"에이! 부사님도…. 나 같으면 일단 도망치고 보겠는데요. 그건 그렇다 치고, 그렇다면 지금 우리가 통신사로 갈 게 아니라, 쟤들이 우리에게 매년 사죄사를 보내야 하는 것 아닌가요?"

"힘이 없으면 그런 거야!"

하면서 지남은 다리를 절며 다시 숙소로 돌아왔다.

다음 날 아침, 배식을 받으러 나온 떡뫼가 머리를 긁적이며 무극패들에게 불평을 늘어놓았다.

"어젯밤 눈썹 씨름도 못 부쳤네."

"와요?"

"그런 일이 있어!

너희들은 몰라도 돼!"

하면서 갓마흔의 묻는 말을 일축해 버렸다.

"앗따! 성님도 사람 꽤 무시해 부는 버릇이 있습니다요."

하면서 구종 맹희가 떡뫼를 받아쳤다.

"내가 자네들을 무시하는 게 아니라 느그들이 동래성의 역사를 알아?"

하고 어제 들은 이야기로 갑자기 유식한 척하였다.

그러자 맹희가 다시 말했다.

"큰성님은 하룻밤 사이 그냥 유식해져 부렸네요이."

그러자 옆에서 밥그릇을 챙겨서 들고 나오던 갓마흔과 아리까리 인종 등이 모두 한꺼번에 웃었다. 조금 머쓱해진 떡뫼는 밥을 후딱 먹어치우고 자기 방으로 가버렸다.

맹희가 갓마흔에게 물었다.

"마흔이 성! 떡뫼 성님은 뭘 듣고 저렇게 하룻밤 새 유식해져 부렸다요."

"어제 아침에 나으리한테서 임진왜란 때 이 동래성에서 일어난 이야기를 들은 것 같아."

"그럼 우리도 이제 여유가 생겼으니 떡뫼 성님이 무슨 이야기를 들었는지 한번 물어봅시다요."

그리하여 무극패들은 밥을 간단히 먹고 떡뫼 방으로 우르르 몰려갔다.

"성님, 어제 무슨 말을 들었건대 갑자기 그리 유식해져 부렸소?"

맹희가 운을 떼자 떡뫼는 전부 다 앉으라며 부사 송상현의 이야기를 늘어놓기 시작했다.

"햐! 송 부사는 대단하신 분이셔! 그 어른은 전쟁의 대세가 기울자 왜장이 보는 앞에서 조복을 갑옷 위에 걸쳐 입고 임금님이 계시는 북쪽을 향해

네 번 절을 올리고 마지막으로 나랏일로 부모님 은혜를 다 갚지 못하고 먼저 죽게 되는 불효를 용서해 달라는 편지를 아버지에게 쓰셨다는 거 아니야? 그러니 왜놈들도 칼을 뽑아 들고 자기를 죽이려고 와있는데 그 앞에서 그렇게 임금과 아버지에게 편지를 쓰고 있는 것을 보고 감동을 먹고 오히려 뒷걸음질을 쳤다는 거야."

그러자 아리까리 인종이 나서며 고향자랑을 했다.

"그 어른이 우리 고향 분이셔!"

라고 하자 옆에 있던 김팔수가,

"그 어른 청주 아니셔?"

하고 물으니,

"충원이나 청주나 거기가 거기잖여?"

그때 맹희가 나서며 흐트러진 분위기를 잡고 나갔다.

"아그들아, 성님이 이런 중요한 이야글 할 때는 쫌 조용히 해부러라이!"

하고 다시 물었다.

"아니 그러면 왜놈들은 그 전날 부산진성을 함락시키고 그날 동래성에 또 왔다는 것이요?"

"난 사실 그건 잘 몰라. 헌데 부산진성은 뭣했는지 모르겠어."

그러자 동래 출신이 갓마흔이 들은 이야기가 있다며 아는 체하고 나섰다.

"사실은 나도 어깨너머로 들은 이야기야."

하면서 부산진성 전투 이야기를 들은 대로 이야기하기 시작했다.

"부산진성은 동래성 밑에 있는 작은 수군성(水軍城)이었대. 그때 성주가 첨사 정발(鄭撥) 장군이었는데, 장군이 저쪽 바다 끝에 있는 절영도(지금 영도)에 사냥 겸 순찰을 하고 있었는데 우연히 절영도 앞바다에 왜선이 새까맣게 떼를 지어 오고 있는 것을 발견했다는 거야. 그런데 보니 한두 척이 아니고 수백 척이 몰려오니 왜적이 쳐들어오는 것을 알고 그래서 급히 부산진성으로 돌아와 척후선 2척을 보내는 한편 전투준비에 들어갔대."

***

"정 첨사는 돌아오자마자 부장들의 회의를 소집하고,

'지금 놈들의 선단 규모를 보면 침략이 분명하니 지금 즉시 진동문(鎭東門)을 포함한 4대 성문을 굳게 닫고 백성들을 전부 성안으로 들어오게 하라!'

라고 지시를 내렸대. 그때 척후선을 타고 놈들을 살피고 온 부장 이정선이 보고하기를,

'장군, 놈들은 세견선(歲遣船)이 아니고 모두 전함이었습니다. 빨리 서둘러야겠습니다.'

라고 숨을 헐떡이며 보고를 하자 그때부터 부산진성은 대혼란이 일어난 거야. 군사들은 무기고에서 병기를 꺼내 총병에게는 총통을 지급하고 궁수에게는 활을, 나머지 군사들에게는 각자의 병기를 지급하여 각자의 위치에 전투배치를 하였는데 문제는 백성들이었대.

정발 장군은 성 밖의 백성들이 걱정이 되어 날쌔고 말 잘 타는 병사들을 뽑아 지금 빨리 성안으로 피신을 하라고 연락을 했어.

'왜적이 쳐들어왔습니다. 모든 백성들은 지금 즉시 성안으로 피신하시오!'

를 외치며 돌아다니니 생각을 해봐! 그 사태가 어떻게 됐겠어? 그야말로 아수라장이 되었대.

노부모를 모시고 오는 사람, 어린 아기를 안고 업고 이불 짐을 이고 오는 사람, 심지어는 소와 돼지를 몰고 오는 사람, 왔다가 무엇을 다시 가지러 가는 사람, 이런 사람 저런 사람들로 성안은 순식간에 북새통을 이뤘는데,

문제는 장소였대. 부산진성은 동래성의 보조성으로 증산(甑山) 아래 위치하고 있어 그 규모가 크지 않아 피난 온 사람들이 성안에 다 들어오지 못하는 사태가 발생한 거야. 그러니 못 들어온 사람들은 다대포성과 동래성으로 피신해 갔대.

어찌 되었던 4월 13일이 지나고, 그다음 날 새벽, 어둠이 채 가시기도 전에 초병의 나팔 소리가 울린 거야. 적의 공격이 시작된 거지.

그때 정 장군은 평소에 입던 붉은 갑옷 대신 검은 갑옷을 입고 진동문 장대에서 휘하의 장수들과 적을 맞을 준비를 하고 있었대.

아침 바다 안개 속에 검은 왜선들이 다가오더니 총을 든 왜적들이 등에다 하얗고 붉은 깃발을 꽂고 상륙하기 시작하여 부산진성 앞에 집결한 거야. 그러나 정 장군은 미동도 하지 않고 적의 동향을 주시하고 있는데,

그때 정 장군의 애첩 애향(愛香)이 노복 용월(龍月)과 함께 활을 들고 장군 앞에 나타난 거야. 애향은 원래 평안도 위원의 관기(官妓)였는데, 정 장군이 무과에 급제하고 처음으로 부임했을 때 장군의 눈에 들어 애첩이 되었는데, 그녀는 얼굴도 예쁘지만 활쏘기를 좋아해 늘 장군을 따라 사냥도 가고, 그 전날 절영도에도 같이 갔었대.

'아니, 이게 무슨 차림인가?'

하고 정 장군이 놀라 애향에게 물으니,

'소첩은 서방님을 따를 것이옵니다.'

'안 돼! 돌아가! 여기는 여자들이 오는 곳이 아니야! 용월아 얼른 모시고 돌아가!'

라고 화를 내며 돌아가라고 하자 노복인 용월도,

'놈들이 수만인데 어찌 이놈을 보고 돌아가라고 하십니꺼? 지는 마 나으

리를 지킬겁니더!'

하고 엎드려 울면서 하소연을 하였대. 그러나 장군은 그들을 성안 쪽으로 보냈으나 그들은 장군 옆을 지켰다는 거야. 드디어 왜장이 하얀 백마를 타고 부산진성 진동문 앞에 나타나서 장난처럼 소리치기를,

'야! 성주, 빨리 성문을 열고 나와 우리를 영접해! 그렇게 하지 않으면 모조리 죽일 거야!'

라고 했다는 거야. 얼마나 모욕적이냐?

'고니시, 네 이놈! 너는 우리 부산을 오가며 장사하던 놈이 아니냐? 네 어찌 감히 이럴 수가 있단 말이냐!'

하고 정 장군이 야단을 치니 자존심이 상한 고니시가 그 자리에서 공격 명령을 내려 전투가 벌어져 버린 거야. 부산진성은 성의 규모가 작아 쳐들어온 왜적이 반밖에 공격하지 않은 거야. 그래도 왜적의 수가 넘쳐 성을 몇 겹으로 에워싸고도 남았는데, 공격을 하지 않고 구경하는 놈들은 장난 치듯 낄낄거리고 웃는 놈들도 있었다는 거야.

전투가 벌어지니 우리가 쏘는 화살이 소나기처럼 날아가고 왜적이 쏘는 조총 소리가 마치 콩을 볶은 듯 '딱콩'거리니 우리 화살을 맞고 죽은 왜적이나 적의 총에 맞아 죽는 우리의 군사들이 일시에 산더미처럼 쌓이기 시작했는데, 그런 전투가 한두 시간 지난 뒤, 왜적들은 조선군도 만만치 않다는 것을 알고 배후를 공격하기 시작했대, 부산진성의 배후는 증산이라는 작은 산이 있었는데 그 증산으로 올라가면 성의 북문 안이 훤히 보였다는 거야. 놈들이 그 증산으로 올라가 거기서 내려다보고 총을 쏘아대니 북문이 그냥 무너졌고, 북문이 무너지니 부산진성은 4시간 만에 전부 함락되고 말았대."

부산진성이 공격을 당한 지 4시간 만에 무너졌다는 말에 짤내미 도석이

끼어들었다.

"뭐요? 4씨간 만에 무너져요!"

"정확히 4시간인지 5시간인지는 모르지만 하여튼 아침에 시작된 전투가 정오가 되기 전에 끝이 났다고 하니 그게 맞을 거야."

"아니! 왜 그렇게 됐대여?"

하고 짤내미가 그 이유를 파고들자 술병이 등짝을 툭 치며 말했다.

"아까, 성님이 말할 때 뭐 들었어? 왜놈들은 총을 들고 높은 데서 쐈다고 했잖아, 총으로!"

왜적들은 총을 들고 왔다는 술병의 설명을 듣고 짤내미가 고개를 끄덕이자 갓마흔이 말을 계속 이어나갔다.

"그때 정발 장군은 독전을 하다가 머리에 총탄을 맞고 쓰러지셨는데 그 모습을 본 애향은 정 장군에게 달려와 안고 부축을 하였으나 장군께서 숨을 거두자 그녀는 자기가 품고 있던 은장도를 꺼내 장군 곁에서 자결을 하여 죽고, 노복 용월은 왜적에게 돌을 던지며 저항하다 역시 총에 맞아 장군 옆에 쓰러져 죽었대, 그래서 그 두 사람은 지금도 정 장군 옆에 무덤을 써주었대. 내가 예전에 들은 이야기는 이게 전부야."

그러자 떡뫼가 억울하다는 듯이 무릎을 '탁' 치면서 말했다.

"그러니 결국 부산진성은 북문이, 동래성은 동문이 먼저 무너지면서 함락되었구나!"

"떡뫼 성님, 먼저 무너진 북문과 동문이 문제가 아니고요이, 중요한 건 총이네요, 총! 총이 없어져 부렀네요."

그러자 옆에서 듣고 있던 다른 무극패들도 무릎을 치며 말했다.

"그래, 네 말이 맞아! 요는 총이네!"

5

동래의 최고 기생

동래에서 하룻밤을 보낸 뒷날, 지남은 삼사를 따라 부산으로 향했다. 통신사의 깃발을 앞세우고 북치고 나팔 불며 호위무사들의 안내로 군사의 위엄을 갖추고 출발했다. 이 장엄한 행렬이 왜를 향해 가고 있다고 생각하니 지남은 어제 떡뫼가 그들이 사죄사로 오질 않고 우리가 왜 가느냐고 묻던 말이 생각났다. 마음속에 연민으로 남아있던 동래성을 떠나려 하니 자꾸만 뒤를 돌아보게 되었다.

　통신사의 행차가 있다는 소문에 연도의 구경꾼이 군데군데 나와있었다.
　지남은 무극패와 함께 행차 뒤편에서 따라가고 있었는데, 갑자기 뒤에 비단옷을 입은 기생들이 줄을 지어 따라오고 있었다. 지남이 그 속내를 물어보니 경상좌수사가 밀양, 경주, 양산, 울산에 공문을 보내 기생을 차출한 것이라고 했다.
　옳거니! 이렇게 많은 기생들이 줄을 지어 따라오니 자신들에게도 무슨 공떡이 생길 것을 내심 기대하고 무극패들은 뒤를 자꾸 돌아보며 좋아라 했다.

　그날 오후, 한양을 출발해서 18일 만에 드디어 일본으로 떠날 목적지 부산진에 도착했던 것이다. 그날 저녁, 경상좌수사 이만휘(李萬徽)는 병으로 나오지 못해 우후(虞侯) 김종신이 대신해서 주장관이 되어 동래에서와 같은 국서에 대한 숙배례를 가졌다.

이곳 부산에서는 며칠간 기다려야 한다고 했다. 오랜 여행에 휴식도 필요하지만, 무엇보다 호행차왜가 바다 날씨를 보고 지정한 날에 배를 타야 하는데, 문경 새재에서 그가 살해되었기 때문이었다. 그날 저녁, 좌수영은 조정의 명을 받아 사행단을 위한 연회를 베풀었다. 객사 연회장에는 양산, 김해 등 지방 수령들과 서생, 다대포진 수군 첨사들이 먼저 배석하고 있다가 삼사가 자리를 하자 우후가 좌수사를 대신하여 환영사를 했다. 이어서 정사가 답례를 하자 기생들이 줄줄이 꽃을 들고 들어왔다.

우후는 젊고 이름난 기생들은 삼사와 삼당상에게 차례로 배정하고 나머지는 전부 들어오는 순서대로 원역들에게 배정했다. 나중에는 기생의 숫자가 모자라 기생차지를 못 하는 홀아비들끼리 서로 자리다툼에 몸싸움까지 벌어졌다.

연회석의 자리가 정돈되자 우후의 건배 제의로 연회석에는 술잔이 돌기 시작했다. 차려진 음식이 매우 푸짐하고 기생들까지 끼어있으니 분위기는 한껏 부풀었다. 좌수영 장수들과 동래, 밀양, 양산 김해의 지방 수령들이 돌아가며 삼사에게 술잔을 올렸다. 몇 순배의 술잔이 돌자 여기저기서 호탕한 웃음소리가 터져 나왔다.

드디어 풍악 소리와 함께 무희들이 들어왔고, 동래 교방무가 시작되었다. '딱' 하는 고수의 힘찬 북테 치는 소리에 해금이 구성지게 연주되고, 양손 치마를 접어 잡은 기생들의 춤사위가 나비의 나래짓이 무색했다. 오른발 가볍게 들어 딛고 까치발로 뒤태를 유지하며 왼손 곱게 뻗어 원을 긋고 다시 내려 앞뒤 허리를 감고 돌제 이들이 짓는 교태에 사내들은 모두 넋이 나가버렸다. 술에다, 기생에다, 풍악에다, 춤이 어우러지니 연회는 순식간에 절정의 분위기로 무르익어 갔다.

이번에는 장고와 소고를 든 춤판이 신나게 흥을 돋우자 그동안 여색에 굶주린 사내들은 체면도 잃어버리고 짐승 본색을 슬슬 드러내기 시작했다. 그러자 기생들의 간드러진 웃음과 자지러지는 비명 소리가 여기저기서 터져 나오고 이런 분위기를 더 부추기려는 듯 악공들은 점점 빠른 자진모리장단으로 몰아갔다.

그때 윤 정사는 변 수역과 지남을 가까이로 불렀다. 문경 새재에서 있었던 일을 들먹이며 지남에게 고마움을 다시 전했다. 그리고는 주장관을 불렀다.

"동래 최고의 기생이 누구요?"

"지금 나으리 옆에 있는 이 아이가 바로 동래의 최고 기생 '영실'이옵니다."

"그래?"

하면서 옆에 앉아있는 기생을 자세히 바라보더니,

"이만하면 됐다!"

하면서 그녀를 지남에게 짝지어 주었다. 그녀의 갸름한 얼굴은 전형적인 조선 미인이었고 몸매는 버들같이 휘감기듯 하여 볼수록 사람을 빠져들게 하였다. 지남은 뜻밖에 '영실'이란 동래 최고의 기생을 만나게 되자 지친 심신을 그녀에게 맡긴 채 인사불성이 될 때까지 술을 마셨다.

영실의 근본은 몰락 양반의 외동딸이었다. 끝없는 당파싸움으로 가문이 몰락하자 부모가 어린 딸의 목숨을 부지하기 위해 스님에게 보냈으나 기구한 인연으로 기생을 길을 걷고 있었던 것이다. 그러나 그녀의 모든 언행과 생활은 여느 기생과는 달랐다. 어릴 때부터 글을 배워 글도 상당한 수준이었고, 그녀의 품행은 어찌 보면 기생으로서는 어울리지도 않았다.

연회가 끝나고 지남이 일어서려고 하자 과음으로 몸을 가누지 못했다. 겨우 연회장을 나왔으나 이내 비틀거리다 마당에서 푹 쓰러지고 말았다.

"통사님, 정신 차리시옵소서, 여기서 이러시면 아니 되옵니다."

"음~ 알았네, 알았다고….."

하고는 그 자리에서 먹은 것을 계속 토했다.

지남의 몸이 너무 커서 영실은 어찌할 수 없었다. 그저 할 수 있다는 것은 입 주위를 닦아주고 등을 두드려 주는 것 외는 할 수 있는 게 없었다. 그러더니 지남은 그 자리에서 드르렁드르렁 코를 골며 곯아떨어져 버렸다. 영실은 어쩔 도리가 없어 그냥 옆을 지키고만 있었다.

그때 영내 순찰을 돌던 순라들이 지남을 발견했지만 지남의 처소를 몰라 영실의 임시 거처로 옮겼다. 영실은 동래 교방 소속이었지만 이번 통신사를 모시기 위해 좌수영에서 임시로 영실의 거처를 별도로 마련해 주었던 것이다.

영실은 토해서 엉망이 된 그의 옷을 벗겼다. 그의 떡 벌어진 가슴과 굵은 다리통은 정말 욕심나는 사내의 몸매였다. 영실은 수건을 짜다가 토해서 엉망이 된 그의 몸을 깨끗이 닦기 시작했다. 볼수록 그의 몸매가 너무도 매력적이라 영실은 지남의 가슴을 한번 슬쩍 쓰다듬어 보기도 했다. 그런데 이게 웬일인가? 그의 발바닥에 피가 엉겨 엉망이 되어있었다. 역참마다 쇄마가 있었지만 지남은 그 말을 혼자만 타고 온 게 아니라 지친 수하들을 돌아가며 태우고 오느라 정작 자신의 발바닥이 그 모양이 된 사실을 영실은 알 리가 없었다. 그녀는 밤잠을 자지 않고 밤새 옷을 빨아 말리고 다림질까지 하여 방 한구석에 접어두었다. 아침이 되어도 지남은 일어날 줄 몰랐다.

　　　　　　　　　　　　　　　　5. 동래의 최고 기생

그가 눈을 뜬 것은 정오가 가까울 무렵이었다.

"이제 정신이 좀 드시옵니까?"

눈을 뜬 지남은 자신의 모습을 보고 깜짝 놀랐다.

"내가 왜 여기에 있느냐? 대체 여기가 어디냐?"

"여기는 쇤네의 방입니다."

"자네 방이라니? 그게 무슨 소린가?"

지남은 소스라치며 다시 물었다.

그러나 영실은 미소만 지을 뿐 대답을 하지 않았다.

"내가 묻지 않는가?"

"어제는 몸도 못 가누셨습니다."

"내가 내 처소로 가야지, 이러고 있을 수는 없네."

하면서 몸을 일으키려 하자 어제 영실에 빠져 얼마나 마셨던지 몸이 말을 듣지 않았다. 그때 오늘은 비도 오고 여독이 심할 테니 모두 휴식을 취하라는 정사의 전갈이 전해졌다. 그 말을 듣고 지남은 잘되었다며 영실의 방에서 하루 종일 잠을 잤다.

그날 오후 떡뫼와 갓마흔이 수소문 끝에 영실 방을 찾아왔다. 지남은 영실이 빨래를 해서 깨끗하게 다려진 옷을 입고 영실 방을 나왔다. 지남의 행색을 본 떡뫼가 부러워하자 갓마흔이 넘겨짚기를 했다.

"어젯밤 나으리께서 엄청 잘해줬나 보지 뭐."

지남이 수하들을 따라 숙소로 향하자 영실이 배웅을 했다.

***

부산에 온 지 벌써 사흘이 지났다. 통신사를 태우고 일본으로 갈 배 6척의 시운항을 하는 날이었다. 배는 전라좌수영과 경상좌수영에서 이미 한 달 전에 만들어 수영 앞바다에 정박시켜 놓고 있었다.

지남이 타고 갈 배는 제1복선(卜船)이었다. 지남이 선창에 나가자 선장과 격군들이 줄을 지어 나와있었다. 복선 사공과 격군만 해도 34명이었다. 지남은 선장의 인상이 썩 맘에 들지 않았다. 그래도 지남은 자기 목숨을 맡겨야 할 선장이기에 웃으며 인사를 받았다. 출항을 알리는 북소리가 '둥! 둥! 둥!' 하고 울리자 제1상선이 출발하고 지남이 탄 배가 그 뒤를 따르고, 그다음으로 제2상선, 그리고 제2복선, 제3상선, 제3복선 순서로 부산항을 출발했다. 제1복선에는 마상재, 오순백 등이 함께 승선했다. 시운항 길은 오륙도를 지나 절영도(영도)를 돌아오는 1시간 정도의 거리였다. 시운항이 끝난 뒤 선장들은 출항에 문제점은 없다고 보고했다. 이렇게 해서 이제 부산을 떠날 준비는 다 마친 셈이고 출항하기 좋은 날만 기다리고 있었다.

다음 날 곧 해신제(海神祭)를 올릴 것이니 당분간은 일체의 술과 여자를 금하라는 정사의 지시가 떨어졌다. 지남도 방에서 근신을 하고 있었다. 6월 3일, 좌수영 앞바다 영가대(永嘉臺)는 해신제 준비를 하느라 밤새 횃불이 불야성을 이루고 있었다. 그날 이른 새벽, 삼사 이하 모든 사행단 473명이 모두 단상 아래 모여 서열대로 줄을 섰다. 그러자 알자(謁者)가 경건한 목소리로 제를 거행하였다.

"대 해신께 삼사 재배!"

윤 정사가 제단 앞으로 나아가 향을 피우고 잔을 드린 뒤 삼사는 나란히 재배를 하고 뒤로 물러나 제자리에 섰다.

"대 해신께 삼당상 재배!"

이번에는 변 수역이 제단 앞으로 나아가 정사의 예를 따라 향과 잔을 드리고 삼당상이 함께 재배하였다.

"대 해신께 제 원역 재배!"

상통사 안신휘가 전례에 따라 향을 피우고 잔을 들인 다음 제 원역들과 함께 재배하였다.

"독축(讀祝)!"

하고 알자가 축문을 낭독하라고 하자 제술관 성완이 자기가 지은 축문을 낭독하기 시작했다.

"유 세차(維 歲次) 임술(壬戌) 유월 초사흘 기묘(己卯), 정사 윤지완, 부사 이언강. 종사관 박경후 등 473명은 삼가 몸과 마음을 정갈히 하고 맑은 술과 정성 들인 음식으로 대 해신에게 제사를 드리나이다. 임금님의 명을 받들어 왜국의 제4대 관백의 조문(弔問)과 제5대 관백의 습직(襲職)을 축하하기 위해 왜국으로 가려고 합니다. 대 해신께서는 왜국과 교린의 의를 맺어 나라가 평화롭고 백성이 안녕하기를 바라는 저희들의 간절한 소망을 통촉하시어 부디 오고 가는 뱃길에 순풍만 일게 하여 주시옵소서. 저희들이 바치는 깨끗한 술을 음향하시고 간곡한 저희들의 소망을 받아주시옵소서. 조선통신사 정사 윤지완 외 473명 경배."

낭독한 뒤 재배를 하고 물러나자 알자가 제의 마지막 예를 다하는 재배를 알렸다.

"대 해신께 전원 재배!"

일행의 재배로 해신제를 마쳤다.

해신제를 마치고 나니 벌써 해가 중천에 솟았다. 사시 경 모두 의장을 차리고 군악을 울리면서 국서를 모시고 앞에 가고 삼사와 그들을 따르는 모든 종관(從官)들은 모두 공복으로 선창에 도착하니 상선 3척과 복선 3척이 차례로 정제하고 기다리고 있었다. 삼사는 각각 비장과 배행할 원역들을 거느리고 자기들이 탈 배에 승선했다. 해신제를 올린 뒤 실제 출항과 똑같은 형태로 치르는 마지막 운항 점검이었다.

지남은 엊그제처럼 제1복선(卜船)에 승선했다. 여러 배에서 출항을 알리는 화각(畫角)이 세 번 소리를 내자 일시에 닻을 풀었다. 배의 속도는 배마다 달랐다. 서로의 거리가 점점 멀어지면서 불안한 마음이 생겼다. 노를 저어 10여 리쯤 나가서 6척 배가 일시에 돛을 올렸다. 배는 바람을 타고 쏜살같이 한바다로 미끄러져 갔다. 바람이 어찌나 세게 부는지 마치 대마도에 이를 것 같기도 했다. 한참을 가다가 제1기선이 뱃머리를 항구로 돌리자 다른 배들도 일제히 뒤를 따랐다. 이렇게 두 번째 시운항을 끝내고 선창에 배를 묶었다.

***

해신제를 마쳤으나 출항 날짜가 잡히지 않아 지남은 방에서 낮잠을 자고 있었다.

"나으리! 계시옵니까?"

수하들 따라 영실도 지남을 '나으리'라 불렀다.

귀에 익은 목소리라 문을 열고 보니 뜻밖에 영실이었다.

"아니, 이게 누구인가?"

지남은 얼른 자리에서 일어나 그녀를 맞이했다. 밝은 낮에 보아도 영실은 정말 고운 얼굴이었다. 그런데 그녀의 손에는 무엇인가 들려있었다. 지남이 웬일이냐고 묻는 말에 대답은 하지 않고 미소만 지었다. 그녀는 스스로 마루에 걸터앉으며 들고 있던 물건을 조심스럽게 풀었다.

"이게 무엇이냐?"

"고약(膏藥)이옵니다."

"그걸 어디에 쓰려고?"

영실은 대답은 하지 않고 지남의 발바닥을 좀 내밀어 달라고 하였다. 지남도 못 이기는 척 발을 내밀었다. 곪아있던 발바닥 상처는 술을 먹어 벌겋게 독이 올라있었다. 영실은 상처 주변의 검게 굳은 피를 닦아내고 입김으로 호호 불어 고약을 녹인 다음 지남의 발바닥에 붙인 다음 버선을 신겨주고 인사를 하고 돌아갔다.

이틀이 지나자 지남의 발바닥은 물집도 가라앉고 고름도 거의 다 빠졌다. 그다음 날 영실이 또 찾아와 새 고약을 붙여주었다. 사흘이 지나자 지남의 발바닥은 씻은 듯이 나았다.

"그 고약은 어디서 났느냐?"

"오래전 스님이 비름에 다른 약재를 섞어 고약을 만드는 것을 본 적이 있어 쇤네가 한번 만들어 보았습니다."

"내 상처는 고약이 아니라 자네의 정성이 낫게 했구나!"

"아니옵니다. 부질없는 짓을 하여 혹여 덧나지나 않을까 두렵습니다."

그런 뒤에도 영실은 거의 매일같이 지남의 처소에 들러 청소며 빨래도 해주고 때때론 간식도 챙겨주었다.

"나으리, 언제 출항하신답디까?"

"글쎄 해신제를 지낸 지가 벌써 이레나 지났는데 걱정이구만. 출항 날짜는 호행차왜가 천기와 바람을 보고 정하는 일이라 우리는 그 날짜가 정해지기만 기다리고 있는 중일세."

라고 하자 영실은 지남이 떠나기 전에 좋은 곳으로 구경을 한번 시켜드리고 싶다고 했다. 지남도 무료하던 차에 영실의 성의를 거절할 이유가 없었다.

"좋은 곳이 어디지?"

"정과정(鄭瓜亭)이란 곳인데 경치도 좋고, 그곳에서 긴히 드릴 말씀도 있고요."

이왕 말이 나왔으니 내일 오후에 가자고 했다.

뒷날 오후, 날씨가 화창했다. 영실은 평소에 즐기는 가야금을 지남에게 부탁하고 자신은 보자기를 들고 좌수영 뒷산의 정과정으로 향했다. 그곳은 한양에서 높은 분이 오면 동래 부사나 좌수사가 주연을 베푸는 곳이라 했다. 아니나 다를까 정자에 오르니 동해의 푸른 바다가 한눈에 펼쳐지고 하얗게 부서지는 파도가 가히 남도 일경이라 할 만했다. 정자의 봄바람이 즐기기에 좋을 만큼 살랑거리고 있었다. 정자에는 임란 때 지은 송 부사의 시현판(詩懸板)이 걸려있었다.

지남이 송 부사의 시를 읽고 있는 동안 영실은 정자에 보를 깔고 작은 술병과 안주를 차려놓으며 말했다.

"나으리, 이곳 정취가 어떠하옵니까? 귀한 시간 내주시니 제가 빚은 술을 한잔 올리려 합니다."

"자네는 재주도 많구려."

영실이 하얀 사기잔에 술을 따르자 받아 들고 한 잔을 쭈욱 마셨다.

"이건 청주같이 맑은 술인데 무슨 향이 이렇게도 고우냐?"

"네, 이건 예부터 동래 양반가에서 전해 내려오는 막걸리온데 푹 익은 다음에 위에 뜬 전주를 걸은 것이옵니다. 맛을 보니 잘된 것 같았는데 나으리 입맛에는 어떨지 모르겠습니다."

"아주 좋아! 어디 한 잔 더 따라보게."

지남이 술잔을 들자 어디서 부는 바람이 영실의 옷고름을 흔들고, 들려오는 뻐꾹새 소리가 춘흥을 한껏 북돋운다.

지남도 이 정취가 겨운 듯 또 한 잔을 비운다.

'둥~둥~당~당~, 둥기당~당~당~, 둥기둥기 당~당~'

어느새 영실의 손끝에서 흘러나오는 가야금 소리가 시원한 바람을 타고 온 산에 울려 퍼진다. 지남은 지그시 눈을 감고 좌우로 몸을 흔들며 그 순간을 즐기고 있었다.

"나으리, 취하셨사옵니까?"

"내 본래 풍류를 가까이하지는 않지만 가야금 치는 자네를 두고 술을 드니 신선인 듯싶구나!"

"말씀만 들어도 광영이옵니다. 쇤네도 나으리를 뫼시고 오래오래 기억될 수 있는 순간을 만들고 싶었사옵니다."

"허허, 그래! 고맙네. 나도 오늘은 쉬이 잊히지 않을 것 같네."

"나으리, 제가 이곳에서 들었던 이야기 하나 해드릴까요?"

"무엇을 들었다는 건지 어디 한번 들어보자꾸나."

영실은 차분하게 이야기를 하기 시작했다.

당시 부산은 조선과 중국과 일본의 중개무역이 활발한 국제 무역항이었다. 중국에서는 비단과 서적 등이 부산을 거쳐 일본으로 들어갔고, 일본에서는 은이 많이 흘러나왔는데 특히 유황이 소량으로 밀거래되고 있었다. 그런 관계로 왜상들이 부산과 동래의 기생집에 자주 드나들었다. 영실은 이들 왜상과 래상(萊商)들이 주고받는 대화에서 느낀 바를 마음에 두고 있었다.

"나으리, 우리나라 통신사는 왜의 요청으로 가면서 많은 호피를 가지고 간다고 들었습니다. 이번에는 얼마의 호피를 가지고 가는지 모르지만 호피 한 장 값은 왜의 유황 수천 근을 사고도 남는 돈인데, 그 귀한 호피와 표피를 수십 마리씩 주고도 유황 한 근을 못 얻어 오고, 밀상을 통해서만 구입한다고 들었습니다. 그래서 왜상들은 '조선의 관리들은 바보'라고 했습니다. 나으리께서는 일본에 가시더라도 그런 험한 말을 듣지 않았으면 좋겠습니다."

영실은 지남을 위해서 한 말이기는 하지만 조선 관리가 왜인으로부터 멸시당하는 것에 의분을 느꼈다면 그녀는 분명 예사로운 기생은 아니었다.

"나으리, 쉰네가 너무 방자하지 않사옵니까?"

지남은 오히려 대단하다고 생각했다. 영실은 아직 할 말이 남은 듯 미리 준비해 온 계피차를 내놓으며 말했다.

"이번에 나으리께선 대단히 몸조심을 하셔야겠습니다."

"그건 또 무슨 소리냐?"

"몇 달 전에 저에게 가끔 들리는 장 서방이란 사람이 있는데 그이가 와서 이르기를 이번 임술 사행에 동래 밀상들이 한탕을 노리며 서로 간에 큰 싸움이 벌어졌다고 했습니다."

"장 서방이 누군데?"

"중국과 일본을 오가는 비단 장사이옵니다."

"그 양반을 자네가 어찌 아는가?"

"사람은 인연 따라 만나는데 누군들 못 만나겠사옵니까?"

"그건 그렇다마는."

"쉰네가 굳이 이 말씀을 덧붙이는 것은 이번에 밀무역하는 조직들이 복선(卜船)의 선장과 격군에 자기 사람들을 끼워 넣으려고 몇 달 전부터 계집과 뒷돈을 상납하고, 양쪽에서 돈을 받은 취재관(取才官)이 다시 돌려주려다 칼부림이 났다고 했습니다. 그러니 압물통사로서 복선을 통솔하실 나으리가 걱정이 되어 드리는 말씀이옵니다."

"자네는 참으로 사려가 깊은 사람이군. 어쩌면 나의 목숨에도 영향을 줄 수 있는 말이니 내 그 말을 명심하고 있을 것이네."

지남이 그 말을 귀담아듣는 모습을 보이자 영실은 그제야 안심한 듯 내려가자며 주섬주섬 짐을 챙겨 일어났다.

"나으리, 부산도 좋지요?"

"좋다 마다! 자네가 있는 곳은 다 좋지!"

"아이! 농담 마시고요."

"아니야, 진실로 자네가 이곳에 있으면 부산은 다 좋을 것 같아!"

두 사람은 농담을 주고받으며 정과정을 내려왔다.

***

6월 17일 아침, 그동안 계속 내리던 비가 멈추고 파란 하늘이 보이기 시작했다.

삼사와 삼당상관이 모처럼 화지산(華池山) 명당(明堂) 구경을 간다고 했다. 지남도 무극패를 데리고 삼사를 따라나섰다.

화지산은 부산과 동래의 중간 지점에 있었다. 산 입구에 도착하니 소나무와 전나무가 빼곡히 우거져 있었다. 조금 더 들어가니 그리 높지 않은 곳에 만세암(萬世菴)이라고 새겨진 커다란 바위 하나가 나왔다. 이름 모를 산새들의 소리가 요란했다. 암자에 도착해서 내려다보니 부산 앞바다가 시원하게 펼쳐져 있었다. 암자 뜰에는 아직 익지 않은 푸른 귤들이 주렁주렁 달려있었다. 장난기가 발동한 짤내미가 귤을 따려다 갓마흔에게 꿀밤 세례를 받았다. 암자 뒤편을 돌아드니 묘비 하나가 나타났다. 묘비에는 "호장 정문도의 묘"라고 쓰여있었다.

지남도 한학을 하면서 『주역』을 많이 읽은 터라 명당에 대해서는 조예가 있었다. 삼사가 묘지를 둘러보고 내려간 뒤 지남은 무덤 뒤편의 언덕에 올라 주위의 산세를 살폈다.

화지산 정상에서 흘러내린 정기가 아래로 흐르다가 중간에서 한 번 솟았다가 다시 하나의 유혈(乳穴)을 이루고 있었다. 묘지는 좌우의 청룡 백

호에, 바깥 부분에 외청룡, 외백호까지 누리고 있고, 한바다 절영도는 외
안이 되어있으니 분명히 도참설에서 말하는 천하 명당의 요건을 두루 갖
추고 있었다. 지남이 보기에도 이곳이 천하명당이란 말은 과연 명불허전
이었다. 지남은 수하들을 모아놓고 어찌하여 명당이라고 하는지를 차근차
근 설명해 주었으나 모두들 눈만 깜빡거릴 뿐 무슨 말인지 도무지 알아듣
지 못하는 눈치였다. 설명이 끝나자 천하명당이란 말이 못마땅한 윤이수
가 지남에게 물었다.

"나으리, 이 무덤 쓰고 임금 났어요?"

그 말을 듣고 있던 갓마흔이 되받았다.

"앞으로 날 거래."

그러자 모두 웃으며 화지산을 내려왔다. 내려오는 길에 짤내미가 술병
이에게 물었다.

"툴뺑이 형, 형 보기에 명당 가타?"

"야! 벅수 같은 소리 하지 마, 이곳이 천하명당이면 왜놈들에게 그렇게
당했겠냐? 다 뻥이야! 뻥!"

지남이 술병의 소리를 들었는지 뒤를 돌아보니, 둘은 지남의 시선을 피
하려고 딴짓을 하며 내려왔다.

6.

대마도에서
있었던 일

대마도로 떠나기 하루 전날, 영실이 지남을 찾아왔다. 정과정을 다녀온 후에도 그녀의 뒷바라지는 이어지고 있었다.

"나으리, 인사드리러 왔습니다."

"어서 오게나."

"내일 떠나신다구요?"

"그렇다네. 그런데 그동안 진 신세는 어찌하나?"

"갚으셔야지요."

"어떻게 갚지?"

"갚으실래요?"

"그럼, 꼭 갚아야지."

"그럼, 지금 소녀 한번 꼬옥 안아주시고, 돌아오실 제 무사히 돌아오시면 됩니다."

영실의 청을 듣고 지남은 영실을 꼬옥 껴안고 뜨거운 입맞춤을 하자 영실은 다리에 맥이 풀린 듯 흐늘거리며 쓰러져 버렸다. 한동안의 시간이 흐른 다음에야 두 사람은 얼굴을 다시 마주했다.

"나으리, 내일 떠나시면 나으리를 언제 또 뵈올 날이 있을까요?"

"그건 또 무슨 말인가? 돌아올 때까지 꼼짝 말고 있어."

그러자 영실은 그 말에 대한 대답은 하지 않고 엉뚱한 말만 하였다.

"내일 아침 영가대 맨 끝자락에 붉은 치마를 입고 나가겠사옵니다. 그리고 하얀 너울을 흔들면 소녀인 줄 알아주세요. 그리고 부산에 돌아오실 즈음에는 제가 없을 수도 있을 것입니다."

"그건 또 무슨 소린가? 나에게 자네 없는 부산이 어디 있나."

"이제 저도 이 생활을 벗어나서 사람답게 살아보고 싶습니다."

"그럼, 어떻게 하겠다는 것이냐? 에두르지 말고 바로 말해보려무나."

"저는 면천(免賤) 준비를 오랫동안 해왔고 이제 때가 된 것 같습니다. 그리고 저도 중국과 일본을 상대로 장사를 한번 하려고 합니다만 더 상세히 말씀 올리지는 못하겠습니다. 제가 이곳을 떠나더라도 나으리의 함자 석 자는 가슴에 새기고 살아갈 것입니다. 하오니 돌아오실 제 혹시 제가 없더라도 너무 상념치 마시옵소서."

"허! 허! 이거 야단났구먼. 어찌 됐든 자네가 그 길을 간다니 다행스러운 일이지만, 자네를 다시 만나지 못한다면 그건 나에게 비극이 아닌가?"

"나으리, 쉰네가 말씀드리지 않았습니까. 사람의 만남은 인연 따라간다고. 나으리와 저 사이에 인연이 놓여있다면 다시 뵙는 날이 반드시 있을 것이옵니다. 소녀는 그렇게 믿고 있사오니 이번 사행길에 부디 몸조심하시고 건강하게 돌아오십시오."

"허! 허! 이 일을 어쩐담? 어쨌든 내가 이곳을 떠나는 날 나는 붉은 치마에 하얀 너울만 찾을 것이고, 일본에서 돌아오는 날은 너를 반드시 찾을 것이니 잊지 말고 있거라."

이번 통신사행단은 부산에서 근 20여 일을 머물다가 일본으로 떠나게 되었다. 한양에서 이곳까지 올 때는 밤낮을 가리지 않고 곱잡아 왔건만, 정작 이곳에 와서는 그렇게 오래 머물러 있는 이유를 알 수 없었다.

지남은 그 이유가 단순히 비 때문인 줄 알고 있었다. 그러나 사실상 속사정은 밀상들의 농간 때문에 늦어졌다는 것이었다.

6월 18일 새벽, 부산진 앞바다의 영가대는 무척 분주했다. 횃불로 바다는 대낮같이 밝았고 파도는 잔잔했다. 통신사 선단 6척을 에워싸고 좌수영 전함이 3척이 호위를 하고 주위에는 작은 상선들이 바쁘게 지나다니고 있었다. 기선의 깃대에는 '조선통신사'라는 깃발이 바람에 펄럭이고 있었다.

"출항하라!"

정사의 명령이 떨어지자 북소리와 함께 좌수영 포대에서는 수십 발의 예포가 동시에 울렸다. 호위 전선을 필두로 정사가 탄 제1기선 뒤에 지남이 탄 제1복선이 뒤따르고, 부사가 탄 제2기선 뒤에 제2복선이, 제3기선 뒤에 제3복선이 질서 정연하게 대형을 이루고 출발했다.

좌수영에서 마중 나온 군사들이 두 손을 흔들며 환호성을 질렀다. 영가대 주변은 구경꾼들로 북새통을 이루고 있었다. 지남은 뱃머리에 올라 환송 인파 속에 붉은 치마를 찾고 있었다. 그러나 아직은 어둠이 덜 가셔 붉은 치마는 잘 보이지 않았다. 지남은 떠나오면서 계속 뚫어져라 영가대를 바라보고 있었다. 그때 한쪽 끝자락에 두 손을 쳐들고 하얀 너울을 애타게 흔들고 있는 여인의 모습이 보였다. 영실이 분명했다. 지남은 두 손을 흔들다 못해 겉옷을 벗어 빙글빙글 돌렸다. 감정에 북받친 지남의 눈시울이 붉어졌다. 지남이 이리도 애틋한데 영실의 가슴은 어떠하랴 싶었다. 떠나고 보내는 이별의 바다가 눈물 속에 멀어지고 있었다.

***

영가대가 시야에서 멀어지고 선단은 한바다에 들어섰다. 바람은 잔잔했으나 그래도 물결은 만만치 않았다. "여이싸! 여이싸!" 하는 격군장의 구령에 맞춰 노 젓는 소리가 힘차게 들렸다. 통신사 선단이 망망대해에 접어들었는데 전선(戰船)들은 여전히 선단을 호위하며 이끌고 있었다. 그 전선에는 동래 부사 남익훈, 부산진 첨사 이두구, 김해 군수 박지가 타고 있다고 했다. 그러고도 한참을 더 가서 부산항이 보이지 않을 정도가 되어서야 호위 전선들이 뱃머리를 돌렸다. 그들은 두 손을 흔들며 절을 하기도 했다.

지남이 탄 제1복선에는 관백과 집정관 등에게 줄 임금님의 예단이 실려 있었다. 승선 인원은 김지남, 마상재 오순백과 소통사 김억규, 호행왜인 4명과 선장과 격군 30여 명 등 모두 37명이었다. 지남은 무극패들과 함께 타지 못한 게 아쉬웠지만 윗선에서 배정된 인원을 바꿀 수는 없었다.

먼바다에 들어서니 바다의 사정은 연안에서와는 전혀 달랐다. 역시 바다의 날씨를 사람이 예측하는 것은 그 한계가 있었다. 출항한 지 너덧 시간이 지나자 검푸른 바다만 일렁일 뿐 아무리 둘러봐도 작은 섬 하나 보이지 않았다. 부산을 떠나올 제 그 많던 갈매기들은 다 어디로 갔는지 한 마리도 보이지 않고 바다에 통신사 선단만 외로이 떠가고 있었다.

한바다는 일렁이는 파도도 무서웠다. 그러더니 점점 큰 파도가 일기 시작했다. 큰 파도가 밀려오면 배는 그야말로 물 위에 떠있는 한 닢의 나뭇잎 같았다. 호행차왜는 이곳이 일본으로 가는 뱃길 중 가장 파도가 센 곳이라고 하였다. 이곳을 지나다 보니 일본에서 왜 호행차왜라는 바다 길잡이를 보내왔는지 알 수가 있었다. 출발 당시 정연했던 선단의 대열은 점점 흩어져 버리고, 이제 각 배는 각자의 항선에서 살아남는 게 중요했다.

그런데 갑자기 앞서가던 제1기선이 파도에 밀리며 중심을 잡지 못하고 저만큼 밀려서 가기 시작했다. 이번에 선발된 선장들은 모두 다 전라좌수영과 경상좌수영에서 오랫동안 판옥선을 몰던 백전노장들이었고 격군 역시 그들이 데리고 다니던 노련한 사람들로 채워졌다고 했었다. 그러나 그들의 노련미도 거친 파도 앞에는 아무런 의미가 없었다. 배가 점점 거세게 흔들리다 보니 지남도 뱃멀미로 먹은 것을 다 토하기 시작했다. 견딜 수가 없어 바닥에 엎드려 있었지만 소용이 없었고, 산더미 같은 파도가 덮칠 때에는 살 수 있는 희망은 털끝만큼도 없었다. 제1기선과도 거리가 점점 멀어지고 있었다. 지남은 선장에게 지시했다.

"선장. 저 1기선을 따라가게!"

"아니, 통사님, 지금 무슨 말씀을 하시는 겁니까? 파도에 휩쓸려 가는 배를 따라가라시면 다 같이 죽자는 말씀이오이까? 소인은 그렇게 못 합니다."

하고 선장이 거세게 반항했다.

"돌리라면 돌려!"

"못 합니다. 정사 대감의 목숨만 중요하고 여기에 탄 사람들의 목숨은 목숨이 아닙니까? 소인은 그리 못 합니다."

하면서 선장은 자기 고집대로 배를 몰아가고 있었다. 다른 배들도 파도에 밀리며 이리저리 헤매고 있었다. 당연히 선장의 말이 옳은 줄 알지만 멀어져 가는 제1기선을 두고 볼 수만도 없었다. 그러나 지남이 탄 배는 선장이 지휘하는 대로 가고 있었다.

그때 김억규가 지남에게 다가와 귓속말을 속삭였다.

"뭐라고? 배 밑에 사람 소리가 들린다고?"

억규는 지남의 팔을 끌며 고물(배의 뒷부분) 쪽으로 갔다. 그러면서 배 밑창에 귀를 대더니 그곳을 손으로 가리켰다. 지남도 귀를 대보았다. 삐걱거리는 노 소리와 파도 소리에 섞여 또렷하지는 않았지만 분명히 뱃멀미로 신음하는 여자 목소리가 들렸다.

그렇다 이 배 바닥 밑에는 밀실이 있고 그 속에는 누군가가 있다고 지남은 확신했다. 영실의 이야기가 번쩍 떠올랐다. 지남의 온몸에 소름이 돋았다. 멀미로 몸을 가누지도 못하는데 이런 사건마저 터지니 그야말로 어찌

해야 좋을지 몰랐다. 지남은 일단 침묵했다. 선장과 격군들의 동정을 살펴보았다. 그들도 모두 자기를 의식하며 바라보는 눈초리였다. 호행왜인들의 행동거지도 함께 살폈다. 그들은 아무것도 모르는 채 바다만 바라보고 있었다. 그러나 그들도 정체가 무엇인지 알 수는 없었다. 만약 그들이 한패라면 지남 하나쯤이야 꽁꽁 묶어 바닷속에 던져버리면 그만이라는 생각이 들었다. 지남은 무서움에 도저히 견딜 수 없어 억규에게 오순백과 형시정을 부르게 했다.

배는 계속해서 나아갔고 험한 해역을 통과했는지 다소 잠잠해지는 듯하였다. 시간상으로 대마도가 가까워질 때가 되었다. 드디어 저 멀리 바다 한가운데 커다란 왜선이 작은 배들을 수없이 거느리고 나타났다. 대마도에서 마중 나온 배인 듯하였다. 지남의 배와 거리가 가까워지자 그들은 손을 흔들고 웃으며 소리를 쳤다. 그 큰 배는 웅장함으로 보아 왜의 전함 같았다. 잠시 뒤 작은 배 4척이 전후좌우에 붙어 지남의 배를 안내하기 시작했다. 드디어 멀리서 육지가 보이고 가까워질수록 주변을 왕래하는 배는 더 많았다. 지남은 그제야 현해탄을 건너 일본으로 통신사를 간다는 것이 얼마나 위험한지 비로소 몸으로 느꼈다.

***

해가 서서히 저물기 시작하자 마중을 나온 배들은 모두 횃불과 등불을 켜고 길을 안내했다. 지남의 배는 그들이 안내하는 대로 작은 포구로 들어갔다. 그곳은 대마도 북서쪽 좌수포(佐須浦)였다. 포구 안으로 들어가니 먼저 도착한 배들이 보였다. 그런데 유자요가 탄 제3복선이 눈에 보이지 않더니 나중에야 도착했다.

포구 위에는 기와를 올린 하얀 회벽의 객관 한 채가 있었다. 그 주위에는 판자집과 초가집이 서너 채도 함께 보였다. 그곳이 조선에서 오는 배들을 살피고 검사하는 곳이었다.

지남은 이곳 좌수포에서 배 밑을 뜯어봐야 하나 아니면 좀 더 두고 봐야 하나를 고민했다. 고민 끝에 좀 더 두고 보기로 했다. 왜냐하면 대마도는 밀상들의 소굴이기 때문에 섣불리 건드렸다간 큰 낭패를 볼 수도 있고, 또한 대마도 본도에 가서 어떤 일이 일어나는지를 보고 그때를 기다렸다가 일망타진하는 것이 낫다고 생각했기 때문이었다. 지남은 의도적으로 태연한 척했다. 선장이나 격군들도 아무런 이상 행동을 보이지 않았다.

다행히 제1기선이 뒤늦게 도착하여 정사가 배에서 내렸다. 대마도주가 보낸 사자들이 정사에게 문안인사를 올렸다. 왜인들은 정사를 가마(肩輿)에 태워 10보 정도 되는 한 집으로 모시고 옆방에는 부사와 종사관을, 그리고 수역 삼당상은 별당의 작은 방에, 나머지 원역들은 커다란 거실에 거처하도록 하였다. 그날 밤 저녁 식사는 객사에서 대접해 주었다.

식사가 끝난 뒤 종사관이 지남을 불렀다.

"종사관님, 찾아계시옵니까?"

"각 복선에 실려있는 물건들을 조사할 테니 미리 일러두게!"

지남은 올 게 왔다고 생각하면서도 왜 지금 복물을 조사하겠다고 하는지 그 까닭을 몰랐다. 그렇지 않아도 자기가 타고 온 배에 뭐가 있다고 생각하고 있던 터라 혹시 종사관이 그 여자의 음성 소리와 무슨 관련이 있나 해서 궁금하기도 하여 그 상황을 지켜보기로 하였다. 그런 뒤 종사관은 수역 홍우재를 불러 복선 3척에 대한 복물 조사를 지시했다. 종사관이 복물 조사를 하려 한 것은 여러 사람이 인삼을 몰래 들여왔다는 말이 종사관 귀에까지 들어갔던 것이다. 명을 받은 홍 수역은 군관들을 대동하고 복선으로 갔다.

세 복선은 왜의 군사들이 지키고 있었고, 그 주변은 야경꾼들이 나무 막대기를 두드리며 외부의 잠상들의 접근을 막고 있었다. 홍 수역은 군관을 3조로 나눠 복선을 조사하기 시작했다. 조사는 배의 구석구석까지 꼼꼼하게 이뤄졌다. 그러나 지남의 배 밑바닥은 밝혀내지 못하고 규정을 위반하여 몰래 가지고 온 인삼만 발견되었다.

제2복선에서 의원 이수번이 10근의 인삼을 약상자에 감춰있었고, 역관 오윤문과 그의 종이 비장 정태석의 종들과 짜고 30근의 인삼을 부식 창고와 옷장 속에 감추어 둔 것이 발각되었다. 발각된 40근은 몰수하였다. 정사의 소동도 약간의 인삼을 몰래 숨겨두고 있었지만 그 분량이 적어 가볍게 훈계하였다. 이들을 모조리 잡아다 경중에 따라 배 안에서 태형(笞刑)으로 다스렸다. 매를 맞은 사람은 전부 종들이었다. 종들은 일도 대신하지만 매도 대신 맞는다고 지남은 생각했다.

그런데 종사관이 조사를 하고도 자기가 타고 온 배 밑은 아무런 탈 없이 그냥 지나치는 것을 보고는 더욱 궁금증이 생겼다. 아무튼 지남은 돌아가는 상황을 좀 더 지켜보기로 하였다.

복선 조사로 인해 좌수포에서 이틀을 머문 다음 태포에서 비 때문에 또 이틀을 머물렀다. 6월 23일 아침, 태포에서 출발하여 악포(鰐浦) 앞바다를 지나고 있었다. 이 일대 해역은 조선통신사의 무덤으로 알려져 있었다. 악포 앞바다는 경치가 매우 좋은데 넋 놓고 이 경치 구경하다가는 열에 아홉은 난파를 당한다고 하였다. 악포 앞바다는 대마도의 산맥 하나가 바닷속으로 뻗어 나가면서 작은 바위들이 마치 악어의 등줄기같이 삐죽삐죽 솟아있기에 악포라는 이름이 붙여졌고, 해중 지형이 복잡하여 소용돌이 파도가 치기 때문에 그 속에 휘말리면 헤쳐 나오기란 거의 불가능하다고 했다. 예전에도 조선통신사들이 이곳의 실정을 모르고 지나가다 삼사를 비

　　　　　　　　　6. 대마도에서 있었던 일

롯한 통신사 전원이 변을 당한 적이 있고, 한두 척이 난파당하는 일은 비일비재하였다.

그래서 이번에는 대마도주가 이곳 악포에 거주하는 선장 12명을 뽑아 태포에서부터 우리 배 6척을 모두 맡겼다. 제1복선에 배정된 선장은 나이도 아주 지긋하고 노련해 보였다.

왜인 선장들은 연안에 붙어있던 배를 바다 한가운데로 내몰아 암초(石嶼)가 숨어있는 바다 밖으로 빙 둘러서 배를 몰았다. 우리 조선 배들 옆에는 여러 척의 작은 예인선들이 바로 옆에 붙어서 따르고 있었다. 만약 이들이 아니었더라면 어떤 일이 발생했을지 모르겠다는 생각에 섬뜩하기까지 했다. 악포에서 나온 선장들 덕분에 무사히 압뢰에 도착했다. 그때 악포에서 나온 선장이 우리 말로 웃으며 지남에게 말했다.

"이제 물에 빠져 죽을 일은 없을 것입니다."

"살려줘서 고맙소."

웃으며 답례를 하며 우리말을 어디서 그렇게 배웠느냐고 물었더니 조선의 장사꾼들을 하도 많이 상대하다 보니 알게 되었다고 했다. 지남은 선장에게 합죽선 한 자루를 선물로 주었다. 그날은 압뢰에서 유숙했다.

6월 24일 아침, 압뢰를 출발했다. 일찍 서두른 탓에 점심때쯤 대마도부중에 도착했다. 대마도주가 두 장로와 함께 10리 밖에까지 배를 이끌고 마중을 나와있었다. 마중 나온 도주의 이름은 평의진(平義眞)이고, 두 장로는 강호에서 관백이 보낸 사자로 한 사람은 현삼(顯森)이고 다른 한 사람은 현령(玄靈)인데 승려로 보였다. 도주가 탄 배의 좌우에 4척씩 8척의 배가 있었는데. 각각 붉은색과 하얀색의 비단 장막을 치고 여러 모양의 깃발을 난간에 세웠는데 그 모양이 아주 웅장하고 화려했다.

정사의 배가 당도하자 도주는 배 위에서 두 승려와 함께 절을 하며 예를 갖췄다. 정사도 허리를 숙이며 답례했다. 정사의 배는 수십여 척의 작은 예인선들이 함께 붙어서 끌고 갔다. 정사가 육지에 내리니 대마도주가 두 승려를 대동하고 앞에 나와 다시 두 번 절하고 안부를 물었다.

"먼 길 오시느라 수고가 많으셨습니다."

"이렇게 환대해 주시니 고맙소이다."

정사의 통역은 박재홍 수역이 맡았다. 문안인사를 올린 대마도주는 앞서 올라가며 길을 안내했다. 삼사는 단령을 입고 국서를 앞세우고 군악을 울리면서 차례대로 가마를 탔다. 세 당상과 제술관은 현교를 탔으며, 상관 이하는 말을 탔는데 말이 70여 필이나 준비되어 있었다. 갑자기 많은 말이 준비되어 있었지만 사행단원 수에 비해 턱없이 모자랐기 때문에 말을 서로 타려고 난장판이 벌어졌다. 정사가 숙소인 국분사(國分寺)로 갔기 때문에 모두는 그 뒤를 따랐다.

국분사는 선창에서 그리 멀지 않은 곳에 있었다. 지나는 길은 깨끗하게 쓸고 물을 뿌려 먼지 하나 티끌 한 점 없었다. 대마도 주민들은 평생에 처음 보는 조선의 통신사 행렬을 보려고 거리에는 그야말로 인산인해를 이루었다. 어떤 사람들은 서있고, 어떤 사람은 꿇어앉아 있고 또 어떤 사람은 나무 위에 올라가 있는 사람도 있었다.

국분사에 숙소를 정하고 여장을 풀었다. 삼사는 각 방에 들고 삼당상은 한방에 들었으며 큰 방에는 여러 사람이 함께 들었다. 무극패들도 다 함께 모여 자리를 넓게 잡아놓고 지남이 오기를 기다리고 있었다.

이 절은 규모가 웅장하고 비단으로 둘러친 포장이 화려하였다. 벽은 하얀 회를 칠해 깨끗했고 주위는 삼나무, 종려나무, 귤나무, 대나무 등으로 매우 울창했다. 삼사가 자리를 잡자 대마도주는 또다시 차왜를 보내 삼사의 숙소를 보살폈다. 저녁은 국분사에서 제공하는 음식을 먹었다.

***

배가 대마도부중에 도착하자 지남의 고민은 깊어졌다. 대마도부중에 오기까지 아무런 일이 없었기 때문에 분명히 오늘 밤이나 내일 중으로는 밀상들의 움직임이 나타날 것으로 예상하고 있었다. 삼사는 선창에서 내려 국분사로 떠나버렸다. 지남은 더 이상 시간을 지체할 수 없다고 판단하여 먼저 선공하기로 마음먹고 오순백과 김억규를 배에 함께 남아있으라고 했다.

지남은 행동을 개시할 목적으로 선장을 불렀다. 그리고 김억규로 하여금 좌수포에서 있었던 이야기를 꺼내며 물었다.

"엊그제 좌수포에서 배가 한창 파도에 휩쓸릴 때 배 밑에서 여성의 신음소리가 들렸는데 혹시 배 밑에 별실이 있는 게 아닌가?"

선장은 지남의 말을 듣고 펄쩍 뛰며 그럴 리가 없다고 난리를 쳤다. 그러면서 그것은 멀미를 심하게 하면 환청이 일어나게 되는 현상이라며 그럴 리 없다고 우겼다. 그래도 지남은 물러서지 않았다. 자기는 분명히 뱃멀미로 신음하는 여인의 목소리를 들었기 때문에 배 바닥을 뜯어보자고 했다.

선장은 화를 내며 배 침몰시킬 일이 있느냐며 강력히 거부했다. 그러자 옆에 있던 격군들도 그런 소릴 못 들었다고 했다. 그래도 지남은 계속 우겼다. 서로의 실랑이가 길어지자 선장은 배 바닥을 뜯든지 말든지 마음대로 하라며 배에서 내려 어디론가 사라져 버렸다. 지남은 선장이 오기를 기다리고 있었다. 한참이 지나도 선장이 오질 않자 지남은 격군들에게 배 밑창을 뜯을 수 있는 연장을 달라고 했으나 아무도 들은 척도 하지 않았다. 그런데 그때 갑자기 지남의 배를 옆에서 끌고 왔던 예인선에서 검은 수건으로 복면을 한 남자 4인 조가 칼을 빼 들고 배에 올라왔다. 왜어로 소리쳤다.

"어느 놈이야? 이놈 같은데. 빨리 묶어 가라앉혀 버려!"

하면서 지남의 팔을 붙들자 김억규가 가로막으며 말했다.

"당신들 누구야? 이분은 너의 관백 덕천강길의 습직을 축하하기 위해 오신 조선의 통신사 일행이시다. 너희들 이분 몸에 손대면 어떻게 되는지 몰라?"

"우리는 그런 것 몰라 이 새끼야!"

하면서 오순백과 김억규를 칼로 위협하며 선실 안으로 몰아넣고는 소란을 피우면 죽여버리겠다고 협박하였다. 그리고는 지남의 손발을 묶고 입과 얼굴엔 검은 보자기를 씌워 자루 속에 넣고 묶어버렸다. 김억규는 문틈 사이로 이 광경을 엿보고 있었다. 그때 덩치가 가장 큰 놈이 품속에서 도면 한 장을 꺼내더니 빨갛게 표시가 된 곳의 나무판자를 뜯어내라고 지시했다. 그랬더니 그 속에서 젊은 여자 2명이 나왔다. 복면조 한 놈이 그 밀실 속으로 기어들어 가더니 수백 필이나 되어 보이는 비단 두루마리와 커다란 인삼 두 포대를 꺼내서 밖으로 끄집어냈다.

"이게 전부야?"

"네, 전부입니다."

"그럼 됐어, 물건하고 저놈도 배에 빨리 실어!"

하면서 덩치가 두 놈은 비단과 인삼자루를 메고 여자들을 데리고 가고, 나머지 두 놈은 자루에 든 지남을 둘러메려고 하니 지남이 발버둥을 쳐 바닥에 떨어지자 이번에는 질질 끌며 자기들이 타고 온 예인선으로 끌고 갔다. 그때까지도 격군들은 구경만 하고 있었다. 그때였다.

"너희들 누구야?"

하며 떡뫼가 갓마흔과 아리까리 등 무극패 동생들을 데리고 나타났다. 국분사에서 변 수역이 지남을 찾았는데 보이지 않자 지남을 데리러 온 것이었다. 검은 자루 안에서 악쓰는 소리를 들으니 분명히 지남의 목소리였다. 이것을 본 갓마흔과 인종이 바로 두 놈에게 달려들어 육탄전이 벌어졌다. 갓마흔은 체격 조건이 왜놈보다 훨씬 좋아 일거에 제압을 했는데 아리까리는 복면조의 칼을 맞고 그 자리에서 쓰러졌다. 이를 보고 있던 떡뫼도 삿대를 휘둘러 왜놈을 쓰러뜨리자 갓마흔이 칼을 빼앗아 그놈의 목을 베어 버렸다. 그러자 다른 한 놈은 그냥 바다로 뛰어들어 도망쳐 버렸다. 갓마흔은 칼로 자루를 찢어 지남을 꺼내고, 떡뫼는 인종을 안고 정신 차리라며 울부짖었다. 그러나 인종은 칼을 너무 세게 맞아 이미 숨이 끊어진 상태였다.

지남은 술병과 짤내미를 국분사로 보내 이 사실을 급히 알렸다. 떡뫼는 아리까리의 시신을 안고 울고 있고, 배 안은 완전히 피바다가 되어있었다.

얼마 지나지 않아 무장을 한 왜의 군사들이 말을 타고 현장에 나타났다. 그러나 그때는 이미 그들은 바다에서 사라진 지 오래된 뒤였다. 잠시 뒤 삼사와 삼당상이 대마도주의 안내를 받으며 말을 타고 달려왔다. 인종이 피살된 현장을 본 윤 정사는 바로 대마도주에게 대노하여 호령하였다.

"지금 군사를 풀어 그 범인들을 즉시 잡아들이시오, 그렇지 않으면 나는 이 시신을 안고 지금 바로 조선으로 돌아갈 것이오."

"정사 나리, 조선으로 돌아가시다니요? 어떻게 그렇게 심한 말씀을 하시나이까?"

"당신네 나라에 들어서자마자 이런 참극이 벌어졌는데 내가 어찌 당신 나라의 관백을 만날 수 있겠소?"

"정사 나으리, 제가 모든 수군과 육군을 모두 풀어 범인들을 잡아 대령하겠습니다. 아마도 놈들은 시모노세키의 밀상(密商) 일당일 거라고 하니 모든 것은 저에게 맡겨주십시오. 그놈들을 최대한 빠른 시일 내 잡아 모조리 나으리 앞에서 처형하도록 하겠습니다. 나으리, 제발 돌아가신다는 말씀만은 거두어 주십시오."

윤 정사가 다시 조선으로 돌아간다는 말에 대마도주는 얼굴이 백지장이 되었다. 만약 이 사실이 에도에 알려져 윤 정사가 조선으로 돌아가려 한다는 장계를 받으면 대마도주는 그날로 죽은 목숨이 될 것이기 때문이었다.

지남과 무극패들은 인종의 시신을 둘러싸고 밤을 새웠고, 삼사와 삼당상도 모두 제1기선에서 불을 밝힌 채 날밤을 새우며 대책을 의논했다. 의논 끝에 먼저 임금님께 치계를 올려 이 사실을 고하고, 대마도주에게 인종의 시신은 먼저 조선으로 보낼 것을 요구했다. 윤 정사는 이번 사건이 해결되기 전에는 배를 떠나지 않겠다며 전 원역은 전부 자기 소속 배에 복귀하도록 명을 내렸다. 그러자 대마도주와 에도막부에서 온 두 장로는 제발 자기들 목숨만 살려달라고 애원하며 국분사로 거처를 옮겨줄 것을 청했다. 그러나 윤 정사는 배에서 대마도주가 제공하는 음식도 거절하며 하루빨리 도적들을 잡아들이라고 호령하였다.

***

이 사건이 있은 지 이틀 뒤, 대마도주가 직접 윤 정사를 찾아왔다. 그 검은 복면조 일당과 달아난 조선 여인 2명을 모두 잡았다고 보고했다. 처음에 예상했던 대로 그 일당은 시모노세키 밀상들로 비단과 인삼도 모두 압수하였다고 했다. 윤 정사는 그들을 즉시 대령하여 보는 앞에서 효수하라고 하였다. 그러나 대마도주는 이 사건이 조선과 일본 간의 교린문제에도 큰 영향을 미칠 수 있는 사건이므로 반드시 막부에 보고하고 지시에 따라 처리하여야 되지 않겠느냐고 읍소하였다. 윤 정사는 도주의 청을 들어주었다. 그리고 삼사는 다시 국분사로 거처를 옮겨달라는 도주의 청도 함께 들어주는 대신 조선 여인은 사행단이 넘겨받았다.

막부의 지시를 기다리는 사이, 다만 여인들은 조선인이므로 정사에게 넘겨져 제1기선에서 그녀들에 대한 윤 정사의 임금을 대신한 추국(推鞫)이 진행되었다. 이미 윤 정사는 임금으로부터 절월(節鉞)을 부여받았기 때

　　　　　　　　　6. 대마도에서 있었던 일

문에 그들에 대한 생사여탈권을 가지고 있었고 심문의 형태도 국청의 성질을 가지고 있었다. 두 여인은 밧줄에 두 손을 뒤로 묶인 채 심문장에 끌려 나왔다. 대마도주 측에서도 사람이 나와 일일이 이 진행상황을 기록하고 있었다. 이 부사가 위관이 되어 그 여인들을 직접 추궁하였다.

"이제부터 두 여인은 본관의 말을 잘 들어라. 여기에 계신 정사 대감께옵선 죄인들의 생사를 결정할 수 있는 권한을 가지고 계신다. 만약 조금이라도 거짓이 있을 시에는 가차 없이 목숨이 달아날 것임을 명심하라! 이제부터 추국을 하겠다. 너희들은 어디에 사는 누구인지 이름과 나이를 밝혀라!"

그녀들의 나이는 어렸고 겁에 질려 부들부들 떨기만 할 뿐 아무런 말을 하지 못했다. 위관이 들리지 않는다고 호령을 하여도 "살려주시옵소서."란 말만 되풀이할 뿐 아무런 말도 하지 못했다. 그러자 부사가 다시 호령을 내렸다.

"살려만 주신다면 있는 대로 아뢰겠습니다."

나이가 좀 많은 여인이 기어들어 가는 목소리로 대답했다.

"죽고 사는 것은 너희들의 태도에 달렸다. 잔말 말고 냉큼 이를 일이다."

"이년은 동래에 사는 옥두리이고 나이는 스물다섯입니다."

"서방은 누구며 무엇을 하느냐?"

"서방은 이진구이고 왜상들과 어울려 장사를 합니다."

"네가 이진구의 본처이냐?"

"아니옵니다."

"그럼 첩이란 말이냐?"

그 물음에 그녀는 아무 대답을 하지 않았다.

"그다음에 너는 어디에 사는 누구인지 밝혀라!"

"이년은 초량 왜관에 사는 미바리이고 나이는 스물셋입니다. 저는 왜상 이토 가타리를 모시고 삽니다."

"이토가 초량에 사느냐?"

"아니옵니다. 시모노세키에 삽니다. 그분이 부산에 오실 때만 며칠씩 모십니다."

"그럼 너희 둘은 서로 아는 사이냐?"

하고 옥두리를 향해 다시 물었다.

"네, 저희 남편과 이토상은 오래전부터 동업을 하는 일이 잦아 저희들도 서로 친하게 지냈습니다."

"이번에 가지고 온 비단과 인삼은 수량이 얼마나 되느냐?"

"그 수량은 모릅니다. 다만 가지고 가서 이토상을 만나 물건을 넘겨주고 돈만 받아오라고 했습니다."

"이번이 몇 번째냐?"

"일본을 상대로 장사는 오래 했지만 저희들이 온 것은 이번이 처음입니다."

"그럼 이번에는 어떻게 해서 이 배를 타고 오게 되었느냐?"

"서방님이 이년과 미바리를 선창에 데려다주었는데 그때 선장님이 저희를 배에 데리고 가더니 배 바닥 밀실에 가두어 버렸습니다. 그런데 그 밀실 속에서 멀미가 너무 심해 죽을 뻔했습니다."

그 자백을 듣고 있던 정사가 말했다.

"아직도 그 선장 놈을 잡지 못했느냐?"

"네. 그놈의 뒤를 쫓고 있으나 아직 행방이 묘연합니다."

"그러면 두 죄인을 포박하여 다음 본국으로 돌아갈 때까지 대마도 옥에 가둬두도록 하라!"

그러자 성질 급한 갓마흔이 앞으로 튀어나오며 소리를 질렀다.

"나으리, 저년들을 잠시라도 살려둬서는 안 됩니다. 지금 바로 목을 베서 우리 인종의 원한을 갚게 하여 주시옵소서."

"그대들은 잠자코 있을 일이다. 어디 감히 정사 나리 앞에서 함부로 입방아를 찧어대느냐!"

하고 위관이 제지하였다. 추국이 끝나자 삼사는 국분사로 다시 돌아갔다.

이러한 불미스러운 사고가 있었지만 그렇다 하여 임금님의 국서를 전하지 않을 수는 없는 일이었다. 6월 27일 아침, 윤 정사는 변 수역을 위시한 삼당상으로 하여금 조정에서 보낸 외교문서인 서계(書契)와 선물 목록인 별폭(別幅) 5통을 명주보자기로 싸서 사령과 소동통사(小童通事)를 앞세우고 대마도주의 성으로 갔다. 성의 중문에 도착하니 안내인이 나와 당상을 안으로 모셨다. 중청에서 차를 대접받고 설명을 들은 뒤 내청으로 들어갔다. 대마도주는 서편에 서서 삼당상을 동편으로 모셨다. 중간에 서있던 관리가 무릎을 꿇고 우리 예조의 서계를 받아 북쪽 벽에 모셔놓았다. 도주는 먼 길의 노고를 위로했고 수역이 고맙다고만 간단히 답했다. 그리고 도주는 서계를 읽고 나서 이번 밀상들의 사고로 죄스러운 마음을 금할 길 없다며 사과를 하고, 내일 정사 나리를 뵈러 오겠다고 하기에 간단히 인사만 하고 돌아왔다.

다음 날 오후, 도주가 문안을 드리러 온다기에 종사관은 모든 준비를 하고 있었다. 절에 있는 비단 방석 5개도 미리 준비하여 동쪽 편에 자리를 준비하여 놓았다. 예정된 시간에 도주가 두 장로와 함께 가마를 타고 왔다. 세 당상이 나가 그들을 당중으로 안내하였다. 삼사는 밖에 나가지 않고 방안에서 일어나 서로 두 번 읍하며 그들을 맞이하였다. 삼사는 인삼차를 내놓으며 수역 당상으로 하여금 인사를 전하자, 대마도주는 이번 사건으로 죽을죄를 지었다며 용서를 빌었다.

그리고 막부에서 하명이 떨어지는 대로 즉시 거행하고 정사에게 보고를 올리겠다고 약속했다. 거듭되는 도주의 사과에 정사의 심기는 다소 누그러졌지만 사태가 워낙 심각한지라 심경이 가볍지 않은 모습이었다.

도주가 먼저 아뢰었다.

"면목이 없기는 하나 저희들이 1년 가까이 준비한 하마연(河馬宴)을 베풀고자 하오니 감히 윤재(允裁)를 바랍니다."

그러나 정사는 단호했다.

"안 될 말이오, 이 상황에서 어찌 연회가 있을 수 있소?"

"그래도 저희는 1년 이상 준비를 해왔습니다. 하오니 저희들 성의를 봐서라도 허하여 주십시오."

그때 부사가 아뢰었다.

"영감님, 이번 연회를 1년 가까이 준비한 많은 아랫사람들이 있다고 하니 그들의 노고를 생각해서라도 연회를 받아주는 게 도리일 것 같습니다."

라고 부사가 간청하자 정사는 한동안 말이 없다가,

"그러면 연회는 술과 여자와 가무 없이 치르도록 하시오."

라고 하며 형식만 갖추도록 허락하였다.

***

조선의 통신사가 오면 하마연이라 하여 펼치는 대마도주의 환영행사는 중요한 의례 중의 하나였다. 이 행사는 보통 1년 이상 준비를 하고 통신사도 이 연회를 받아주는 것이 예의이기도 하였다. 도주가 이 행사를 꼭 치르고자 하는 것은 자기 신하와 섬 주민들에게 내세울 수 있는 권위의 상징이기 때문이었다. 그래서 이번 연회도 윤 정사는 거절하였지만 도주로서는 그냥 넘길 수 없는 입장이라 극구 간청하여 허락을 받아냈던 것이다.

도주의 연회가 있는 날, 삼사를 비롯한 관원들은 의장대를 앞세우고 군악을 울리면서 가마를 타고 연회장으로 갔다. 연회 장소는 도주 성안이었다.

삼사는 가마를, 당상 3인은 현교를, 그 이하는 말을 타고 차례대로 대마도주성(府城)으로 향했다. 성에 이르자 상판 이하는 성문 앞에서 말에서 내리고, 세 당상과 제술관은 중문까지 가마를 타고 들어갔다.

삼사는 내문 앞에서 가마에서 내렸는데 여러 명의 안내인들이 문밖까지 나와 맞이하였다. 도주는 관을 쓰고 승려와 더불어 기둥 밖까지 나와 마중을 나왔다.

이때 기둥이란 손님을 맞이하는 예의 기준이 되었다. 기둥 밖에까지 나오면 예를 갖춘 것이 되고 기둥 안에서 맞으면 결례로 간주되는 관례가 있었다. 지난번에 도주가 국분사에 문안을 왔을 때 윤 정사는 기둥 안에서 맞이하였는데, 이번 연회에서 대마도주는 기둥 밖에까지 나와 윤 정사를 맞이하였던 것이다.

음식이 차려진 연회상을 사이에 두고 서로 두 번 읍하고 정당(正堂)의 북쪽을 향해 두 번 절하였다. 삼사는 정당에서, 상판사와 제술관 이하는 정당의 기둥 밖에서, 차관은 기둥 밖의 뒷마루에서, 그리고 하관은 뜰에서 재배하였다. 예를 모두 끝낸 뒤 통역이 왕복하여 말을 전하였다. 서로의 인사말은 양측의 노고를 위로하는 데 그쳤다.

인사말이 끝나자 예쁜 어린아이가 차를 올렸는데 좌우로 서로 읍하고 마시기를 다하자 수저를 들고 다시 읍하여 아홉 잔 술과 아홉 번 맛을 보면서(九酌九味) 술잔이 돌 때마다 서로 읍하였다. 그러나 사행단은 일체의 술을 입에 대지 않고 흉내만 냈다. 역시 사행단이 술을 마시지 않자 주최 측은 이쪽의 눈치만 살피고 있어 연회의 분위기는 한껏 가라앉아 있었다.

이것으로 정사는 하마연에 대한 최소한의 예는 갖춘 것으로 되었다.

연회가 끝난 뒤 삼사가 휴게소에서 휴식을 취하고 있는데 도주가 서신을 보내왔다. 그것은 무신년과 기유년에 왜의 호민들이 밀무역으로 능지처참을 당하였는데 에도에 가면 시강관(侍講官)이 그에 대한 증거를 요구할 것이니 미리 사전에 준비를 하라는 내용이었다. 도주가 우리에게 앞으로 있을 일에 대해 미리 알려주는 것은 참으로 고마운 일이었다.

통신사가 대마도에 들어오면 보통 열흘 정도는 머물렀다. 그사이 국서의 등사문제도 있고, 특히 대마도와 조선 사이에는 세견선 문제와 양국 간에 무역문제가 복잡하게 얽혀있어 이를 해결하는 데 많은 시간이 걸렸기 때문이었다. 하마연이 있고 난 다음 날, 도주는 어김없이 사람을 보내 우리 국서의 등사를 요청하였다. 국서의 등사는 전례에 따른 것이었다. 그들은 국서의 등사본을 무릎을 꿇고 두 손으로 받아 돌아갔다. 이번 임술 사행에서도 실제 6월 24일부터 7월 8일까지 14일간을 머물렀는데 정사는 이일이 있고 난 뒤 임금에게 장계(狀啓)를 올렸다.

장계초(狀啓草)

신 등 일행이 지난달 18일 부산에서 배로 출발한 일은 이미 치계하였사오며, 그날 초경 가량에 무사히 바다를 건너 좌수포에 정박하고, 19일과 20일은 좌수포에 그대로 머물러 각 선박을 수색하였사옵고, 21일에 배를 띄워 앞으로 나아가 가까스로 30여 리 되는 곳에 이르니 이른바 풍기(豊崎)라는 곳으로 바위 줄기가 바다 가운데까지 이어있어 한 줄기 길을 통해서만 통행이 가능하온데, 역풍이 불고 조수가 얕아 능히 건너지 못하므로 배를 돌려 다시 포구에 정박하였사옵니다.

22일 그대로 배 위에서 머물고 23일 조수를 타고 배를 출발하여 대략 1백 6~7리를 가서 밤이 깊었기 때문에 포구에 유숙했다가, 24일 비로소 대마부의 나루에 이르니 대마도주와 소위 장로 2명이 배를 타고 10리 밖에까지 나와 마중하고, 신 등을 국분사에 유관하게 하였는데 대우하는 일 등은 종전과 다름이 없었사오며, 26일 대마도주와 승려 2명이 관소에 와서 뵈었습니다.

그날 저녁 우리의 제1복선에 왜의 밀상들이 잠입하여 선상 소란을 피우는 바람에 우리의 통인 1인이 희생되는 변이 있었사옵니다. 이것은 모두 신의 잘못된 처사에서 비롯된 것이옵니다.

29일 신 등이 대마도주의 집에 가서 그들을 만나보았는데 단지 예에 따른 말뿐이었고 연회가 파한 후 신 등이 나와 쉬고 있으려니까 대마주가 별지 한 폭의 글을 보냈사온데, 거기에 적힌 말은 대개 일행을 엄칙하는 뜻으로서 앞서 도해했던 역관들이 전한 것과 별로 다른 것이 없사오며, 그중 축전주에서 서적을 잠상(潛商)했다는 조목은 비록 그 실상이 어떠하였는지 알지 못하오나 일이 극히 놀랍고 해괴하므로 이 별지를 베껴서 보내오며, 신 등이 되도록 빨리 전진하고자 하는 뜻을 재삼 말한즉 초사일에 떠나기로 정했사온데 배를 탄 후에 연이어 순풍을 만나면 8월 내에 강호에 이를 것이 오되, 바람과 비의 순하고 거슬림이 미리 예측할 수 없사와 이로써 염려하고 있사옵니다.

정사가 임금님께 위의 장계를 올리고 나자 그런 사이 벌써 14일이나 지나갔다. 7월 8일 아침 대마도에서 출발하여 그날 저녁 일기도(壹岐島)에서, 그다음 날은 남도(藍島)에서 자고 7월 10일 적간으로 출발했다. 적간관은 일명 하관(下關, 시모노세키)이라고 하였다.

7.

아기 천황의 불상

남도에서 아침 일찍 큰 바다로 출항했다. 바람과 물이 모두 빨라 눈 깜짝할 사이에 100여 리를 갔다. 그런데 그 뒤부터는 갑자기 역풍이 자주 불어 돛을 떼고 노를 저어 갔다. 그래도 배가 방향을 자꾸 잃어 격군들이 애를 먹었다.

 오후가 되니 해가 바로 머리 위에서 작열했다. 온 배 안이 가마솥 같아 피할 곳은 없고 머리가 다 벗겨지는 듯했다. 종일토록 노를 저어 적간관(赤間關)이 가까워지자 어느새 해가 저물었다. 마중 나온 왜선이 무려 수백 척이나 되었다. 마중선들이 하나둘 등불을 켜기 시작하니 마치 하늘에 별들이 내려앉은 것 같이 아름다웠다.

 뭍이 가까워지자 선창의 횃불과 등불로 주위는 대낮같이 밝았다. 통신사 일행이 포구에 가까워졌을 때, 공교롭게도 썰물 때라 물이 얕아 배가 나아갈 수가 없었다. 하는 수 없이 선창 밖에 닻을 내렸다. 그때 대마도주가 보낸 사람이 작은 누선 6척을 끌고 와서 말하기를,
 "여기서 관사까지 그리 멀지도 않고, 또 지금 조수도 물러가고 밤도 깊었으니, 청컨대 이 배로 육지로 가서 편히 주무시는 것이 어떻습니까?"
 라고 했다. 그러나 정사는 딴 배에 옮겨 타느니 그냥 이 배에 있겠다며 그대로 배 위에서 머물렀다.

뒷날 새벽, 통신사 일행은 밀물을 타고 상륙하여 바로 아미타사로 갔다. 아미타사로 가는 길엔 민가가 빽빽이 들어서 있고, 구경하는 남녀들이 얼굴을 맞대고 우리 일행을 보느라 정신들이 없었다. 이 절은 오래된 잣나무와 소나무, 동백, 대나무 숲에 자리한 조용한 절이었다. 한여름이라 매미 소리가 요란했다. 절에 도착하니 해가 떴다. 일행이 절에서 아침 식사를 대접받았다. 모든 대접하는 예절과 시설의 융성함이 남도에 비하여 더욱 아름답고 음식도 맛이 있어 지금까지 먹던 것 중에는 비견될 만한 곳이 없었다.

아침 식사 후, 지남이 피로에 젖어 늦잠을 자고 있는데 친구 홍세태가 찾아왔다. 절 구경을 하자고 했다. 오랜만에 친구가 찾아오니 반가워 거절도 못 하고 잠자리에서 일어나 절을 둘러보았다. 절이 크지 않았지만 고색이 창연했다. 주변의 솔숲이 탐이 날 정도로 울창했다. 날씨가 더운 탓이라 그런지 시끄럽게 여겨졌던 어제의 매미 소리가 오늘도 아침부터 요란했다.

두 사람은 경내를 다 둘러보다 절 왼쪽에 신사 하나를 발견했다. 그들은 구경삼아 그 안에 들어갔다. 스님 한 분이 하얀 불상 앞에 향불을 피워놓고 절을 하고 있었다. 그 옆방에는 해상 전투를 그린 금박 벽화가 그려져 있었다. 너무도 선명해서 마치 실전을 보는 것 같았다. 그 벽화를 보고 있을 때 누가 뒤에서 말을 걸었다.

"피곤하실 텐데 더 주무시지 않고 무얼 그리 열심히 바라보고 계십니까?"

지남이 뒤를 돌아보니 조금 전 불공을 드리던 스님이었다.

세태가 합장하며 예를 갖추고 물었다.

"이 신사에 모셔진 분은 누구이며 이 벽화는 무엇입니까?"

"안덕천황(安德天皇)이십니다. 그리고 벽화는 겐페이 해전(源平海戰) 벽화입니다."

"천황요?"

"네, 그렇습니다."

스님이 천황이라는 말에 홍세태는 깜짝 놀라며 다시 물었다.

"동자상이던데요?"

"네, 그때 천황께서는 일곱 살이었으니까요."

일곱 살 어린이가 천황이라는 것도 그렇지만 벽화에 대해 더 물어보려고 하자 스님은 먼저 차를 한잔 대접하겠다며 자기 방으로 안내했다. 그 스님은 주지였다. 그의 접견실은 겨우 몇 사람이 앉을 수 있는 작은 방이었다. 방 북쪽에 작은 찻상이 놓여있었다. 찻상 옆에는 차를 달이는 주전자와 몇 개의 찻잔이 차포에 덮여있었다. 스님은 주전자의 물을 화로 위에 얹으며 말했다.

"이 절에 오시는 분마다 신사 이야기를 많이 합니다. 어쩔 수 없이 말씀은 드리지만 그때마다 마음이 아픕니다."

라고 하면서 이 신사에 얽힌 이야기를 시작했다.

"그때가 1180년부터 1185년 사이이니 지금부터 500년 전이군요, 우리 일본에서는 일명 '원평전쟁(源平戰爭)'이라 하여 무신들 간의 내전이 5년 동안 전국적으로 벌어진 적이 있었습니다. 이 전쟁으로 일본에는 천황이 일본을 다스리던 헤이안시대(平安時代)가 끝나고 무신정권인 막부시대(幕府時代)가 들어서게 됩니다. 그때 고려에도 무신정권이 들어설 무렵이지요."

그는 화로에 부채질을 몇 번 하더니 우리나라 고려 말의 최씨 무신정권까지 들먹여 가며 이야기를 이어갔다.

"1178년 12월에 당시 천황이던 80대 다카쿠라 천황(高倉天皇)이 첫아들을 낳았습니다. 아기의 엄마는 일본의 최고 무가(武家) 평청성(平清盛)의 딸 평덕자(平德子)였습니다. 이때 평청성은 태어난 지 한 달밖에 되지 않은 외손자에게 천황의 자리를 물려주라고 다카쿠라 천황에게 압박을 가했습니다. 다카쿠라 천황은 평씨의 위협에 못 이겨 갓난아기에게 천황의 자리를 물려주었습니다. 그 아기가 81대 안덕천황(安德天皇)이 됩니다.

그런데 양위를 해준 다카쿠라는 그다음 해 나이 20세에 알 수 없는 원인으로 사망하게 됩니다. 그때부터 황실에서는 정계에서 물러나 있던 77대 고시라카와 천황을 내세워 섭정을 하게 합니다. 그러나 고시라카와 천황의 복귀는 형식적일 뿐 모든 실권은 평청성이 거머쥐고 정권을 좌지우지했지요. 모든 인사권과 조세의 부과권 등을 손에 쥐고 자기 마음대로 전횡을 일삼았습니다. 그러던 중 공교롭게도 평청성이 죽게 되자 그의 아들 평종성(平宗盛)이 평씨 가문을 이끌게 됩니다.

1180년 여름, 도카이도(東海道)에서 역시 무가이던 미나모토노 요리토모(源賴朝)가 평씨 일족에 대해 반기를 들고 군사를 모아 전쟁을 선포하게 됩니다. 원씨 가문은 여러 지방의 무사들을 포섭하여 세력을 키워나갔습니다. 그는 두 달도 채 되지 않아 가마쿠라(鎌倉)로 진출하여 그곳을 근거지로 하여 관동지방을 지배하였습니다. 이때 원씨를 지지하는 반군세력과 평씨를 지지하는 토벌군 간의 전투가 일본 전역으로 번지게 됩니다. 이것이 유명한 원·평전쟁입니다. 한마디로 말해 무사들 간의 내전이었고 일본은 온 나라가 전쟁터가 되어버렸지요."

주지 스님은 화로의 주전자에서 김이 솟아오르는 것을 보고 봉지에서 차를 꺼내 다기에 차를 거르기 시작했다. 향긋한 녹차 향이 방 안에 서서히 퍼져 나갔다. 지남도 세태도 이제까지 맡아보지 못한 차 향에 마음이 가라앉고 정신이 맑아지며 신비감마저 느꼈다. 스님은 대나무 집게로 찻잔을 두 사람 앞에 늘어놓으며 다기에 연한 녹색이 어리는 차 한 잔씩을 두 사람 앞에 내놓았다.

"한잔 들어보십시오. 우리 절에서 금년에 새잎 따서 만든 차라 향이 팬

7. 아기 천황의 불상

찮을 겁니다."

두 사람은 이제까지 이 신사에 얽힌 이야기도 고마운데 뜻하지 않게 귀한 차까지 얻어 마시게 되니 더욱이 몸가짐이 조심스러워졌다. 찻상 앞에 앉은 스님도 한 치의 흐트러짐 없는 자세로 앉아 차를 마시더니 두 사람에게 다시 다음 잔을 채워주었다. 지남이 두 번째 찻잔을 들고 한 모금을 넘겼다. 코끝에 향이 스칠 때 이미 정신이 맑아지고 그 담백하면서도 쌉쌀한 여운이 혀끝에 단맛으로 번질 때 현묘한 법문의 법열(法悅)을 느끼는 듯했다. 주승은 차를 서너 잔씩 따라주고는 다시 이야기를 이어갔다.

"그렇게 원씨 측의 반군과 평씨 측의 토벌군 간에 전투는 일진일퇴를 거듭하여 잔인한 살육전으로 변해갔지요. 그런데 전세는 점점 원씨 쪽으로 기울었고, 전황이 불리해진 평씨 측은 안덕천황을 엎고 사이고쿠(西國)로 피신했었습니다. 그러자 교토에 남아있던 고시라카와는 고창천황의 다른 아들인 고토바(後鳥羽)를 새 천황으로 즉위시켰는데 그러다 보니 일본에는 동시에 두 천황이 있게 되었지요. 정말 말이 안 되는 상황이 벌어졌습니다. 그러다 1184년 1월에 원씨 측의 장수인 미나모토노 요시쓰네(源義經)가 평씨 측의 군대를 급습하여 이치노야 계곡 전투에서 대승을 거두었습니다. 그 뒤로 평씨의 전력은 크게 약화되었습니다. 그 뒤에도 두 세력의 군대는 수없이 전투를 거듭했고, 결국 1185년 3월 24일에 간몬 해협에 있는 단노우라(壇之浦) 해전에서 평씨의 군사들은 대패하였습니다. 이때 평씨 측의 기선에는 안덕천황의 어머니 다이라노 도쿠고(平德子)가 천황을 안고 외할머니 니이노야마와 함께 타고 있었습니다. 그때 어린 천황이 묻기를,

'어마마마! 지금 어디로 가고 있습니까?'

라고 하자.

'아미타불의 정토로 가는 것입니다. 파도 속에도 황궁이 있나이다.'

라고 하며 어린 천황을 안고 바다에 뛰어들었다고 합니다. 그때 천황의 외할머니와 많은 가신들도 함께 투신하였다고 합니다. 이 단노우라 해전으로 간페이 전쟁은 끝이 나고, 일본에서 최초의 무신정권인 가마쿠라 막부(鎌倉幕府)가 생겨나게 되었습니다.”

스님은 두 사람에게 다시 차를 따르고 자신도 목이 마른 지 차 한 잔을 더 마시고 나서 긴 이야기의 끝을 맺었다.

“조금 전에 소승이 향불을 피워 올린 분이 바로 안덕천황의 불상이옵니다. 그리고 저 앞에 보이는 저 바다가 바로 안덕천황이 어머니 품에 안겨 아미타불 정토로 떠나신 단노우라이고, 옆방의 벽화는 그때 해전을 그려 놓은 것입니다.”

두 사람은 주지 스님에게 고맙다는 인사를 하고 방을 걸어 나왔다. 지남은 무엇을 생각하는지 아무런 말이 없이 걷고 있을 때, 홍세태는 지남에게 물었다.

“이제 스무 살인 다카쿠라 천황이 첫아들을 낳고 곧바로 의문의 죽음을 맞았는데 누가 죽인 거야?”

하고 지남에게 물었다.

“뻔한 걸 왜 물어?”

하면서 대답을 하지 않았다. 그날도 온종일 비가 내렸다. 대마도주가 잎담배를 많이 보내와 골고루 나눠 받았다. 비가 오는 절 골방에서 하루 종일 담배만 피워댔다. 지남이 도저히 숨을 쉴 수가 없어 밖으로 나왔지만 비가 오는데 갈 곳이 없어 처마 밑에서 하늘만 쳐다보았다. 그때 마을 사람들이 몰려와 사행단 일행에게 글씨나 그림을 그려달라고 졸랐다. 그러자 사행단을 지키고 있던 왜인들이 그들을 달래서 돌려보냈다. 조선 사람들의 글씨와 그림이 저들에게는 매우 소중히 다뤄지고 있는 모양이었다.

다음 날도 비 때문에 아미타사에 머물렀다. 나이 어린 중 하나가 글자를 조금 알기에 글을 써서 물었더니 의학을 배우려고 태수의 문하에 있다가 일행을 접대하기 위해 잠시 왔다고 했다. 그도 역시 몹시 졸라 지남이 몇 장을 써주었다.

***

7월 15일 새벽, 망궐례를 마치고 출항하려고 하니 경비를 서고 있던 금도들이 대마도주의 분부가 없었다고 배를 띄우지 못하게 하였다. 그러나 정사는 호통을 쳐서 억지로 출항시켰다. 그랬더니 얼마 가지 않아 썰물이 되어 하는 수 없이 배를 돌려 다시 돌아오는 소동이 벌어졌다. 오후에 바람이 잔잔해지자 정사는 다시 출항하여 향포(向浦)에서 자고, 다음 날 상관을 거쳐 그다음 날 겸예포로 출발하였다.

겸예포 앞바다에 도착하니 대마도주가 사람을 보내 이 일대는 바다가 얕은 데다 지금은 물때가 맞지 않아 포구에 들어갈 수가 없으니 모든 배들은 닻을 내리고 다음 물때가 올 때까지 기다려 달라고 하였다. 그런데 부사와 종사관은 그 말을 무시하고 정사와 의논도 없이 선창으로 먼저 들어가 버렸다. 그러니 정사가 탄 배만 어두운 바다 한가운데 남아 다음 물때가 올 때까지 무려 6시간을 홀로 바다에서 기다렸다.

화가 머리끝까지 오른 정사는 겸예포에 들어오자마자 엄명을 내렸다.
"지금 당장 제2선과 제3선장을 잡아 오도록 하라!"
정사의 엄명에 잡혀 온 두 선장은 자신들이 왜 잡혀 왔는지 잘 알고 있었다. 그러나 그들은 부사와 종사관의 명을 따른 것뿐이었다.
"저 두 놈을 곤장으로 다스릴 것이니 당장 형틀을 준비하라!"

고 하며 정사가 노발대발하자 부사와 종사관이 함께 나서서 용서를 구했다.

"영감님! 참으로 면목이 없습니다. 저자들은 우리가 시키는 대로 하였을 뿐 아무런 잘못이 없습니다. 하오니 저희들을 꾸짖고 저자들은 용서하여 주십시오."

라고 사정을 구해 겨우 곤장을 면하게 되었다. 그날 저녁, 겸예태수는 윤 정사에게 자신이 잘못하여 이런 일이 발생하였다며 오히려 사과를 하고 그날 저녁은 갖가지 싱싱한 해물로 정사에게 극진한 대접을 하였다.

겸예포에서 후한 대접을 받은 정사는 다음 날 도포-하진(下津)을 거쳐 7월 21일 우창으로 가고 있는데 외딴 돌섬 하나가 보였다. 멀리서 보니 그 형상은 마치 개가 쭈그리고 앉아있는 모습이었다. 호행이 지남에게 말하기를 옛날 교또(京都)의 건설공사를 할 때 돌은 모두 저 섬에서 파갔는데 마지막으로 남은 저 바위를 파려고 하니 돌이 움직이지도 않고 망치로 때리면 돌에서 피가 나서 결국 그대로 두었다고 했다. 허황된 이야기이기는 하지만 힘들고 어려운 순간에 그런 이야기라도 들려주는 게 고마웠다. 한참 노를 저어 가다가 종사관이 탄 배가 얕은 여울에 걸려서 꿈쩍도 하지 않았다. 여러 배와 모든 왜인들이 힘을 합해서 두어 시간을 씨름한 끝에 겨우 빠져나와 선창에 내리니 거의 2경(9~11시)이었다. 그런데 우창의 객사에 들어가니 삼사의 이부자리가 모두 일본 비단으로 만들어져 있다. 윤 정사가 매우 흡족해했다.

***

정사는 우창을 떠나 다음 날 효고현(고베)에 도착했다.

7. 아기 천황의 불상

대마도에서 출발하여 일기도, 시모노세키, 향포, 겸예포, 도포, 하진, 우창, 효고현에 도착하기까지 일본 내해(內海)를 거쳐 오는 동안 무려 17일이나 걸렸다. 내해는 파도가 순해서 잔잔한 호수 같지만, 사실은 조수간만의 차이가 심하고 바다의 깊이가 얕아 물때를 조금이라도 놓치면 배가 바닥에 얹혀 꼼짝 못 하는 경우가 많았다.

효고현에 도착하니 숙소가 부족해서 일행의 일부는 민가로 또는 주점으로 흩어졌다. 지남이 오순백, 김억규와 함께 배정받은 곳은 한 음식점이었다.

숙소에서 저녁 식사를 하고 있는데 길을 안내하는 호행이 술을 가지고 왔다. 그 술은 관백이 보낸 것인데 제3복선에 배정된 것이라고 했다. 지남이 일행과 함께 술을 마시고 있는데 옆방에서 낯익은 목소리가 들렸다. 자세히 들어보니 술병이 목소리였다. 억규에게 술병을 불러오라 일렀더니 부리나케 건너왔다.

"하이고, 나으리, 여기서 뵙게 되었습니다요. 고생 많이 하셨지예?"

"그래, 고생이야 다 같이 하는 것이고, 다들 어디 있는지 알고 있나?"

지남이 오래간만에 술을 보니 무극패들 생각이 났던 것이다. 술병은 그 말에 번개같이 뛰어나갔다. 주변을 헤맸지만 어두워 더 이상 찾지 못하고 떡뫼와 갓마흔, 짤내미 등 무극패 중에서도 제가 좋아하는 단짝들만 찾아서 왔다.

"아이구, 나으리, 여기서 이래 뵙습니다. 이번에 고생 많이 하셨지요."

떡뫼가 지남을 보자 무척 반가운 표정으로 절을 하자 갓마흔도, 짤내미도 웃으며 인사를 했다.

"어서들 들어와! 고생들 많았지?"

지남이 오랜만에 만나는 무극패들과 함께 배를 타고 온 복선조(卜船組)들을 한자리에 모아놓고 그동안 있었던 이야기를 서로 주고받으며 술을 마셨다. 쌓였던 회포도 다 풀고 술도 다 떨어질 때쯤, 숙소 주인이 술 한 통을 들고 지남을 찾아왔다. 그는 전에 통신사가 자기 집에 머문 적이 있다며 지남에게 술을 한 잔 올려도 되겠냐고 물었다. 쾌히 승낙하자 지남에게 술을 따랐다. 넉살 좋은 술병이 자기도 한 잔 달라며 서로 주고받다 보니 함께 어울리게 되었다. 억규는 주인과 주고받는 이야기를 모두 통역했다.

***

주인장은 얼마 전 대마도에서 있었던 밀상들의 사건을 들었다며 적간 사람들은 나쁜 놈들이라며 욕을 했다. 그러면서 이곳 효고현은 인의지향(仁義之鄕)이라고 자랑했다. 떡뫼가 왜 그러냐고 묻자 주인은 기다렸다는 듯이 이 고장의 역사를 이야기하기 시작했다.

"옛적에 겐페이전쟁(源平戰爭) 때 이곳에서도 전쟁이 치열했었습니다."

지남이 언뜻 들으니 이 주인 역시 겐페이전쟁을 이야기하려는 것이었다. 그도 그럴 것이 이 일대가 전쟁의 주무대가 되었던 곳이라 너무도 많은 이야기를 알고 있었기 때문이었다. 그래서 외부에서 낯선 사람들이 오면 으레 그 이야기를 자기가 참전이라도 한 듯이 들고나오는 것이었다.

"그때 미나모토노 요시쓰네(源義經)가 다이라도 무네모리(平宗盛)를 기습 공격하여 다이라노 측의 모든 군사를 전멸시키고 그의 아내와 딸까지 모두 죽였지요. 그때 평씨 가문에는 18세 된 평돈성(平敦盛)이라는 젊은 청년이 있었는데, 그 비보를 듣고 혼자서 말을 달려 원씨 쪽 진영에 쳐들어갔답니다. 원씨 측의 장수 직실(直實)이 그를 붙잡고 보니 아직은 미소년이라 죽이지 않고 돌려보냈답니다. 그런데 평돈성은 다시 쳐들어갔는데, 그때 원씨 측에서는 직실 장군의 아들이 나가 싸우겠다고 하여 나가 싸우다 돈성에게 목이 잘려 죽었답니다. 하는 수 없이 직실 장군이 직접 나가 돈성을 또 사로잡았답니다. 자기 아들까지 죽인 원수지만 그래도 아직 나이가 어리고 그 기상이 가상하여 돌려보냈는데, 세 번째 쳐들어와서 말하기를 '나는 필부로서 의리상 부녀자들이 다 죽은 마당에 혼자 살기를 원하지 않고 적의 손에 죽기를 원한다.'며 공격하니 직실이 부득이 돈성을 죽였답니다. 그 후, 직실은 일곡산(一曲山)에 돈성의 비석을 세워주고, 자신은 어린 사람을 죽였다 하여 중이 되었답니다. 지금도 이곳 사람들은 평돈성의 남자로서의 의리와 직실 장군에 대한 따뜻한 이야기를 매우 자랑스럽게 생각하고 있습니다."

주인장이 열변을 토하니 모두 그의 입담에 녹아 평돈성에 관한 이야기에 푹 빠져있었다. 그러나 지남은 아미타사 주지 스님에게서 원평전쟁에 대한 이야기를 익히 들어 알고 있는 터라 새로운 흥미는 없었지만 피비린내 나는 무인들의 권력다툼 속에서 한 송이 야생화 같은 인간애가 있었다니 후세 사람들이 자랑스러워할 만하다고 생각했다.

그때 술병이 나서며 말했다.
"이거 우리 신라의 화랑 관창 이야기하고 너무 닮았는데?"
하자 주인은 그곳이 어디냐고 물었다. 일본말을 하지 못하는 술병은 아무 대답도 못 하고 있었다. 지남이 주인장에게 평돈성의 비석이 있는 일곡산이 어디냐고 물으니 주인 역시 장소는 모르고 다만 들은 이야기라고 했다. 지남은 마지막 술잔을 따라주며 말했다.
"사람은 선한데, 욕심이 악하네."

8.

별천지 오사카

7월 26일 새벽, 사행단은 일본 내해의 마지막 구간인 효고현에서 오사카로 출발했다. 거기에서 오사카까지는 물길로 30리였다. 오사카로 가는 뱃길 역시 내해라 수심이 너무 얕아 조선에서 가지고 간 배로는 갈 수 없어 대마도주가 보내준 작은 배로 가야 했다. 선창에 이미 누선(樓船) 6척과 작은 소선 40여 척이 대기하고 있었다. 누선은 2층으로 된 배로 3척은 삼사가 타고 나머지 3척은 당상관들이 타고 소선은 군물(軍物)과 복물(卜物)을 실을 배였다.

누선은 검은 선체에 처마와 기둥, 난간과 선두와 선미는 황금색으로 화려하게 장식을 하고, 누각의 처마엔 색색으로 된 비단 장막을 드리우고 있었다. 삼사가 탄 누선은 군기의장을 앞세우고 군악을 울리면서 열을 지어 나아갔다. 온 바다가 군기와 군악으로 장관을 이루었다. 구경 나온 많은 사람이 박수를 치고 손을 흔들며 환호했다. 사행단이 오사카 입구에 도착한 것은 정오 무렵이었다. 주변에는 수백 척의 작은 상선들이 분주하게 왕래하고 있었다. 도주가 내준 배를 타면서 지남은 떡뫼와 갓마흔을 함께 태웠다. 주변은 눈이 어지러울 정도로 많은 배가 오고 갔다. 이 모습을 보고 놀란 떡뫼가 감탄사를 연발하였다.

"나으리, 무슨 배가 이리도 많습니까요?"

"글쎄 말이다. 나도 말은 들었지만 이렇게 성황을 이루고 있는 줄은 몰랐네."

"아니, 저 집들 좀 보세요. 집이 아니라 성(城) 같아요."

지남도 보고 있었지만 떡뫼의 호들갑에 다시 고개를 돌려보니 정말 부러울 정도로 화려하고 큰 누각들이 언덕에 즐비하게 서 있었다. 그리고 물가의 집에는 선착장을 만들어 그 안에 작은 유람선 같은 것도 보였다. 떡뫼가 다시 말했다.

"햐! 이놈들 언제부터 이렇게 잘살았지요? 우리의 한강 나루나 마포 나루의 집들은 너무 초라해서 부끄러운 생각이 듭니다. 이거 원 자존심 상해서…."

그 말을 듣고 있던 갓마흔이 거들고 나왔다.

"이놈들 우리 조선에 노략질해서 잘사는 거 아니야?"

지남이 그 말을 되받았다.

"분명히 그런 부분도 있겠지. 하지만 그것만으로 절대 이렇게 안 돼, 저 배들 물건 싣고 다니는 것 좀 봐. 아까 오면서 한바다에 떠있는 커다란 검은 배 못 봤어? 그 배는 서양에서 온 무역선이야. 우리는 이런 것 예사로 보면 안 돼!"

남의 나라 물건을 훔쳐서만은 결코 잘 살 수 없고 근본적으로 국가의 산업이 발달해야 잘살 수 있다는 지남의 설명에 그들은 입을 벌린 채 지나가는 배들만 구경하고 있었다.

오사카 앞바다의 작은 섬들은 전부 부교를 설치하여 섬과 섬이 육지처럼 연결되어 있고 그 위로는 사람이 지나가고 밑으로는 배가 짐을 싣고 다녔다. 우리 조선으로서는 상상도 하지 못한 풍광이었다. 지남이 탄 배가 연육교 다리 밑을 지날 때에는 다리 위에서 일행을 구경하기 위해 사람들이 개미 떼처럼 모여들었다. 분명히 오사카는 조선과는 달랐다. 지남은 통신사행의 길이 멀고 험해서 한양에서 출발할 때 걱정하지 않은 것은 아니

8. 별천지 오사카

지만 이곳의 실상을 보니 정말 잘 왔다는 생각이 들었다.

배가 드디어 오사카항에 도착했다. 오사카항에 내려서부터 숙소까지 삼사는 옥교를 타고, 세 당상역관은 현교를 타고, 상관부터는 말을 탔다. 지남도 말을 타고 오사카 도심 속으로 들어가니 이곳은 또 다른 세상이었다, 모든 길은 바둑판 모양이었고 5~60채를 1정(町)으로 담을 쌓아 밤이면 문을 닫아 지키도록 되어있었다. 한양의 팔판동도 이렇지 않았고 양반들이 사는 북촌도 이렇지 않았다. 저잣거리를 지나니 가지런한 여러 집들이 끝이 보이지 않도록 뻗어있고, 온갖 물건들이 번화하여 사람의 눈을 황홀케 하였다. 이들의 주거문화에는 이미 서양의 생활방식이 깊숙이 들어와 있었다. 이곳 대판은 분명히 조선에 없는 별천지였다.

지남은 이제까지 우리는 이들을 얕보거나 문화적으로 뒤떨어졌다고 생각했는데 막상 이곳에 와서 보니 그것은 착각이었다. 이들이 임진왜란 때 총을 들고 감히 우리를 쳐들어온 것도 모두 다 이러한 경제력의 기반이 있었기에 가능했을 거라 짐작할 수 있었다. 그날 저녁 무극패가 한자리에 모여 저녁을 같이 했다.

"이곳에 와서 보니 어때?"

"아이고 나으리, 이 사람들이 사는 집이나 반듯하게 구획된 거리를 보니 우리와는 생활수준 차이가 너무도 큰 것 같습니다."

떡뫼가 말했다. 갓마흔도 목청을 높였다.

"우리는 글을 읽어야 양반이고 물건을 만들거나 장사를 해서 돈 버는 사람은 상놈 취급을 하니 나라가 발전할 수 있겠습니까?"

"그래, 우리 조선은 사농공상의 신분제도가 하루빨리 없어져야 나라가 발전할 수 있어."

라고 지남이 말했다.

"말이야 바른 말이지, 마흔이 말이 틀렸나요? 둘만 모이면 패당 짓고, 권력 잡았다 하면 반대파는 씨를 말려버리니 나라 꼬락서니가 그 모양이지요."

그 말을 듣고 있던 지남은 불과 몇 달 전 삼복사건을 떠올리며 아랫사람들이라고 무시할 게 못 된다고 생각하고 고개를 끄덕거렸다.

***

어느새 일행은 숙소인 본원사(本願寺)에 도착했다. 이 절은 왜의 불교 진종본파 본찰(眞宗本派 本刹)로서 역대 통신사들의 숙소로 사용되어 오던 절이었다. 절의 관사 규모가 워낙 커서 통신사 일행이 들어가고도 남았다.

뒷날 아침 정사가 망궐례를 치른다 하여 일찍 일어났다. 예가 끝난 뒤 알아보니 이곳에서 며칠 머물 계획이라 하여 지남은 떡뫼, 갓마흔과 명희를 데리고 오사카성을 둘러보기로 했다. 지남이 이곳을 가고자 했던 것은 여러 가지 뜻이 있었다. 오사카는 임진왜란을 획책한 본거지였기에 이곳의 현재 실정도 둘러보고, 개인적으로 마음속에 두고 있던 조선의 동래성, 부산진성과 일본의 성곽을 비교해 보고 싶었던 것이다.

길을 나서니 아침부터 더운 날씨가 심상치 않았지만 그래도 이곳은 바다가 가까운 곳이라 아직은 바람이 산들거렸다. 성은 숙소에서 그리 멀지 않았다. 오사카성은 풍신수길이 천하 쟁탈의 거점을 마련하기 위해 1583년에 지었다고 했다. 성 앞에 이르니 위치는 육로와 물길이 맞닿은 요충지였고 화려하고 웅장한 모습이 시선을 완전히 사로잡았다. 떡뫼가 성을 보자마자 탄성을 질렀다.

"와! 이게 성입니까? 아니면 이야기 속에나 나오는 천국의 궁전입니까?"

그들은 처음 보는 오사카성을 보고 눈을 의심했다. 지남도 이렇게 아름다운 궁전을 본 적이 없었고, 이렇게 아름다운 성을 지어놓고 적을 막는다는 것이 너무도 아깝다는 생각을 했다. 성은 5층 8단으로 하부는 화강암이고 상부층은 목조였다. 판자는 검은 옻칠을 했고, 성 주변은 커다란 물구덩이(垓子)를 파서 둘러놓았으며, 하단의 기단층은 시멘트로 거의 수직으로 가파르게 쌓아 올려 외부에서 침입은 절대 불가능하도록 되어있었다. 그야말로 난공불락의 성이었다. 지남은 이 성이 부러웠다. 아니 너무 견고하고 아름다워 탐이 났다.

"나으리, 한번 올라가 봅시다. 여기 와서 저길 못 올라간다면 평생 한이 될 것 같은디요."

명희는 보는 것만으로는 한이 차지 않아 올라가 보자고 했으나 성문은 잠겨 있고 모든 사람의 출입은 금지되어 있었다.

"오사카성이 대단허네!"

라고 갓마흔이 탄성을 지르자 명희도 다시 돌아보며 감탄을 자아냈다.

"정말, 멋져부네요, 멋져부러!"

전쟁이 참혹하고 치열할수록 성은 높고 견고하기 마련이다. 오사카성이 이렇게 완벽하게 축성되어 있다는 것은 이들의 내전이 얼마나 치열했다는 것을 말해주고 있었다. 평지성이든 산성이든 쌓으면 적을 막을 수 있도록 쌓아야 한다. 지남이 며칠 전 동래성과 부산진성을 본 기억이 생생한데 이 오사카성을 보니 스스로 한심한 생각이 들었다. 성이 크다고 좋은 것은 아니다. 산성은 산맥의 흐름대로 가다가 협곡을 이루는 곳에 수문장대를 세운다. 산성의 장대일지라도 평지성의 규모를 갖춘다면 어찌 외적의 말발굽이 그곳에서 멈추지 않으랴. 전쟁을 많이 치른 나라가 성도 잘 쌓는 모양이었다. 고구려의 안시성이나 고려 말 귀주성이나 조선의 백암산성도 적들이 두려워 감히 넘보지 못했던 역사가 있었고, 비록 적이긴 하지만 정유재란 말기 울산 왜성은 조·명(朝·明) 연합군 5만이 1598년 1월과 10월에 2차례 공격했지만 결코 그 성을 함락시키지 못했던 것이다.

지남은 자신이 아무런 힘도 없는 일개 역관이 남의 나라 성을 본들 무슨 의미가 있을 것인가 하는 회의마저 들었다. 그러나 자신이 보지 않고 관심을 갖지 않는다면 과연 누가 이것을 챙길 것인가 하는 생각으로 지남은 다시 한번 구석구석 돌아보았다.

성 구경을 마치고 나오며 조카마치(城下町)에 들렀다. 역시 세상구경은 시장이 으뜸이었다. 이 시장은 풍신수길이 무사들을 성 근처에 거주시키면서 가족들이 생활할 수 있도록 만든 시장이라고 했다. 가게마다 물건이 넘쳐나고 얼마나 많은 사람이 북적대는지 그야말로 성시였다. 그곳에는 무사와 상인들만 사는 게 아니라 많은 노동자와 종교인들까지 함께 살면서 지역의 크나큰 공동체를 이루고 있었다. 지역 인구가 이미 30만을 넘어 일본 전체를 통틀어서도 최고의 상업과 무역과 예술의 도시가 되었다고 하였다.

***

지남이 조카마치 구경을 하다 함제건(咸悌建) 화원(畵員)을 만났다. 그는 현재 한양에서 사군자와 인물화에서는 따를 자가 없는 사람이었다. 임금의 진영이나 선왕의 영정을 그릴 때도 그는 늘 궁에 불려가곤 했다. 이번에도 임금이 친히 명하여 보낸 조선 최고의 화가였다. 그는 홍세태와 함께 동행하고 있었다.

"아니, 동암(함제건의 호)이 여기 웬일입니까?"

"나야 볼일이 있어 왔지만 계명(지남의 호)은 여기 어쩐 일이요?"

"볼일이라니, 이곳에 무슨 볼일이 있습니까?"

"날 따라오세요, 내가 좋은 구경 시켜드릴게."

하면서 지남 일행을 데리고 조카마치의 가장 번화한 거리로 나갔다. 함제건이 지남을 이끌고 간 곳은 그림 가게였다. 수많은 그림 가게들이 줄을 지어있었고 각 가게에는 작은 그림들이 수북이 쌓여있었다.

함제건은 이곳저곳 가게를 기웃거리더니 한 가게 앞에서 쪼그리고 앉았다. 그리고는 수북이 쌓여있는 작은 그림들을 뒤적였다. 그 그림들이 무엇인가 하여 자세히 쳐다보니 왜의 풍속화(風俗畵)였다.

상인이 물건을 팔거나, 어부가 고기를 잡는 그림에서부터 아녀자가 냇가에서 목욕을 하는 그림 등 그야말로 서민들의 생활상을 그린 풍속화였다. 홍세태가 보기에는 그림 같지도 않고 아무런 가치도 예술적 가치도 없어 보이는 그림을 계속 만지작거리고 있었다. 보다 못한 홍세태가 답답하다는 듯이 한마디를 건넨다.

"아니, 동암, 그게 뭘 볼 게 있다고 그걸 그렇게 주무르고 앉았소?"

그는 홍세태의 말에는 대꾸도 하지 않고 주인에게 말했다.

"이런 것밖에 없어요?"

"어떤 걸 찾는데요."

"사람을 보면 모르겠소?"

함제건이 답답하다는 듯이 주인장을 쳐다보자 그는 야릇한 미소를 지으며 그를 가게 안으로 안내했다. 지남의 일행도 함께 따라 들어갔다.

주인은 커다란 상자 하나를 들고나오더니 그 속에 든 그림들을 하나씩 내놓기 시작했다.

"이것이 요즘 서양으로 많이 팔려가는 명품 우키요에(浮世畵)입니다."

그때서야 함제건은 반갑다는 듯이 그림에 관심을 보이기 시작했다. 지남은 그림들이 하도 망측해서 차마 눈 뜨고 바로 볼 수가 없을 정도였다. 일행들도 할 말을 잊고 말없이 쳐다만 보고 있었다. 함제건이 흥미 있게 바라보는 그림은 '두 남녀가 알몸으로 그네를 타는 그림'이었다. 함은 그 그림을 한참 보고 있더니 아주 만족한 듯이 자기 앞에다 챙겨두고 또 다른 그림을 요구했다. 주인장은 함의 표정을 보고 그제야 사람을 알아본 듯 또 다른 상자 하나를 들고 나왔다. 그 속에서 꺼낸 그림은 '여인 앞에 한 사내가 과장되게 그린 성기를 들이대는 그림'이었다. 홍세태는 이런 망할 그림에는 관심이 없다는 듯이 고개를 돌렸다. 그러나 함은 끄떡도 하지 않았다. 그는 그 그림을 들고 유심히 바라보고는 이 작품이야말로 "인간의 가장 순수한 감성회복"이라고 극찬을 늘어놓았다. 그러면서 그 그림 역시 자기 앞에 챙겨놓고는 주인장에게 서양으로 팔려나가는 그림들을 있는 대로 모두 가져오라고 했다. 주인도 오늘 그림을 아는 사람을 제대로 만났다는 듯이 자기 수장고에 있던 그림을 모두 가지고 나왔다. 그다음 그림은 '여러 남녀가 혼교하는 그림'이었다. '한 남자가 두 여자를 동시에 상대하는 그림', '한 여자에 두 남자가 아래위에서 상대하는 그림' 등이었다. 등 뒤에서 이 그림을 보고 있던 무극패들은 눈 하나 깜박하지 않고 그저 침만 꿀꺽꿀꺽 삼키고 있었다.

그런데 함은 주인에게 또 다른 그림을 요구했다. 그러자 주인은 이 이상 자기가 가진 것은 없다고 했다.

"세상을 넘나드는 것!"

하고 함이 말하자 이제 그 그림은 다 팔려나가고 해외에 보낼 것만 있다고 하며 일단은 보여주겠다고 하였다.

주인이 들고나온 그림은 인간이 짐승과 관계하는 그림이었다. 그것은 개와 원숭이였다. 옆에서 지켜보고 있던 홍세태는 조선 천지에서 알아주는 천재 시인이요 입만 열어도 시가 된다는 명성을 날리고 있는 사람이다. 그는 망측해서 차마 눈 뜨고는 볼 수 없는 야만이라고 하며 물었다.

"동암, 지금 제정신이오?"

그러나 그는 전혀 달랐다.

"감성은 이성보다 순수하다. 이런 그림이야말로 가식을 벗어던진 순수한 인간성 회복"이라고 자신에 찬 목소리로 말했다.

그러자 옆에서 보고 있던 지남도 자리를 뜨면서 한마디 거들었다.

"미쳤구만!"

그러나 함은 이제까지 자기가 골랐던 그림을 전부 다 챙기면서 자기 맘에 드는 그림은 같은 것을 두 장씩 주문했다. 그리고 주인장이 요구하는 값을 깎지도 않고 선뜻 치렀다. 홍세태는 함에게 물었다.

"그런데 같은 그림을 왜 두 장씩 사요?"

"왜 그러겠어? 다 주인이 있으니 걱정 말게."

실제 함이 산 이 풍속화들은 서양과 중국에서뿐만 아니라 한양에서도 양반들 사회나 궁녀들 사이에서는 널리 퍼져있었다. 다만 지남이나 홍세태 같은 샌님들이나 몰랐을 뿐이었다. 그리고 이 그림은 모두 목판으로 인쇄된 것이라 가격도 매우 싸서 심지어 그림 하나에 우동 한 그릇 값이란 말이 있었다. 이러한 그림들이 유럽으로 팔려나가 그곳에서 더 널리 알려져 있었고 부산의 왜관을 통해서도 은밀하게 많이 들어오고 있었다.

이 그림에 다 주인이 있다는 말에 지남도 궁금해서 물었다.

"대체 이 그림의 주인은 누구요?"

"누군 누구야, 창덕궁 궁녀들과 북촌에 양반 마님들이지."

"에이, 설마 그럴 리가?"

"쓸데없는 소리들 그만해, 자네들같이 책상에 앉아 글이나 읽는 개구리들이 세상을 어떻게 알아? 이 돈도 다 궁녀들과 지체 높은 양반들의 안방 마님들이 준 돈일세."

그 말을 듣고 있던 지남이 한심한 듯 한마디를 내뱉었다.

"말세로구먼! 말세라!"

"앞에선 아닌 척하며 뒤로는 호박씨 까는 양반들이 말세지, 좋은 건 좋다 하고 싫은 건 싫다 하는 아래 것들은 말세(末世)가 아니라 초세(初世)일세."

이렇게 지남과 함이 말싸움을 하는 동안 무극패들은 함의 편을 들며,

"동암 선생의 말씀이 옳습니다요." 하면서 그 그림 값이 무척 싸다는 걸 알고 모두 다 한두 개씩 샀다.

그러나 지남은 이렇게 난잡한 음화가 발각이 되는 날에는 강상죄로 몰려 어떤 화가 미칠지 몰라 그길로 밖으로 먼저 나왔다.

함도 보따리를 메고 가게를 나서면서 지남에게 말했다.

"이보게 이 사람아, 조금 전에도 들었겠지만 이러한 일본의 풍속판화는 서구에서도 큰 선풍을 일으키고 있네. 서구 사람들이 바보야? 아무런 힘도 없으면서 헛기침이나 하고 다니는 조선 양반들은 크게 반성해야 돼!"

"시간이 아무리 남아 썩어도 나는 이 저질 춘화 공부는 하지 않겠소이다."

하고 지남이 대꾸하자 함이 다시 맞받아쳤다.

"눈만 뜨면 공자님 찾으세요. 그러다가 외적이 쳐들어오면 개죽음이나 당하면서!"

지남은 우키요에를 비난하다 오히려 야단맞는 꼴이 되었다. 지남은 숙소로 돌아오면서도 곰곰이 생각했다. 많은 사람이 은밀하게 선호하는 저런 그림 가게가 대로변에 즐비한 걸 보면 일본에서는 이런 춘화가 이미 예술문화사업으로까지 발전한 게 틀림없었다.

숙소로 돌아올 때 홍세태가 같이 술이나 한잔하자고 하여 주점으로 갔다. 함은 술을 한 잔 받자마자 다시 우키요예에 대한 설명을 다시 시작했다.

"우키요예가 어떻게 유명하게 되었냐 하면, 왜의 전국시대에 나라가 온통 전쟁으로 남자란 씨가 마르게 된 거야. 그런데 남자 없이 여자들이 살려고 하니 술 팔고 몸 파는 것밖에 없잖아. 저 오사카성 아래 많은 여인들이 모여 술집이 생기고 술 팔다 보니 몸 파는 유곽(遊廓)이 생기게 된 거지. 그게 오늘날 조카마치의 발단이었지만, 전쟁이 끝나고 에도막부가 들어서면서 무역이 활발하여 큰돈을 버는 사람들이 많이 나타나게 되었는데 그 사람들이 여자들을 싹쓸이하고 돈 없는 하인들은 늘 혼자서 자위행위만 했을 게 아니야. 그러자 화쟁이들이 여기에 초점을 맞춰서 서민들의 성적 욕구를 풀어준 게 이 우키요예의 시초야. 시초는 그렇지만, 지금은 일본이 이 산업으로 엄청난 돈을 벌어 나라가 잘사는 데 도움을 주고 있단 말일세."

조선과 일본과의 성문화에 대한 개념 차이가 너무 커서 지남은 언뜻 수긍하기 어려웠다. 하지만 일본의 현실을 직접 보았기에 지남은 함의 열변을 더 이상 부정하지 않았다.

주점에서 간단히 한잔하고 본원사로 돌아왔다.

지남은 방으로 돌아왔지만 떡뫼와 무극패들은 자기들끼리 모여서 그림들을 돌려 보느라 밤에 잠을 자지 못하고 좋아 죽었다.

"마흔아, 이 남자 물건 좀 봐! 정말 부럽네. 이건 사람이 아니고 완전 말이네 말이라."

"성님은 덩치도 큰데 그 정도 안 돼요?"

"나도 이랬으면 좋겠다마는, 부럽다 부러워! 그리고 이것 좀 봐. 한 놈에 세 년이나 붙었어."

그들은 사진을 보며 낄낄대느라 여행의 피로를 말끔히 잊고 있었다.

그들의 본원사의 밤은 그렇게 이슥토록 촛불이 꺼지지 않았다.

8월 2일 아침, 9시경 정포(淀浦)를 향해 출발했다.

지남은 일행과 함께 누선을 탔다. 종사관은 예단을 다시 점검한 뒤 수를 확인하고 궤를 다시 싸서 왜선으로 보냈다. 수심이 얕아서 강안(江岸)에서 닻줄로 배를 잡아끄는 일꾼이 수도 없이 많았다. 배가 깊은 곳으로 나가자 깃발로 대오(隊伍)를 맞추고 군악을 울리니, 그 소리가 산을 울리고 바다를 진동시켰다. 그야말로 장관이었다. 이곳이 어디인가. 임진왜란을 일으키고 조선을 초토화시킨 풍신수길의 본거지 오사카에서 이렇게 장엄하게 군악을 울리며 행진을 하는 것은 과연 무엇인가. 지남은 그들이 우리를 어떻게 생각하는지 궁금했다. 이들이 자신들을 이렇게 환대하는 속내도 진심인지 의심스러웠다. 50여 리를 더 나와 목방(牧方)이라는 곳에서 도착하니 그곳 태수가 나와 관백으로부터 명을 받았다며 점심을 준비했다. 진수성찬이었다. 목방에서 점심을 먹고 30여 리를 더 가서 정포에 도착하여 그곳에 유숙했다.

***

8월 3일 오전 9시경, 정포를 출발하여 천황이 살던 왜의 수도 교토(西京)에 도착했다.

부산에서 정포까지는 바다와 강을 따라 뱃길이었지만 교토에서 에도까지는 육로로 가야 했다. 교토 선창에 오르니 서경윤(西京尹) 월지공(越智公)이 보낸 사람들이 미리 마중을 나와있었다. 삼사는 옥교, 세 당상과 제술관, 양의는 현교, 상관이 타는 말이 준비되어 있었다. 준비한 말의 수가 얼마나 많은지 헤아릴 수가 없을 정도였다. 대충 보아도 기백에서 천 마리 이상 되는 듯했다. 말은 상, 중, 하, 세 등급으로 분류되어 있었고, 상마(上馬)는 소동부터 상관까지 타고 10여 명의 왜인이 수종했고, 중마(中馬)는 취수와 기수 이상 중관(中官)이 타고 배종하는 왜인은 7명이었고, 하마(下馬)는 짐꾼과 하관이 타는 데 배종하는 왜인은 없었다.

서경에서 얼마나 많은 말을 준비했던지 사행단 일원으로 따라온 사람은 상관과 중관은 말할 것도 없고 조선에서는 말 한번 타보지도 못한 종과 격군들까지 전부 한 필씩 말이 배정되도록 준비되어 있었다.

허구한 날 주인의 말고삐나 잡고 고기 잡던 배에서 노나 젓던 격군들이 팔자에 없던 말을 타게 되니 이 뜻밖의 호사에 어쩔 줄을 몰랐다. 평생 말을 타본 경험이 있어야 말을 탈 것이 아니던가. 말고삐를 잡고 말 시중을 들려는 왜인들이나 말 타본 경험이 없는 종들이 말을 타려는 것이나 서로 당황하기는 마찬가지였다. 좌우에서 말고삐를 잡고 있는 사람, 앞에서 길을 인도하는 사람, 부르면 달려와 시중을 드는 심부름꾼 등 말을 탄 조선인 한 사람에 7~8명 정도의 왜인이 따라붙었다.

교토에서 사행단에 대한 대접이 이 정도이고 보니 미쳐 날뛰는 종놈이나 격군이 한둘이 아니었다. 종들과 격군이 탄 하급 말은 성질도 거칠고 사나워서 잔등에 탄 주인이 맘에 들지 않는 행동을 하면 먼 산만 쳐다보고 움직이질 않거나 '히힝'거리며 앞발을 높이 쳐들어 낙마를 시켜버리기도 했다. 사정이 이러니 시중을 들던 왜인들이 당황해서 어쩔 줄을 모르는데도 주제를 모르는 종놈들이 왜인을 발로 차고 때리기까지 하자 아예 말 시중을 들지 않고 도망을 가버리는 경우도 있었다. 그때는 왜인들을 지키고 단속하는 검금왜(檢禁倭)가 그들을 잡다 다시 말을 몰게 하였다.

12시경 정각산 실상사(實相寺)에 도착한 사신단은 전부 공복(公服)으로 갖추어 입었다. 왜경은 왜의 천황이 살고 있는 곳이기에 예의 차원이었다. 정포에서 왜경까지 오는 데는 민가가 빽빽이 줄을 이어있었고, 혹 끊어지는 곳에는 좌우에 한 자 정도의 담을 쌓았는데 백토로 하얗게 칠을 해놓고 그 위에는 풀로 이고 댓조각으로 활을 만들어 꽂아 성타(城, 화살받이) 형상을 해놓고 있었다. 민가가 없는 들판이나 길에는 삼나무와 소나무를 심어놓고 5리마다 작은 돈대를, 10리마다 큰 돈대를 만들어 군사들이 지키고 있었다. 평소에도 이들은 자기들의 도성을 지키고 있었다.

　　오후 2시경 왜경에 도착하여 숙소인 본국사(本國寺)로 갔다. 그 절은 수도에 있는 국사(國寺)인 만큼 그 규모가 얼마나 큰지 대판의 본원사는 비교가 되질 않았다. 수용 가능 인원도 가히 1만 명이 들어갈 정도였다. 이들이 왜 이렇게 큰 규모로 절을 지었는지 알 수는 없지만 참으로 놀라지 않을 수 없었다. 절 앞에는 세 법당이 있었는데 마룻대와 처마는 황금색으로 칠해져 있고 부처를 모신 전각은 금빛으로 화려하게 장식해놓고 있었다. 그 옆에는 5층 누대에는 석책과 장명등(長明燈)이 있었는데 천황의 무덤이라고 했다. 이곳 역시 예전부터 통신사가 오면 숙소로 사용하던 곳이었다.

　　지남도 짐을 풀고 난 뒤 앞에 있는 5층 누각에 올라가 교토를 내려다보았다. 발아래 즐비한 기와집들 너머로 멀리는 기름진 들이 한없이 뻗어있었다. 참으로 살기 좋은 곳이라 생각이 들었다.

　　8월 3일 오후, 지남이 변 수역을 찾았다.
　　"수역님, 자주 찾아뵙지 못해 송구하옵니다."
　　"괜찮다, 어서 와. 별고 없지?"

"이번 서경에 머물면서 조선인 귀무덤인 이총(耳塚) 참배 계획이 있습니까?"

"계획이 없네. 그렇지 않아도 이야기가 나왔는데 관백 도쿠가와 쓰나요시(德川綱吉)의 심기를 건드릴 우려 때문일세."

"네? 관백의 심기를 건드려요?"

"왜 그렇게 놀라나?"

"관백이 참배를 하지 말라는 요청이 있었습니까?"

"그런 건 아니지만 관백의 심기를 불편하게 할 우려가 있다고 하지 않았나."

"그러니 바람이 불기도 전에 미리 눕는다는 뜻이구먼요."

"예끼 이 사람아. 큰일 날 소릴 하는구나. 자네는 앞날이 창창한 사람이니 위에서 시키면 그저 시키는 대로 하면 돼."

"네, 알겠습니다."

인사를 하고 나온 지남은 변 수역과의 이야기는 의미가 없다고 판단하고 박 종사관을 찾아갔다.

"종사관 나으리, 소인 김지남이옵니다."

"오, 그래! 김 통사 얼른 오게."

박 종사관은 김지남이 문경 새재 사건에서 결국 자기들의 목숨을 건져 은인으로 생각하게 되어 반갑게 맞아주었다.

"나으리, 다름이 아니옵고 이번에 어렵게 이곳에 왔으니 우리가 이총을 한번 참배하는 게 도리가 아니겠습니까?"

"자네 말도 일리는 있지만 우리가 관백의 심기도 생각하지 않을 수 없지 않은가?"

"나으리, 지금 우리는 관백의 눈치도 살펴야 하지만 이총에 잠들어 계신 선조들의 마음을 더 헤아려야 할 것 아닙니까? 하오니 윗분들만이라도 조용히 참배하고 오시지요?"

지남은 종사관에게 어리광을 부리듯 매달렸다. 그래도 소용이 없자 이 번에는 애원하듯 또 매달렸다.

"그곳에 잠들어 계신 영령들께서는 후손들이 통신사로 바로 옆에 와있 는 줄 알고 계실 텐데 찾아뵙지 않으시면 얼마나 섭섭하시겠사옵니까? 그 러니 뜻있는 몇 분이라도 조용히 다녀오시지요."

그래도 종사관은 움직이지 않았다. 변 수역의 말을 듣고 난 뒤, 간도 쓸 개도 다 빼놓고 아양을 부리며 애원도 해봤지만 소용이 없었다. 빈손으로 돌아오는 길이 화가 치밀었다. 그들의 분노에 찬 목소리가 들려왔다. 지남 도 하늘을 보고 함께 고함을 질렀다.

뒷날 아침 일찍 눈을 떴다. 모두 다 쉬는 날이라 늦잠을 자고 있었다. 지 남은 떡뫼, 갓마흔과 명희를 데리고 조용히 숙소를 나섰다.

"나으리, 아침 일찍 어디로 가십니까요?"

"이총."

지남이 아무런 설명 없이 '이총'이란 한마디로 답하자 떡뫼는 더 궁금 했다.

"야, 갓마흔, 이총이 뭐냐?"

"뭐 총 쏘는 덴가?"

떡뫼가 이총의 뜻을 몰라 갓마흔에게 물었는데, 명희가 답답하다는 듯 이 가로막고 나섰다.

"앗따! 성님도 참! 이총을 총 쏘는 데냐고 물어불면 어짜요이?"

지남은 수하들의 한심한 이야기를 못 들은 척 혼자 생각에 젖어 걸었다. 만약 다시 왜적이 쳐들어온다면 자신은 코가 베이고 귀가 잘리는 한이 있 어도 전쟁에 나갈 것인가? 죽은 채로 이국땅에 끌려와 백골로 묻혀있어도

8. 별천지 오사카

수백 년이 지나도록 아무도 찾아와 주지 않는다면 그 죽음의 의미는 무엇인가 하고 만 가지 생각을 하며 이총으로 향했다.

숙소에서 얼마 가지 않아 풍국신사(豊國神社)라는 팻말이 나왔다. 풍신수길의 신사였다. 그 신사를 지나 조금 떨어진 곳에 드디어 커다란 봉분 위에 5층 석탑을 쌓은 이총이 나타났다. 이총을 보고도 그것이 무엇인지 모르는 수하들은 지남의 눈치만 보고 있었다.

지남은 이총 앞에서 엄숙하게 재배를 하며 수하들에게도 시켰다. 그리고 일어나 합장을 하고 자신이 이번 에도에 와서 하고자 하는 일을 꼭 이룰 수 있도록 도와달라고 간절히 기도했다. 수하들은 지남이 하는 대로 재배도 하고 고개를 숙인 채 묵념도 했다. 지남이 이총을 돌아 나올 때 풍신수길의 신사 참배를 마친 왜인들과 마주쳤다. 그들은 지남 일행의 옷차림을 보고 무언가 주절거리더니 자기들끼리 낄낄거리며 웃었다. 아마 그들은 풍신수길의 후손인 듯 지남의 일행을 이총에 묻힌 사람들의 후손으로 여기면서 불쌍하다는 눈초리였다. 지남은 그들의 눈초리에 모욕감을 느꼈지만 이를 어쩌겠나 싶어 말없이 발길을 돌렸다.

"나으리, 저 석탑이 뭔데 우리가 절을 하고 그래요? 탑에 불공드렸어요?"

지남은 떡뫼의 무지에 기가 막혔다. 허나 이들을 탓하지는 않았다. 나라의 제도가 양반, 상놈으로 갈라져 열에 여덟은 상놈이니 어찌 그들이 글을 하고 역사를 배울 수가 있겠는가? 이총을 보고도 조총이니 불탑이니 하는 수하들이 불쌍하여 지남은 친절하게 이총의 역사를 말해주었다.

"이곳은 임진왜란과 정유재란 때 왜적이 우리 조선 사람을 죽이고 귀와 코를 베어 와서 이곳에 묻은 우리 선조들의 코와 귀를 묻은 무덤이야."

"귀와 코를 왜 베어 왔어요?"

"임진왜란 때 풍신수길이 조선인을 많이 죽인 놈에게 후한 상을 내렸는데, 서로 자기가 많이 죽였다고 하니 그 숫자를 확인할 수가 없어 처음에는 죽은 자의 귀를 잘라 보내라 한 거야, 그런데 귀는 왼쪽, 오른쪽 2개가 있으니 죽인 사람의 숫자가 2배로 늘렸다고 하여 이번에는 1개뿐인 코를 베어 보내라 했었지, 코를 베니 숫자가 확 줄어드니 그때는 사람만 보면 여자고 남자고 구분하지 않고 무조건 산 사람의 코를 베어 자신들의 전과로 보고하는 잔혹한 행위를 저질렀네. 그러자 풍신수길은 자신이 조선인을 이렇게 많이 죽였다고 자랑하기 위해 자기 신사 뒤에 이 귀와 코의 무덤을 쓴 것이야. 이제 알겠는가?"

"아니! 그러면 생사람의 코를 베었단 말입니까?"

"죽인 사람, 살아있는 사람, 남자, 여자 가리지 않고 사람만 보면 코를 베었지. 그래서 거리에는 코 없는 사람이 많이 있었다는 거야."

"그러면 여기는 얼마나 많은 사람의 귀와 코가 묻혀있는 겁니까?"

"자기들 기록으로 126,000명이란다."

그 말을 듣고 떡뫼도 마흔은 아무 말도 하지 못했다. 지남도 더 할 말이 없었다. 국분사로 조용히 돌아왔었다.

이총 참배를 하고 난 떡뫼와 마흔은 그날부터 기가 죽어 아무 말도 하지 않았다. 삼사와 삼당상관들은 그저 숙소에서 쉬고 있으면서도 이총 참배를 하지 않았다. 지남을 제외하고는 그 누구도 참배를 하지 않은 것이다.

***

서경에 온 지 3일째 되는 8월 7일, 에도로 가는 14일간의 여정이 시작되었다. 에도막부의 배려로 그들은 사행단 하인들에게까지 말을 내주는 과잉친절을 보였다. 첫날 좌화(佐和)에 도착하여 종안사에서 유숙했다.

8. 별천지 오사카

그날 저녁 홍우재를 찾아온 사람이 있었다. 그는 좌화 태수의 집안 어른으로 등원공(藤原公)이라는 분이었다. 그는 1643년(계미년)과 1655년(을미년)에 홍우재의 할아버지와 큰아버지가 통신사로 왔을 때 두 분을 모셨던 인연이 있다며 손자인 홍우재가 왔다는 사실을 알고 찾아왔던 것이다.

홍우재는 그 노인을 만나는 자리에 지남을 함께하자고 했다. 등원공의 말에 따르면 적어도 27년 전과 39년 전에 만났던 통신사 역관의 손자를 잊지 않고 찾아왔다는 것이다. 이렇게 인연을 소중히 생각하는 노인의 마음을 다 헤아릴 수가 없었다. 등원공과 홍 수역의 이야기는 끝이 없었지만, 내일 아침 일찍 떠나야 하는 홍 수역을 생각해서 노인네는 자리에서 일어났다. 홍 수역은 노인네를 잠깐 머물게 하고 그 자리에서 이별의 시 한 수를 지어 전했다.

戶塚佐太夫 藤原公 案下(貴下, 上書)

호총좌태부 등원공 안하

緬想昔年事

면상석년사 먼 옛날 일을 생각해 보니

黑羊靑羊際

흑양청양제 계미년과 을미년에

大考與伯父

대고여백부 저의 조부와 백부께서

隨槎左海澨

수사좌해서 뗏목을 타고 일본에 오셨는데

公時掌供億

공시장공억 공께서 그 당시 접대를 맡으시어

托交情繾綣

탁교정견권 주고받은 정이 깊어 잊을 수가 없어라

中間事百變

중간사백변 그간에 일어난 일들은 수없이 많아

梓樹悲風卷

재수비풍권 가죽나무 가지에 슬픈 바람 일었더라

豈意不肖孫

기의불초손 어찌 부족한 이 손자가

邂逅賢大夫

해후현대부 그때 어진 대부를 만날 거라 생각인들 했으랴

俯仰宇宙內

부앙우주내 이 세상을 굽어보고 우러러보니

三世堪一吁

삼세감일우 삼 대에 걸친 이 탄식을 어찌 감내하리오

扶桑萬里外

부상만리외 만 리 밖 일본 땅에서

聿作東道主

율작동도주 침내 동도의 주인이 되셨군요

俱回阮眠靑

구회완면청 옛적의 공을 반갑게 만나

話舊深情吐

화구심정토 옛일을 말하면서 깊은 정이 들고

微物表芥誠

미물표개성 하찮은 물건이지만 서로 정을 나누고

去去武江濆

거거무강분 무강가에서 이별을 나눈다

歸期趁九秋

귀기진구추 돌아갈 때가 가을에 이르고

握手心再忻

악수심재흔 손을 잡으니 마음이 다시 기쁘구나

淸夜旅榻前

청야여탑전 청명한 밤 절에서

軟言何諄諄

연언하순순 부드러운 이야기를 자상하게 하신고

贐以兩種物

신이양종물 두 가지 선물을 주시는데

如得靑瑤璇

여득청요선 마치 푸른 옥을 받은 것 같구나

稀年又過八

희년우과팔 칠십하고도 팔 년이나 지났는데

精力猶未衰

정력유미쇠 건강은 아직도 쇠하지 않으셨네

記往惻然憾

기왕측연감 예전을 생각하니 측은한 마음 금할 길 없어

望公涕沾髭

망공체첨자 공을 뵈오니 눈물이 위 수염을 적신다

明朝各分袂

명조각분메 내일 아침이면 각자 헤어질 옷소매

別恨空依依

별한공의의 이별 정이 한없이 섭섭하구나

他時尺一書

타시척일서 내 훗날 다시 편지 써서

爲寄雁南飛

위기안남비 남쪽으로 가는 기러기 편에 부치오리다

王戌九月秋 下浣 洪禹載 임술 9월 가을 하완 홍우재

***

지남은 8월 7일 좌화를 떠나 14일 동안 대원(大垣), 명고옥(名古屋), 강기(岡崎), 빈송(濱松), 등지(藤枝), 삼도(三島), 등택(藤澤), 신동천(神東川) 등 그 이름도 다 기억하지 못할 정도의 작고 많은 지역을 지나왔다.

8월 21일 오후, 드디어 이번 통신사의 최종 목적지인 에도(江戶)에 도착했다. 5월 8일 한양을 떠나온 석 달 13일 만이고, 6월 24일 대마도에 도착한 지 사흘이 모자라는 두 달이며, 교토를 떠난 지 14일 만이었다.

에도 초입에 들어서니 관백이 직접 보낸 관반왜(館伴倭, 영접하러 나온 사람) 두 사람이 군사들을 대동하고 마중을 나와있었다. 그들은 관복을 단정하게 입고 있었다. 가마를 탄 윤 정사가 나타나자 앞으로 걸어 나오며 정중하게 읍을 하고 예를 갖췄다. 그길로 그들은 일행을 숙소인 본서사(本誓寺)로 안내하겠다고 했다. 통신사행단이 가는 연도에는 구경나온 사람들이 구름처럼 모여있었다. 손을 흔들고 지르는 환호에서 그들의 진심을 읽을 수 있었다. 에도 사람들은 반갑게 맞아주었지만 말을 타고 14일 동안을 제대로 쉬지도 못하고 달려왔으니 환영도 귀찮을 정도였다. 피로를 참아

8. 별천지 오사카

가며 그들의 환호에 손을 흔들어 주었다.

오사카가 도요토미 히데요시(豊臣秀吉)의 본거지라면 에도는 도쿠가와 이에야스(德川家康)의 본거지다. 히데요시가 도쿠가와를 미카와에서 이곳 에도로 내쫓았을 당시만 해도 에도는 작은 성만 하나 있는 시골 촌구석에 불과했다. 그러나 히데요시가 죽고 난 이후, '세키가하라' 전투에서 승리한 도쿠가와는 일본 천하를 통일하고 이곳에다 자신의 막부(幕府)를 세웠던 것이다. 이른바 에도막부였다. 그런 뒤 도쿠가와는 이곳의 개발을 위해 도로를 넓히고 산을 개간하며 수로를 정비하는 등 많은 사업을 벌여나갔다.

그때부터 에도는 일본의 정치 중심지로 발전하게 되었다. 그러한 노력 끝에 에도는 명실상부한 수도의 모습을 갖춰나갔다. 시원시원하게 뻗은 도로나 잘 정비된 도심은 오사카나 교토보다는 훨씬 웅장하고 번화했다. 좌우의 상가에는 물건들이 가득가득 진열되어 있었다. 지남은 가게에 가득한 물건들을 유심히 살펴보았다. 놀랍게도 그 물건들은 다른 나라에서 무역을 통해 들어온 것들이 많이 있었다. 이들은 벌써 무역의 필요성을 알고 국제 무역을 하고 있었다.

관반왜의 안내로 통신사행단은 숙소인 본서사에 도착했다. 이 절은 도쿠가와가 직접 와서 기도를 하고 원을 세운 절로서 통신사가 오면 늘 이곳에서 머물렀다. 일본에서는 통신사가 오면 숙소를 대부분 큰 절에다 정해 주었다. 대마도에서는 본원사, 교토에서는 본국사에서 머물도록 했다. 본서사는 관백이 드나드는 절이었기 때문에 그 규모나 주변 환경이 다른 절과는 비교가 되지 않을 만큼 크고 화려했었다.

그날 밤 삼사는 본서사 별당, 삼당상은 청심원, 그리고 그 이하 사람들은 주변의 작은 집에 나누어 거처했다.

다음 날 아침(8월 22일) 빗속에 대마도주가 관백의 사자를 모시고 왔다. 내등좌경량(內藤左京亮)이라는 사람은 홍단령을 입고, 굴전축전수(掘田筑前守), 대구보가하수(大久保加賀守), 관백의 아들(儲君)의 사자 아부수후수(阿部守後守)라는 사람은 흑단령을 입고 있었다. 대마도주의 말에 의하면 어제 온 관반들보다 지위가 높은 사람들이라 했다. 벼슬이 높은 사람들이라는 말에 두 당상이 계단 아래까지 내려가 그들을 맞아들였다. 삼사도 조복을 갖춰 입고 대청의 기둥 밖에까지 나가 맞이하여 정당으로 안내하여 그들을 동쪽 좌석에 모셨다.

그들 중 홍단령을 입은 사신이 대마도주를 부르더니 관백의 인사말을 전하겠다고 하였다. 대마도주가 우리 쪽의 수역 변 승업에게 전하자 정사에게 통역해 주었다.

"수륙의 더운 길에 무사히 목적지에 이르렀으니 진실로 기쁘고 다행한 일입니다."

이제까지 관백의 인사말을 직접 듣는 것은 처음이었다. 윤 정사는 관백의 안부를 듣고 변 수역을 통해 감사의 말을 전했다.

"오는 길목마다 수륙의 여러 참(站)에서 극진히 접대하여 이미 무사히 여기에 왔는데 지금 또한 문안해 오니 감격을 이길 수 없습니다."

그러자 그 사자들은 고개를 끄덕이며 서로의 의사가 통했음을 이해하는 듯하였다.

그리고 정사는 그들에게 한양에서 가지고 온 인삼차를 대접했다. 그들은 차를 마시고 나서 역시 조선의 인삼차의 맛과 향은 천하에 으뜸이라고 치켜세웠다. 그들의 찬사에 정사는 인삼차를 다시 한 잔씩 권하며 임금의 친서인 국서(國書) 전달에 관한 날짜를 물었다.

"이제 국서를 전하는 일이 급하니 어느 날 하면 좋겠는가?"

"돌아가서 즉시 이 뜻을 관백에게 아뢰겠습니다."

선임 사자가 답했다. 그리고 그들은 자리에서 일어나 서로 헤어졌는데 이곳에서의 모든 의전에 관해서는 대마도주의 간곡한 사전 부탁이 있었기 때문에 삼사도 맞이할 때와 같이 두 번 읍하고 극진한 예를 갖춰 그들을 보냈다.

관백의 사자들이 다녀간 뒤 사흘간이나 지나도 아무런 소식이 없었다. 그러던 8월 26일 저녁 늦게, 대마도주와 관백 사자가 함께 와서 내일 갑자기 국서를 전하게 될 것이라고 했다. 하는 일이 마음에 들지는 않았지만 그들이 하자는 대로 따를 수밖에 없었다. 또한 정사는 하루라도 빨리 국서를 전해야 자신의 임무가 끝나는 것이기 때문에 쾌히 승낙하였다. 그러자 대마도주가 관백이 거처하는 궁 안의 이동경로와 국서를 전달하는 빙례(聘禮)의 절차를 꼼꼼하게 설명해 주었다.

9.

국서빙례의식

8월 27일, 드디어 임금님의 국서를 전달하는 날이 밝았다. 날씨는 쾌청했다.

5월 8일 한양을 떠나 3개월 21일 만이다. 윤 정사가 출발 준비를 하고 있었는데 대마도주와 두 관반왜가 걱정이 되었던지 아침 일찍 찾아왔다.

삼사는 금관 옥패의 조복(朝服, 임금을 알현할 때 입는 옷)을 차려입고 홀(笏)을 든 채 출발하기 위한 모든 군사의 의장을 갖추었다. 행렬의 맨 앞에는 청도기(靑道旗), 순시기(巡視旗), 영기(令旗)가 서고, 그다음에는 절월(節鉞), 독(纛), 대기(大旗)와 고취(鼓吹)가 말을 타고 있고, 그다음에는 사령과 소동까지 말을 타고 대기하고 있었다. 드디어 역사적인 조선 국왕의 국서 전달 행차를 알리는 북과 피리 소리가 본서사 경내에 울려 퍼지자 군관들이 융복(戎服) 차림으로 행차 대열을 인도했다. 정사와 부사, 종사관은 한양에서 가져온 평교자를 타고 국서를 모신 용정자를 앞세우고 행차를 시작했다. 그 뒤를 당상관은 왜국에서 제공하는 메는 가마를 타고, 당하관은 말을 타고 뒤따랐다. 통신사가 왜의 관백(關白)에게 조선의 국서를 전하는 의례는 두 나라 국왕의 자존심이 걸려있는 문제라 서로가 한 치의 소홀함도 없이 이루어졌다.

에도의 궁성에 도달하니 주위의 경계는 삼엄했다. 성은 외성, 중성, 내성, 3중의 9개의 문을 거쳐야 들어갈 수가 있었다. 통신사의 행차는 1, 2, 3, 4, 5문을 거칠 때까지는 북과 피리를 불면서 통신사의 행차를 축제처럼 알리며 들어갔다. 제6문에 이르러 당상관과 제술관과 양의가 견여에서 내리고, 제7문에 이르러 정사와 부사, 종사관도 가마에서 내렸다. 7문 앞에는 이미 걸어서 오라는 뜻으로 돗자리가 깔려있었다. 이때 성안에서의 안내는 성의 장로와 대마도주가 맡고 있었다.

제8문에서 용정자를 멈추고 수당상이 국서를 받들어 앞서고 그 뒤를 삼사신이 따랐다. 관백의 접견실은 외부청과 내부청 2중으로 되어있었는데 외부청에서 잠시 머문 뒤 내부청으로 들어가 북벽에 국서를 봉안하고 삼사신이 북향하여 나란히 앉았다.

잠시 뒤 일본의 5대 관백 도쿠가와 쓰나요시(德川康吉)가 일각오모(一角烏帽)의 검은색 어관을 쓰고 연노랑 저고리와 황금색 바지를 입고 큰 칼을 차고 정당의 삼단층으로 된 제일 높은 마루 위에 의자나 책상도 없이 겹으로 된 방석 위에 앉았다.

삼사와 거리도 두서너 칸이 되고 주렴과 비단으로 휘장을 쳐 관백이 앉은 전(殿) 안은 아른아른하여 관백의 얼굴은 제대로 볼 수도 없었다. 삼단의 각 층마다 높이가 상당해서 쉽게 접근할 수 없도록 되어있었다.

관백이 자리하고 난 뒤부터는 숨소리 하나 들리지 않았고, 엄숙하고 경건한 분위기 속에서 국서를 전달하는 빙례의식이 행해졌다.

변승업 수 당상이 국서를 받들고 들어가서 서향하여 꿇어앉으니, 대마도주가 나와 역시 꿇어앉아 국서를 받은 뒤 집정에게 넘겨주었다. 집정은 받은 국서를 관백의 오른쪽 앞에 두었다. 장관들이 나와 사행단의 예단을 받들고 들어와서 제2층의 마루 위에 놓았다. 해동청 새끼 매 10마리, 호랑이 가죽 15장, 표범 가죽 20장, 담비 가죽 20장, 대유자(大襦子) 20필, 대단자(大緞子) 10필, 색대사(色大紗) 20필, 백조포(白照布) 20필, 황조포(黃照布) 20필, 유포(油布) 30필, 인삼 50근이었다.

덕천가강이 조선의 매를 너무도 좋아하여 사신이 올 때마다 이 해동청을 보냈는데 이번에도 어린 매 새끼들을 보낸 것이다. 새끼 매들은 날개와 발이 묶여있었지만 초롱초롱한 눈매로 주위를 두리번거리고 있었다. 이어서 집정 두 사람이 대마도주에게 무슨 말을 전하니 도주는 삼사를 관백 앞으로 모시고 들어갔다. 삼사는 2층 단상 앞에서 네 번 절하고 나와 외당에 앉았다. 사신이 올 때마다 네 번 절하는 의식은 문제가 되었다. 관백은 일본의 실질적 최고 통치자이니 사배를 요구했다. 그러나 윤 정사는 관백은 일황이 아니니 세 번만 하겠다고 강하게 주장했다. 관백 앞에서 양측의 신경전이 불꽃을 튀겼다. 그러자 대마도주가 말하기를 조선의 국서를 앞에 모셔두었으니 국서에 행하는 예대로 사배를 요구하여 삼사는 사배를 하게 되었다.

삼사의 사배가 끝나자 관백이 근시를 시켜서 국서를 낭독하게 하였다.

대군에게 보내는 국서

조선 국왕 성·휘(姓·諱)는 글을 일본국 전하에게 올립니다. 근래에 사신의 왕래가 끊어졌는데 전하께서 나라의 큰 업을 능히 이어받아서 백성들을 어루만져 편안케 하여 아름다운 소문이 먼 곳까지 퍼짐을 그윽이 보오니, 몹시 기쁩니다. 그래서 사신을 보내어 하례하는 의식을 펴게 하는 바입니다. 이는 대개 옛날에 좋아하던 것을 돈후하게 맺고, 새 경사를 함께 즐기려는 것입니다. 보내는 변변치 못한 토산물은 작은 뜻을 표하는 것이오니, 오직 바라옵건대 넓은 마음으로 받아주시옵소서. 더욱 상서로움과 복을 받으시기 비오며 다 쓰지 못합니다.

근시의 낭독이 끝나자 관백이 말했다.

"수륙 먼 길을 오시느라 수고 많았소. 이렇게 많은 사신단이 와주니 참으로 고맙소."

라고 간단히 인사말을 하자 윤 정사가 답했다.

"우리나라 임금님께서 전하의 습직을 진심으로 축하한다는 말씀을 전하라고 하셨습니다."

그러자 관백은 다시 말했다.

"귀국 국왕께서 그렇게 축하해 주시니 참으로 고맙고 경사스럽습니다. 귀국하시면 만수무강하시길 빈다고 전하여 주시구려."

간단한 그 말을 남기고 관백은 자리를 떠났다. 관백이 자리를 뜨자 집정들이 근시를 데리고 예단과 폐백을 모두 걷어서 들어갔다.

이제 국서가 일본 관백에게 전달되었기 때문에 통신사 임무의 절반은 끝이 난 셈이다. 국서 전달 의식이 끝난 뒤 대마도주가 와서 곧 관백이 베푸는 연회가 열릴 것이라고 말했다.

연회석은 직위별로 세 군데에 마련되어 있었다. 삼사와 삼당상관, 중관 그리고 하관들의 연회석이 별도로 차려져 있었다. 그런데 삼사의 연회석에 관백의 모습이 보이지 않고 종신들과 집정들이 연회를 주관했다. 그 연회 역시 우리에 대한 예의로 그들은 공복을 입은 채로 서쪽에 앉고 삼사의 자리는 동편에 배치했다.

관백의 종실로 보이는 원로가 이렇게 먼 길을 마다치 않고 와준 통신사에게 고맙다는 인사를 하고 뒤이어 윤 정사의 답사가 있은 뒤 연회가 시작되었다.

잠시 뒤 일본식 풍악이 울리고 바닥에 질질 끌리는 알록달록한 긴 바지를 입고 수백 명이 한꺼번에 음식을 가지고 나왔는데 마른 전복을 가늘게 썬 음식 등이 나왔는데 별로 먹을 것은 없었다. 관백의 연회라고 하지만 볼 것도 먹을 것도 별다른 게 없고 공식적인 인사치레에 불과한 듯했다. 술이 석 잔씩 돌자 연회는 간단히 끝이 났다.

연회가 끝나고 삼사신이 돌아올 때는 다시 북과 피리를 불면서 왔는데 숙소로 돌아오니 벌써 날이 저물었다. 이것으로 통신사의 국서 전달 임무는 끝이 난 셈이었다.

조선천재와
일본신동의 시 대결

일전에 관백의 사자로 만났던 대구보가하수(大久保加賀守)가 대마도주와 함께 윤 정사의 숙소에 찾아왔다. 정사는 예를 갖춰 그들을 안으로 모셨다.

　"어인 일로 이렇게 산사에까지 어려운 걸음을 하셨습니까?"

　"이렇게 먼 타국에 와계시니 고생이 많으실 것 같아 문안도 드리고 또 청해 드릴 말씀도 있고 해서 찾아뵈었습니다."

　"우리나라 속담에 '집 떠나면 고생'이라는 말이 있습니다만 관백의 깊은 배려로 별 어려움은 없습니다."

　"청해 들릴 말씀은 다름이 아니옵고, 소인의 가신 중에 산전원흠(山田原欽)이란 젊은 시인이 한 사람 있는데 그 사람이 이번에 통신사로 오신 분들 중에는 시선들이 많이 있다고 들었다며 그분들을 한번 만나게 해달라는 부탁이 있어 감히 정사 나리를 찾아뵙게 되었습니다."

　"아니, 듣던 중 반가운 말씀이외다. 어디 글 잘하는 젊은 사람이 있는 모양이지요?"

　감히 조선의 대문사들에게 젊은 시인을 만나게 해달라는 말에 정사는 내심 긴장했다. 역대 통신사들이 왔을 때 우리의 제술관과 일본의 고승들이 서로 시를 주고받는 창화(唱和)가 관례처럼 있어왔다. 그렇기에 조선에서도 제술관이라 하여 특히 시에 능한 사람을 뽑아 보내고 있었다. 비록 조선이 군사력과 경제력은 일본보다 약하지만 시와 문화에 있어서는 자기네들보다 우수하다는 점을 이 창화를 통해서 과시해 오고 있었다. 그리고 실제에 있어서도 시에 관한 한 그들은 조선의 적수가 되지 못했다. 그런데 관백의 사자로 왔던 대구보가하수가 젊은 사람을 데리고 와서 기라성 같은 조선의 대문사들과 시 대결을 펼치겠다는 것은 예사로운 도전이 아니었다. 통신사가 올 때마다 높은 수준의 문장력을 과시하며 은근히 자기 나라를 얕잡아 보던 조선의 콧대를 이번에는 납작하게 만들어 줄 속셈이었다. 정사는 조금 염려가 되어 다시 물었다.

"근자에 귀국에도 시를 잘하는 신동이 나타난 모양이지요?"

"신동이랄 것까지는 없고, 다만 시를 좋아하는 젊은이가 조선의 시선들을 만나 뵙기를 소원하고 있어 감히 청을 드리는 것이옵니다."

그는 겸손하게 예를 갖추어 말했지만, '그래 어디 한번 붙어보자.'는 자신감 같은 것이 감춰져 있었다.

"우리 조선이야 숭문을 최고의 가치로 여기는 나라이니 시를 좋아하는 사람도 많고 시를 잘 짓는 사람도 많습니다. 그런데 문보다는 무를 숭상하는 귀국의 젊은이가 우리의 문인들을 만나겠다니 반가운 일이 아니겠소? 양국 간에 이러한 아름다운 교린이 자주 있으면 얼마나 좋겠습니까? 허면 그 사람을 언제쯤 데리고 오시렵니까?"

"허락해 주신다면 지정하는 날에 언제라도 데리고 오겠습니다."

"오! 그래요. 그러면 모레 오후에 신시경이면 어떻겠소?"

"아이구, 감사합니다. 그럼 그때 뵙도록 하겠습니다."

정사의 승낙으로 드디어 조선과 일본의 천재 시인들 간에 창화가 펼쳐지게 되었다. 말이 좋아 창화지 이것은 조선과 일본 간의 시 대결이요 조선사행단으로서는 조선이 일본보다 우수하다는 자존심이 걸려있는 문제였다.

대구보가하수가 돌아간 뒤 정사는 제술관인 성완, 종사관 박경후의 서기 이담령, 부사 이언강의 자제 군관으로 온 천하의 홍세태, 한학 대가 김

지남 등 조선 문사들을 총집합시켜 오늘에 있었던 이야기를 해주면서 준비하라고 지시했다.

8월 26일, 약속한 시간이 되자 대구보가하수가 몇 사람의 수하들과 함께 눈망울이 초롱초롱한 미색의 한 어린 소년을 데리고 나타났다. 우리 측에서는 너무 나이 어린 소년을 데리고 온 데 은근히 당황하였다. 소년은 너무 어려 조선 시인들의 자식뻘 정도밖에 되어 보이지 않아 우리 측 사람들은 어지간히 자존심이 상하는 표정이었다. 그러나 글이란 나이가 아니라 문재로 짜는 비단이기에 굳이 내색할 필요는 없었다.

우리 측에서도 정사를 비롯한 시에 관심이 있는 사람은 그 자리에 모두 모였다.

정사는 언제나 그랬듯이 귀한 손님이 오면 늘 우리의 인삼차를 대접했다. 인삼차가 한 순배 돌았다. 그 젊은 소년은 무릎을 꿇고 두 손을 공손히 맞잡고 자신을 소개했다. 이름은 산전원흠이며, 나이는 17살, 조선의 시선들 만나 뵙는 것이 소원이라고 밝혔다. 그러자 긴장된 분위기를 녹이는 박수 소리가 터져 나왔다.

소년은 미리 준비했던 마음속의 시를 화선지에 단숨에 써 내려갔다.

> 仙查驛馬載詩人 뗏목과 역마에 시인을 태우니
> 到處定知發興新 곳곳이 새로워짐을 알겠네
> 滄海白雲多少景 창해에 흰 구름 수없이 떠있는 풍경들
> 添裁錦繡學庭筠 명시를 마름질하는 온정균을 보는 듯

시를 보는 순간, 이담령은 깜짝 놀랐다. 부산에서 에도까지 올 때 대마도나 오사카, 교토 등에서 새로 본 풍경에 감탄해서 시를 지었는데 이 젊은

시인은 이담령의 그 시를 미리 구해서 읽고 그에 대한 준비를 해왔음을 알 수 있었다. 이담령에 대한 시가 나왔으니 당연히 답시로 그가 쓸 차례였다.

이담령이 소매를 걷고 붓끝에 먹을 듬뿍 찍어 화선지에 힘 있게 내려찍었다. 잉어가 꼬리를 치듯, 학이 날개를 휘젓듯 한번 먹이 다하기도 전에 일필로 완수하여 붓을 놓고 그 시를 앞으로 내밀었다.

> 天教壯觀屬詩人 하늘이 장관 속에 시인을 가르치고
> 特地風烟到底新 땅은 바람과 안개를 내려 새롭게 하네
> 虛館柂來驚客夢 빈집 손님 드는 소리에 꿈을 깨보니
> 枕邊寒韻立霜筠 베갯머리에 이는 서늘한 서릿대 소리더라

붓을 언제 들었으며 언제 놓았는지도 모르는 그 찰나에 시 한 수를 밀어놓자 그를 보고 있던 좌중들이 눈이 휘둥그레지며 말문이 막혔다. 그야말로 조선 최고의 문장들의 유감없는 실력에 그저 벙어리가 될 뿐이었다.

그를 보고 있던 그 소년은 뒤질세라 다시 붓을 잡고 시를 토해내기 시작했다. 그는 시를 쓰는 게 아니라 그저 흐르는 물 같고 흔들리는 나뭇잎같이 붓을 흔들어 댔다.

> 新詩入眼破吾愁 새로운 시를 보니 시름이 사라지네
> 料識雄深極學流 문장들의 깊이와 웅장함이 절정임을 알겠구나
> 燕石元非韜藉物 연석은 본래 도자에 어울리지 않았으니
> 連城白璧竟難酬 연성의 백옥을 감당키가 어렵구나

그는 나이가 어리다 해서 주눅 들거나 밀릴 기세는 전혀 아니었다. 다만

10. 조선천재와 일본신동의 시 대결

문선의 창화를 보고 있는 자신이나 이를 지켜보고만 있던 주위 사람들은 벙어리가 될 뿐이었다.

그때 조선 최고의 문장가의 한 사람으로 이름을 날리던 제술가 성완이 붓을 들었다. 세상에 보지 않은 책이 없고 읽지 않은 시가 없지만, 이 어린 시인의 시재에 감탄하여 그에 대한 호감을 보이는 한 편을 웃으며 넌지시 던진다.

> 添一蘭成射策年 난성의 사책에 하나가 덧붙여서
> 英姿雅望定詩仙 뛰어난 자태와 아름다운 풍채까지 그야말로 시선일세
> 十洲琪樹三山月 십주의 인재와 삼신산에 달 떴으니
> 與子端宜做百篇 그대와 더불어 백 편의 시 지으리라

성완이 붓을 놓자 홍세태가 넌지시 벼루를 당겼다. 조선의 천재 시인 홍세태가 붓을 잡자 숨을 멈춘 채 모든 시선은 그에게로 쏠렸다. 그는 붓을 잡고 지그시 감은 눈을 뜨더니 천길 벼랑을 쏟아지는 폭포수처럼 단숨에 한 수를 지어 좌중 앞으로 밀어놓는다.

> 異邦萍水眞奇會 이방으로 떠돌다가 참 기인 만났으니
> 詩句猶能}當說懷 시구로 품은 회포 마땅히 풀어야겠지
> 安得與君游汗漫 어찌하면 그대와 한가롭게 노닐면서
> 海山隨處詠樓臺 산수 어우러진 누대에서 시를 읊을 수 있을까

산전원흠은 홍세태의 시를 자기 앞으로 당기면서 음미하듯 목독을 하고 난 뒤 고개를 끄덕끄덕하였다. 윤 정사도, 대구보가하수도, 누구누구 할 것 없이 조선의 시선(詩仙)들 앞에 아무런 말도 못 하고 그저 놀라 꿀 먹은

벙어리가 되었다.

그들에게 시는 고뇌의 산물이 아니라 계곡에 흐르는 물이요, 준령을 넘는 구름이었다. 예로부터 절구(絶句)는 천재(天才)요 율시(律詩)는 노력(努力)이라 하지 않았던가. 이 자리에 모인 문사들의 절구에는 삼사도 관백의 사자도 젊은 신동도 모두 감탄할 뿐이었다.

이렇게 해서 양국의 최고 문장들의 한 판의 시 대결은 끝이 났지만 찰나에 번뜩이는 천재성만 확인했을 뿐 그 어떤 작품에도 평을 하지 않았다.

창화가 끝이 나자 대구보가하수가 고맙다는 인사를 하고 산전원흠은 자신은 조선에 들어가 공부를 좀 하고 싶다고 홍우재에게 말하고 돌아갔다.

며칠 뒤 산전원흠은 이별이 아쉬웠던지 또 한 편의 글을 보내왔다.

相見便相別 만나자 다시 곧 이별이라니
暫時入鶴群 잠시나마 학의 무리와 어울렸었네
何年重對面 언제 다시 만날지 몰라
好句故勸君 좋은 구절 애써 권하네
河漢同明月 황하와 한강에 뜬 달은 같고
東西共白雲 동서에 뜬 흰 구름도 같다네
良逢眞不再 좋은 만남 다시는 없을 것이지만
須想見雄文 훌륭한 문장들을 꼭 마주하고 싶구나

＊＊

집정이 알려준 9월 5일에 에도성 뒤뜰에서 막부 측에서 자신들이 개발한 신형 조총 시범을 보이겠다고 했다. 그러면서 그 전에 먼저 우리의 마상재를 시연했으면 좋겠다고 했다. 우리의 마상재는 문장가와 해동청 보라매 등과 함께 관백이 특히 주문한 사항이었다. 그래서 통신사가 올 때마다 빠지지 않는 항목이었다. 지남은 무극패들과 함께 마상재가 시연될 뒤뜰로 나갔다. 시연장에는 막부 귀족과 사무라이, 구경을 온 사람들로 발 디딜 틈이 없었다. 모여든 사람들의 소음으로 마치 무슨 동굴 안에 들어와 있는 기분이었다.

잠시 뒤 시연장 뒤편에서 사람들이 웅성거렸다. 일제히 사람들의 시선이 그쪽으로 쏠렸다. 중무장을 한 무사들이 길을 만들고 그 뒤를 따라 평복 차림을 한 관백이 원로들을 대동하고 나타났다. 자기가 원해서 보내왔으니 관백이 직접 나타난 것이었다. 관백이 상석에 앉고 난 후 드디어 마상재의 시연을 알리는 북소리가 힘차게 울려 퍼졌다.

철창으로 가려진 대기실에서 문이 열리자 한 마리의 붉은 적토마가 검붉은 갈퀴를 휘날리며 전속력으로 달려 나왔다. 말 위에는 사람이 보이지 않았다. 말이 시연장을 돌며 관백 앞에 다다랐을 때 갑자기 말 위에 한 사람이 나타나더니 부채를 들고 관백에게 절을 올렸다. 마상재 오순백이었다. 관백이 손을 들어 답했다. 그 순간, 사람들이 우레 같은 박수를 보냈다. 그때부터 말은 갑자기 앞발을 쳐들고 하늘로 뛰어오를 듯 솟구치면서 '휘이잉' 하고 자신의 존재를 알리더니 쏜살같이 바람을 가르고 내달렸다. 말이 시연장을 반 바퀴쯤 돌 때 순백은 다시 말 위에서 사라져 버렸다. 반대편에서 보니 순백은 오른쪽 오금을 안장에 걸고 몸을 왼쪽으로 떨어뜨린 상태에서, 말 왼쪽 옆구리에 거꾸로 매달려 있었다. 사람들이 또 한 번 환호하며 박수를 쳤다. 이 마술이 등리장신술(鐙裏 藏身術)이라며 박 수역이 설명을 덧붙였다.

징 소리가 다시 한번 울리자, 순백이 "이랴!"하고, 말채찍을 휘둘렀다. 말이 앞발로 땅을 두 번 긁더니 소리를 지르며 달리기 시작했다. 말의 속도가 워낙 빨라 시선이 따라가기가 바빴다. 그때 말이 갑자기 하늘로 뛰어올라 공중에서 몸을 꼬아 한 번 회전을 하였는데 순백은 간 곳 없고 빈 말만 달리고 있었다. 구경꾼들은 "아악!"하고 모두 비명을 질렀다. 순백은 낙마하여 나가떨어져 버리고 빈 말만 달리고 있었다. 관백도 놀라 그 자리에서 벌떡 일어나며 들고 있던 부채를 떨어뜨렸다. 얼른 집정이 부채를 주워 관백에게 주었다. 그런데 어느새 순백은 말 등에 앉아서 할랑할랑 합죽선을 부치고 있지 않은가. 구경꾼들은 이 믿기지 않는 마상술에 함성을 지르며 우레 같은 박수를 보냈다.

관백도 이 터무니없는 마상술에 어이없다는 듯 껄껄 웃으며 부채를 설렁설렁 부쳤다. 대마도주는 박 종사관에게 관백이 웃는 모습은 처음 봤다고 하며 고마워했다.

다음에는 쌍마술(雙馬術)을 보이겠다고 박 수역이 통역했다. 시연장 맞은편에서 형시정이 2필의 말을 몰고 대기하고 있었다.

그는 북소리와 함께 철문이 열리자 시정은 2필의 말고삐를 잡고 번개같이 달려 나왔다. 그는 달리는 말 잔등을 건너뛰면서 자유자재로 바꿔 타기도 하고 달리는 말에서 물구나무서서 말을 바꿔 타기도 하였다. 그런데 그만 실수를 하여 땅에 떨어지고 말았다. 놀란 사람들이 비명을 질렀다. 하지만 그의 손에는 길게 늘어진 말고삐가 쥐어져 있었다. 말고삐를 획 잡아당기며 그는 다시 말 엉덩이에 올라탔다. 순간적으로 일어난 일에 사람들은 자기 눈을 의심하였다. 원숭이도 저렇게 하지 못할 거라 했다.

쌍마술이 끝나자 다음에는 박 수역이 마지막 순서로 실전 마상기예를 선보이겠다고 하였다. 실전 마상술은 태조 이성계가 1632년 7월 함경도 홍원 전투에서 원나라 장수를 사로잡았던 마협장신(馬脇藏身)이라고 그 역사를 말한 다음, 우리 조선에서는 무과시험에서 정식 과목으로 선정되어 있어 조선의 무관들은 모두 이 마상전술에 능하다고 설명했다. 설명이 진행되는 동안 연병장에는 2필의 말이 일정한 거리에서 서로 마주 보고 창을 겨누고 있었다.

한쪽은 조선의 장수 또 다른 한쪽은 원의 장수 복장이었다. 이 기술이 태조 이성계가 전투에서 직접 사용했던 마상술이라고 하자 관중들은 더욱더 숨을 죽이며 바라보고 있었다.

대기실 양쪽에서 북소리가 동시에 울리자 서로 마주 보던 두 장수가 긴 창을 꼬나 쥐고 질풍같이 상대를 향해 달려들었다. 지척의 거리에서 원의 장수가 조선의 장수의 가슴을 향해 힘껏 창을 내던지자 창이 가슴을 뚫고 지나려는 찰나에 관백도 놀라 "다메!" 하는 외마디 비명 소리와 함께 조선의 장수가 말에서 사라져 버리고 빈 창만 허공을 향해 날아갔다. 그러나 말을 돌려 원의 장수 뒤에 붙은 조선의 장수 손에는 아직도 창이 들려있었다. 이 광경을 보고 있던 관백 이하 집정들이 일제히 일어나 박수를 쳤다.

마상재 시연이 끝났음을 알리자 관백은 두 마상재에게 은 50냥씩을 포상하고 자리를 떠났다.

마상재 시연이 끝나자 같은 장소에서 30여 명의 병사가 왜국 특유의 검은 전투복 차림으로 조총을 들고 줄지어 걸어 들어왔다. 다수의 무사가 총으로 무장을 한 채 연병장에 들어섰다. 그들은 연병장에 들어서더니 3열 횡대로 대형을 유지했다. 맨 앞줄은 무릎을 꿇고 쪼그린 자세이고, 두 번째 세 번째 열은 서있는 자세였다. 통역관이 나와 이 대형은 왜군이 국내

외의 실전에서 전투를 벌일 때 갖추는 전투대형이라 했다. 그 말은 곧 임진왜란 때 자신들이 우리 조선을 침략할 때 사용했던 실전 조총술이라는 뜻이었다. 그 순간 지남은 한순간도 눈을 뗄 수가 없었다.

잠시 뒤 100여 보 앞에는 말을 타고 칼과 활로 무장한 형상의 목표물이 늘어섰다.

지남은 그 목표물이 곧 조선의 군사들이라고 생각되었다. 왜장의 사격명령에 따라 사격이 가해졌다. 맨 앞줄이 일제히 사격을 가하자 목표물이 바람 앞의 풀잎처럼 쓰러졌고, 두 번째 사격명령이 떨어지자 총을 쏜 제1선의 사수들은 제2선 뒤로 돌아가고, 두 번째 줄의 사수들이 제일 앞으로 나가 일제히 사격을 가했다. 이렇게 앞줄과 뒷줄이 줄을 바꿔가며 사격을 가하자 앞에 있던 목표물은 짙은 화약 연기 속에서 일제히 사라지고 없었다. 그들의 조총 시범은 순식간에 끝이 났다.

조금 전 마상재의 평화롭던 축제의 분위기는 삽시간에 살벌한 전투장으로 변했다. 고막이 찢어지는 듯한 총성과 뿌연 화약 연기에 사람들은 숨이 막히고 기침이 나왔다. 신형 조총은 실탄의 장전 속도가 임란 때 쓰던 것보다 훨씬 빠르고 사정거리도 훨씬 길었다.

그들의 조총 시범은 조선통신사들에 대한 일종의 무력시위였다. 다시 말해 자기네들은 조선보다 훨씬 무력이 강한 나라이니 통신사도 보내라 하면 즉시 보내고 무역항도 개방하라면 알아서 개방하라는 무언의 압력이었다. 자기들의 요구사항을 거절하면 저 사격의 목표물 같은 신세가 된다는 것이다. 그들의 조총 시범은 무섭고 위력적이었다.

'그래, 지금 너희들의 조총 시범이 전하는 말이 맞다. 비록 우리 통신사들이 공맹을 앞세우고 시(詩)를 뽐내지만 실제로는 아무런 힘도 없다. 하

루빨리 화약과 총을 우리 손으로 만들어 스스로를 지킬 수 있는 나라를 만들어야 한다.'

지남은 혼자 생각에 젖었다.

11.

요시와라(吉原)

9월 5일, 술병이 떡뫼 방을 찾아왔다. 그곳에는 이미 갓마흔이 먼저 와서 놀고 있었다.

"성님들 뭐 하십니꺼? 이제 할 일도 없는데 우리 놀러나 가요."

"어디 갈 데가 있어?"

"저도 들은 이야긴데 여기서 조금만 나가면 쥑이는 데가 있다고 하던데요."

"거기가 어딘데?"

"요시오란가 요시와란가 왜놈 말은 들어도 무슨 말인지 알 수가 없으니, 하여튼 반 쥐긴답니다요."

그러자 갓마흔도 맞장구를 쳤다.

"그래, 술병이 네 말이 맞다. 나도 이쪽 말은 들어도 헷갈려서 도저히 기억할 수가 없더라고."

"지난번 오사카의 쪼까마신가 조카마친가 거기보다 훨씬 좋답니다."

그러자 떡뫼가 물었다.

"그래. 헷갈리는 건 헷갈리는 거고, 거긴 누구랑 가냐?"

"속닥하게 우리 셋만 갑시더."

술병은 자기네 셋만 가자고 했지만 지남의 허락 없이 자기들끼리만 몰려다니는 것은 엄격히 금지되어 있었다. 지남의 허락을 받아야 했다. 갓마흔이 지남을 만나보고 오겠다며 자리를 박차고 나갔다. 그러나 뜻밖에 지남은 요시와라에 대해 훤히 알고 있었고 그곳을 간다고 하니 무극패 전부가 같이 가야 한다고 했다. 종사관의 승낙을 얻어 지남은 무극패를 이끌고 요시와라 구경에 나섰다.

9월이 되었지만 아직은 늦더위가 기승을 부리고 있었다. 바람 한 점 없이 내리쬐는 햇빛이 온몸을 땀에 젖게 했다. 요시와라는 숙소에서 상당히 떨어진 외진 곳에 있었다. 멀리서 보니 주변에는 푸른 갈대밭이 무성했는데 그 속에 일단의 집들이 높은 담장으로 둘러싸여 있었다. 그곳이 점점 가까워지자 길은 넓어졌고 그곳으로 향하는 사람들도 많았다. 서양인들과 체두변발을 한 청나라 사람들도 보이고, 화려한 비단옷을 입은 귀족 왜인들, 심지어는 검은 피부에 곱슬머리도 있었다. 간간이 갓을 쓰고 하얀 두루마기를 입은 조선상인들도 있어 그야말로 국제 인종 전시장 같은 분위기였다.

입구에 들어서니 거리는 깨끗하게 정돈되어 있었다. 주변에 늘어선 점포들 또한 너무도 깨끗하고 화려해서 놀랄 지경이었다. 찻집이며, 옷 가게며, 여인들의 머리를 손질하는 머리방이 있는가 하면, 가부키(일본 전통 가무극)를 공연하는 극장 등 그야말로 없는 게 없는 화려한 번화가였다. 호기심이 발동한 지남은 상상치도 못했던 이런 진풍경을 보면서 한양의 종로 거리나 칠패 장터를 생각하며 꼼꼼히 구석구석을 살피고 다녔다.

여기에도 우키요예 그림집이 있었는데 그 옆에는 크게 문을 연 고려인삼 점포가 있었다. 지남은 반가워 무극패를 데리고 점포 안으로 들어갔다. 주인이 지남의 일행을 보자 단박에 조선인임을 알아보고 반갑게 맞이했다.

"아이구, 나리님들! 어서 오십시오, 일전에 통신사 나리들이 오셨다는 소문을 들었지만 여기까지 오실 줄은 몰랐는데 어서 오십시오. 너무도 반갑습니다."

"조선말 하는 걸 보니 주인장도 조선인 같은데."

"아이구! 그럼은요, 그러니까 인삼 장사를 하지요. 저는 강병수라고 합니다."

"언제부터 이곳에 오게 되었는가? 점포가 아주 크고 훌륭한데!"

"그 이야기는 너무 깁니다요, 임진왜란 때 일이니깐요. 일단 이리로 앉으시고 차나 한잔 드시지요."

주인장은 의자를 사람 수에 맞춰 내다 놓았다.

"왜인들도 우리 인삼을 좋아하는가?"

"아이구, 그럼은요, 아주 비싼 값에 거래되고 있습니다."

지남이 강병수에게 자꾸만 말을 물고 들어가는 것은 유황의 확보를 염두에 두고 있었기 때문이었다.

"그러면 이곳에 물건은 누가 대는가?"

"아, 그거야 래상과 왜상 등 거래선이 있습죠? 조선이 거리가 멀어 그렇지 가지고 오기만 하면야 파는 것은 걱정 없습니다."

그러자 떡뫼가 힐끗 지남의 눈치를 한번 보더니 약간 말을 머뭇거리며 끼어들었다.

"실은 나도 조금 가져온 게 있는데 한번 볼래요?"

"어디 한번 봅시다. 장사치가 물건 마다할 수 있습니까?"

그러자 떡뫼가 허리춤에 감았던 보에서 약간의 백삼을 내놓으며 말했다.

"자네들도 다 있잖아. 한번 내놓아 봐, 괜찮아."

그러자 무극패들이 허리춤에 차고 있던 보따리에서, 혹은 바지 안주머니에서 너도나도 서너 개씩을 내놓았다. 그리고는 지남의 눈치를 슬슬 보았다. 지남은 그 안타까운 순간을 보며 애써 모른 척 딴전을 피우며 외면했다. 항간에는 사신을 한 번 갔다 오면 팔자를 고친다는 말이 널리 퍼져 있었는데 죽음을 무릅쓰고 이곳까지 와서 내놓는 게 겨우 백삼 몇 뿌리니 그들이 안쓰러웠다. 그래도 이곳에 오면서 다문 인삼 몇 뿌리라도 챙겨온 그들이 대견하였다. 지남은 오히려 주인장에게 용돈이라도 되게 잘 매겨 달라고 부탁했다.

강병수는 인삼을 요리조리 돌려가며 훑어본 다음 손에 들고 하나씩 흔들어 그 무게를 재보았다. 그리고 어떤 것은 손톱으로 꾹꾹 눌러보기도 하고 어떤 것은 송곳니로 깨물어 보기도 하였다. 그러더니 그가 입을 열었다.

"역시 조선에서 물 건너오는 물건들은 건조도 잘되어 있고, 그 때깔도 좋은데 뇌두를 보니 4년 근인데 중품은 됩니다. 큰 것은 하나, 작은 것은 두 뿌리에 한 냥으로 해서 올리겠습니다."

"에끼 이보슈, 이게 그 값이라면 나는 못 팔겠네."

갓마흔이 다시 자기 것을 주섬주섬 챙겨 넣으니 그 정도면 험한 값은 아니니 주인장 말대로 쳐서 받으라고 지남이 명령하듯 말했다. 지남의 말 한 마디에 다들 입도 뻥긋 못 하고 가지고 온 인삼은 전부 돈으로 샀다. 결제가 끝나자 주인장이 인삼차를 내놓으며 말했다. 자기가 이곳 요시와라에서 장사를 오래 하다 보니 이곳에 대해서는 잘 안다며 대충 소개를 한 다음 내부구경을 시켜주겠다고 하였다. 다들 강병수의 설명에 귀를 기울였다.

***

"이곳 요시와라에는 약 2,000여 명의 유녀가 있는데 교토의 도원(島原)이나 대판의 신정(新町)보다 규모도 더 크고 유녀들의 수준도 훨씬 높은 편입니다. 이곳에 유곽이 생긴 것은 도쿠가와가 에도에 새로운 도시를 만들기 위해 대규모 토목공사를 하게 되자 인부들을 따라온 여성들이 모이면서 생긴 게 그 유래입니다. 저기 저 앞에 보이는 게 정문인데, 그 중앙은 오오미세라 하여 고급 유녀인 오이란(花魁)들이 있고, 그 주변으로는 하리미세라 하여 격자창(格子窓) 안에 코우시 급의 유녀들이 앉아서 손님들을 불러들이고, 서른이 넘은 늙은 유녀나 성병이 걸린 유녀들은 살길이 없어 길거리에서 담요 하나를 가지고 몸을 팔고 있습니다.

　이곳의 오오미세에는 고관들과 무사들이 자주 들릴 정도로 유명한 곳입니다. 지금의 관백도 자리를 물려받기 전에는 이곳에 자주 왔었고요, 관백을 물려받고도 그 습관을 바꾸지 못했습니다."
　"조금 전에 뭐라고 했는가? 관백이 되고도 여길 왔었다고?"
　하고 지남이 물었다.
　"그럼은요, 그는 아주 난봉꾼이었습니다. 자리를 물려받고 난 뒤에 사냥을 갔다 오다 한 무사(武士) 집에 들렀는데, 무사의 여인이 붉은 비단에 고급 향을 피워놓고 그 안에 있었답니다. 그런데 그 여인이 어찌나 아름다웠던지 무사를 귀양 보내고 그 여인을 궁으로 빼앗아 갔다는 것 아닙니까?"
　"무슨 죄목으로 유배를 보냈나?"
　"그 무사가 사치스러운 생활을 했다는 것입니다. 그 여인이 이곳 오이란 출신이었는데요, 그 뒤로 백성들이 관백을 따르지 않습니다."
　"그것참, 듣던 중 재미있는 이야기이구먼."
　"꼭 그런 것만은 아닙니다. 이곳에 있는 유녀들을 대부분 10대에서 나이가 많으면 20대 후반의 어린 처녀들입니다. 그중에는 임진왜란 때 끌려온 우리 조선 피로인의 후예들도 많습니다."
　유녀들의 나이가 대부분 10대에서 많아야 20대 후반이라는 소리에 기대에 부풀던 그들은 그중에 우리 조선의 후예들도 많다는 소리에 심히 놀라는 표정이었다.

"그래서 소인은 그곳에 잘 가지를 않습니다."

그 말을 듣고 있던 지남은 놀라 정신이 번쩍 들었다. 임진왜란 때 끌려온 우리 백성의 후예들이 이곳에서 유녀 생활을 하고 있다면 그것은 분명히 임진왜란이 끝난 것이 아니었다. 풀 한 포기 의지할 곳 없는 이곳에서 100년이 지난 지금에도 약체 민족의 비극적 운명을 벗어나지 못하고 있으니 과연 그들은 무엇으로 살아가고 있었을까? 전장(戰場)이란 죽음의 영광이 있는 곳엔 산 자의 부끄러움이 있고, 전쟁(戰爭)의 고통이 있는 곳엔 산 자들의 차별이 있어서는 안 된다. 지남은 보이지 않는 그녀들의 몸부림이 너무도 눈에 선했다. 강병수의 이야기는 지남의 관심 속에 계속 이어져 나갔다.

"그렇다 하여 소인은 이 현실을 외면도 도피도 하지 않습니다. 그것은 오로지 민족의 자존심이라는 것 때문이었지요. 약한 자가 죽는 것은 섭리로 받아들여지는 세상, 나라가 망하면 그 비극은 고스란히 어린 아기들과 여자들 몫이지요.

그러나 삶은 다양해서 꺾어진 가지에서 새싹이 나듯이 이곳에서 오이란이란 고급 유녀가 되어 이 바닥에서의 큰 명성을 얻는 조선 여인들도 있습니다. 그녀들의 몸값은 어마어마해서 큰 사업을 하는 사람이 아니면 감히 넘볼 수도 없습니다. 그런데 이곳의 문제점은 성병입니다. 너무 극심해서 하루에도 몇 명씩 계속 죽어나가고 있습니다. 이곳에서 유녀와 관계를 하면 매우 위험합니다. 성병에 한번 걸리면 약도 없고 치료도 할 수 없어 그냥 죽어야 됩니다. 잠시 뒤 그곳에 가보시게 되겠지만 지금도 가면 스무 살 안팎의 꽃다운 유녀들의 시체가 수북이 쌓여있기도 합니다."

강병수의 말에 지남은 또 한 번 놀랐다. 그의 말대로라면 조선의 유녀들도 성병으로 수없이 죽어나간다는 말이었다. 그 말을 듣고 있던 뜨거운 사내 갓마흔이 물었다.

"그러면 어떡하든지 이 성병을 잡아야지 그걸 그대로 두면 어떡하겠다는 겁니까요?"

"그러나 지금으로서는 약이 없습니다. 지금도 성병이 날로 퍼져 일반 가정의 부녀자들은 물론이고 막부의 귀족 자제들도 감염되어 큰 사회문제가 되고 있습니다. 막부에서도 이미 잘 알고 있으면서도 어찌할 도리가 없어 손을 못 쓰고 있습니다."

그때 지남은 "일본은 유황을 법제화(法製化)할 줄 몰라 성병이 유행한다."는 말이 번개처럼 떠올랐다. 어쩌면 '만연되어 있는 성병'에서 유황을 얻는 길잡이가 될 수 있다는 생각이 들었다. 이곳에 올 때 셋이나 있는 의원들을 함께 데려오지 못한 것을 아쉬워했다. 그러나 강병수의 이어지는 말을 끝까지 들어볼 요량이었다.

그러나 술병의 생각은 지남과 전혀 달랐다. 그는 오직 이곳에서 성관계를 하면 위험하다는 강병수의 말에 크게 실망한 듯 말을 가로막았다.

"에이, 그것 한다고 다 걸립니까요? 재수 없는 인간이나 걸리지, 우리는 그런 거 아무리 해도 관계없습니다요."

"그래, 그래, 맞아! 우리같이 막사는 놈들은 그런 거 신경 안 써."

떡뫼가 맞장구를 쳤다.

그러자 명희가 겁을 주며 나섰다.

"앗따! 성님도 꽤나 밝힙니다요이, 그거 매독 한번 걸려불면 거기서 고름 질질 새고 코도 문드러져 떨어져 나가분께 알아들 허시오."

"명희 말이 옳아! 이곳에서 국제 매독이나 임질에 걸리면 약도 없어, 그냥 죽어야 돼, 용기 있으면 가서 해봐!"

하고 지남이 한마디 하자 모두 벙어리가 되어버렸다.

"그럼 소인이 지금부터 이곳의 안내를 해 올리겠습니다."

라고 하며 강병수가 지남 일행을 유곽 안으로 안내했다.

지남은 차마 들어가기 망설여졌지만 수하들만 들여보내기가 불안해서 함께 따라 들어갔다. 요시와라 정문에 들어서니 중앙에는 넓은 중앙통로가 있고 그 가운데 '오이란'이란 최고급 유녀들이 거처하는 오오미세가 있고 양옆으로는 가시죠로라는 하급 유녀들이 가로세로로 엮어진 격자창 안에서 인형처럼 나란히 앉아있었다.

그녀들은 나이가 대개 10대나 20대 초반으로 앳돼 보였으나 얼굴에는 하얀 분칠을 하고 이빨에는 검은 칠을 하여 가끔 웃을 때 보기가 흉했다. 날씨가 무더운 탓에 상의는 거의 걸치지 않았고 아랫도리만 아슬아슬하게 가렸는데 전부 꽃이 수놓아진 비단옷을 입고 있었다. 손님들이 창 앞을 지날 때에는 그 하얀 손과 어린 미소로 유혹을 했다. 무극패는 그 앞을 지나며 같이 손을 흔들고 눈을 떼지 못했다. 허나 지남의 엄명이 무서워 이러지도 저러지도 못하고 딱한 신세가 되어있었다.

***

무극패 일행은 이곳저곳을 두리번거리며 구경하느라 정신이 없었다. 강병수가 말했다.

"오늘 '문어공연'이 있는 날인데 한번 보시겠습니까?"

"문어공연이라니 그게 무슨 말인가?"

"이곳의 특별한 공연인데, 이 공연이 있는 날은 가부키 극장에는 손님이 없을 정도입니다.

"그래, 그럼 우리도 한번 가보세."

하지만 떡뫼가 반대를 하고 나섰다.

"나으리, 우리가 여기까지 와서 한가롭게 문어를 왜 봅니까. 문어 한두 번 봤습니까?"

"이게 그런 문어가 아닙니다. 좀 특수한 문업니다."

"문어가 다 똑같지 왜 국 문어라고 다를 게 뭐가 있어?"

"그렇지 않다니까요. 보지 않으면 절대 알 수가 없는 문어이니 소인의 말씀을 한번 따라보시지요. 결코 후회하시지는 않을 겝니다."

"그래 그럼 다 같이 한번 보는 걸로 하겠네."

지남이 매듭을 짓자 모두 공연장 안으로 들어갔다. 그곳에는 이미 많은 사람이 자리해 빈자리라고는 맨 끝에 몇 개가 남아있을 뿐이었다. 관람객 수가 이 공연의 인기도를 말해주고 있었다. 잠시 뒤 공연이 시작되었다.

비단으로 둘러싸인 화려한 무대 한복판에서 커다란 욕실 같은 수조가 있고 그 안에는 대왕문어 한 마리가 유유히 헤엄을 치고 다녔다. 잠시 뒤 한 유녀가 화려한 비단옷을 입고 들어오더니 옷을 하나씩 벗기 시작했다. 그리고 아슬아슬한 속옷 하나만 걸치고 물속으로 들어갔다. 그러자 대왕문어는 그녀를 기다렸다는 듯이 주위를 빙빙 돌며 서서히 접근했다. 문어의 몸집은 그녀보다 오히려 컸고 발의 굵기도 그녀의 팔뚝보다 훨씬 굵었다. 유녀가 물속에서 몸에 물을 찍어 몸을 적시자 문어는 그녀에게 서서히 접근하며 긴 다리로 그녀를 툭 치고 가기도 하고 다리를 감쌌다 풀어주기도 하였다. 유녀는 문어의 머리를 쓰다듬으며 감싸고 품에 안았다 입 맞추기도 하며 문어에게 접근하자 문어는 그녀의 등 뒤에서 허리를 서서히 조이기 시작했다. 유녀는 간지럽다는 듯이 문어의 발을 밀치자 이번에는 그녀 앞으로 다가와 굵은 다리로 유녀의 허리를 감고 서너 개의 다른 발로는 그녀의 등을 계속 매끄럽게 쓸어내렸다. 드디어 그녀는 그 속옷마저 벗어 던졌다. 그리고 유녀와 문어의 애무가 한동안 계속되더니 그녀의 몸뚱어리는 꼼짝없이 대왕문어의 사랑의 포로가 되어버린 듯했다. 문어의 다리는 그녀의 온몸을 입 맞추듯 쪽쪽 소리가 나도록 빨아 당기더니 그녀의 가

습까지 빨아대기 시작했다. 그러자 그녀는 물속에서 문어를 안고 돌며 요동을 쳤고 수조는 격랑으로 소용돌이치며 물이 수조 밖으로 튀어나오기까지 했다. 그러한 몸부림이 끊임없이 한동안 이어지더니 드디어 문어가 그녀의 온몸을 꼼짝 못 하게 조이고 나서 그녀의 아랫도리 공격을 하자 그녀는 가느다란 교성을 내기 시작했다. 그러자 문어는 그녀를 더 격렬하게 감싸고 흔들어 댔다. 그러자 유녀는 더 이상 버티지 못하겠다는 듯이 "아~ 아! 으윽!" 하고 쾌락의 몸부림을 치면서 고개를 뒤로 젖혔다가 앞으로 수그리기도 하며 문어를 으스러지도록 끌어안았다. 그 순간 문어도 쾌락의 절정에서 오는 위기감을 느꼈는지 검은 먹물을 내뿜으며 그녀를 안고 어두운 먹물 속으로 사라져 버렸다.

문어가 종적을 감추는 때를 같이하여 모든 불이 다 꺼져버리고 공연이 막을 내렸다. 공연이 끝나자 이를 보고 있던 사내들은 도저히 참을 수가 없다는 듯이 유녀들을 하나씩 데리고 각자의 방으로 달려갔다. 무극패들도 내일 무슨 일이 있더라도 지금 당장 참을 수가 없다며 각자 행동에 들어가 버렸다. 지남도 어쩔 수 없이 수하들이 나올 때까지 강 병수와 정문에서 서성이며 그들을 기다리고 있었다. 지남이 지금 보니까 '문어공연'의 간판이 정문 옆에 크게 2개나 걸려있었다.

그 간판 옆에는 여인들의 머리 장식품과 노리개를 파는 가게가 있었다. 지남은 강병수를 데리고 그 점포 안으로 들어갔다. 머리 장식품은 조선 여인들에게는 너무 생소한 것들뿐이어서 비단으로 엮은 노리개를 2개를 집고 값을 물으니, 강병수는 그것은 값이 싼 것들이니까 자기가 선물로 사드리겠다며 돈을 먼저 지급했다. 지남이 가게를 나와 기다린 지 1시간이 지난 뒤에야 얼굴이 벌겋게 달아오르고 상투가 흐트러진 채 한둘씩 허겁지겁 달려오더니 짤내미를 끝으로 모두 모였다.

***

　강병수는 지남에게 꼭 보여드릴 곳이 한 곳 더 있다며 그곳으로 안내했다. 지남과 무극패는 강병수를 따라 요시와라 뒤편 갈대밭을 지나 작은 강 위에 놓인 다리를 건너 산사로 향했다. 절 앞에 당도하니 입구에는 높은 당주가 2개 서있고 그 옆의 바위에는 정한사(淨閑寺)라는 붉은 글씨가 박혀있었다. 그때 강병수는 지남의 손을 끌며 거적이 덮혀져 있는 한 곳으로 갔다. 무언가 시체 썩는 냄새가 코를 들 수 없게 만들었다. 강병수는 한 손으로 코를 막고 다른 손으로 거적을 들쳤다. 그 속에는 죽어있는 유녀들의 시신이 셋이나 나란히 놓여있었다. 그들은 죽어서도 유녀답게 나란히 누워있었다. 그러나 강병수는 한 시신을 발견하고는 그 앞에 묵도를 했다.

　"나으리, 이 아이가 어제 죽은 조선인 김영애란 유녀입니다. 어제 그녀가 죽었다는 기별을 받고 오늘 나으리가 이곳에 오시지 않아도 소인은 혼자 오려고 하고 있었습니다. 올해 나이 스물인데 얼굴도 예쁘고 춤도 잘 추며 시를 잘 짓기로 유명한 요시와라 최고의 오이란이었습니다. 그렇지만 신분이 조선인이다 보니 아무도 찾아오는 이도 없고 저렇게 거적때기 밑에 버려져 있습니다."

　"죽은 사람을 묻어주든지 해야지 저렇게 야산에 버려두는 법이 어디 있는가?"

　지남이 물었다.

　"이곳은 성병으로 유녀들이 하루에도 몇 사람씩 죽어 나오기 때문에 매일은 못하고 며칠에 한 번씩 모아서 절에서 화장처리를 해줍니다. 그분들이 아무런 대가도 받지 않고 화장처리를 해주니 참으로 고맙지요."

　라며 김영애에 대해 들은 대략의 이야기를 전했다.

그녀는 조선 피로인의 3세로 어려서부터 남의 집 종살이를 하였다. 그런데 얼굴도 예쁘고 몸맵시도 좋아 주인이 돈 욕심에 아홉 살이 되던 해에 유녀로 팔아버린 것이었다. 그녀는 워낙 얼굴이 예쁘고 총명해서 그곳 생활에 잘 적응했고 남보다 훨씬 빨리 오이란에 올랐다. 그녀가 오이란에 오른 뒤, 그녀의 명성이 에도 전역에 퍼지자 막부 권력자나 재력가들로부터 많은 사랑을 받게 되었다. 그로 인해 많은 돈을 갖게 되었지만 그만 모진 성병에 걸리고 말았다. 그녀는 아프기 전부터 자신의 재산으로 가난한 조선인은 물론 요시와라에 들어온 어린 조선 유녀들을 돌보아 이곳에서는 조선 유녀 대모라는 칭송을 받았다. 하지만 불행하게도, 그녀는 성병을 이겨내지 못하고 어제 운명을 달리한 것이었다.

절에서 내려오니 해가 서산에 걸렸다. 저녁노을이 서쪽 하늘을 붉게 물들이고 있었다. 지남은 요시와라가 멀리 보이는 강가에 앉았다.

"그럼 절에서는 저 시신을 어떻게 처리하는가?"

"며칠에 한 번씩 모아서 태운 다음 바람에 흩어버리거나 이 아래 강물에 뿌려버립니다. 아마 이삼일 내로 김영애도 한 줌의 재가 되어 이 강물에 뿌려질 것입니다."

지남은 흐르는 강물에 시선을 주고 있었다. 굽이쳐 흐르는 강물이 인생이었다. 그녀가 조선의 후예가 아니거나, 차라리 얼굴이 예쁘지 않았다면 어떤 삶을 살고 있을까. 상념에 잠겨있던 지남을 깨운 것은 강병수의 원망 같은 질문이었다.

"나으리, 나라가 못살고 힘이 약하면 백성들이 이 지경이 되는 꼴을 눈으로 보셨지요? 만약에 김영애 같은 소녀가 이곳에 끌려오지 않았다면 조선 땅에서 얼마나 행복한 삶을 살았겠습니까?"

강병수의 말은 녹을 받고 있는 자신에 대한 원망으로 들렸다. 지남은 대꾸할 말이 없었다.

그는 다시 통신사에 대한 이야기를 했다.

"몇 년 전에도 관백 습직 때 통신사가 다녀간 적이 있습니다. 그때 왜의 관리들은 무슨 말을 하고 다녔는지 모르시지요? 그들은 통신사 앞에서는 아주 귀한 손님으로 모시는 척하지만 뒤에서는 완전히 딴소리를 하고 돌아다닙니다. 조선은 아주 못살고 힘도 없는 나라라서 자기들이 통신사를 요구하면 무조건 보내야 한다. 만약 그렇지 않으면 조선은 한 달이면 끝장이 난다고 떠들고 다닙니다. 이곳에서 조선인으로 살면서 그런 소리를 들으면 피가 거꾸로 솟아오릅니다."

강병수는 조선인으로 살면서 당하는 모욕감을 한풀이라도 하듯 지남에게 속내를 털어놓았다.

"사실 나도 같은 생각이지만 나라의 운명이 어찌 개인 한두 사람의 의지로 바뀌겠는가? 내 곧 귀국하면 이런 실상을 꼭 조정에 상신토록 하겠네."

"나으리, 소인이 함부로 입을 놀린 부분이 있다면 아량으로 용서하여 주십시오."

"아닐세, 나도 나라의 녹을 먹는 한 사람으로서 부끄럽기 짝이 없네. 이제 오늘은 이만하고 내려감세."

지남과 무극패는 강병수를 따라 다리를 건너기 시작했다. 그는 강을 건너며 말했다.

"나으리, 이 다리가 유녀들이 마지막 안식처로 가는 길입니다. 그녀들 사이에는 '살아서는 고해(苦海), 죽어서는 죠칸지(淨閑寺)'라는 말이 있습니다. 유녀는 죽어서 이 강을 건너 정한사로 가야 비로소 행복해진다는 말입니다."

심경이 너무 복잡한 지남은 듣기만 하고 묵묵부답으로 일관했다.

그는 지남의 일행을 다시 자신의 점포로 안내하여 인삼차를 대접했다.

"이번에 온 통신사 일행 중에는 성병을 전문적으로 다스리는 의원이 있으니 조선의 유녀들 중 치료가 필요한 사람은 연락해서 본원사로 데려오도록 하게. 그러면 내가 알아서 조치하도록 하겠네."

"아이구, 나으리, 그 말씀은 부처님 목소리 같습니다요. 그렇게 할 터이니 꼭 좀 도와주십시오."

지남은 강병수와 약조하고 어두워서야 숙소로 돌아왔다.

***

요시와라를 다녀온 그 뒷날(9월 6일) 오후였다. 강병수가 하얀 무명 한복을 입은 두 여인을 데리고 지남을 찾아왔다. 그들은 누구이며 무슨 일로 왔는지 지남은 한눈에 알아차렸다. 지남은 변 수역을 거쳐 그들을 박 종사관에게 데리고 갔다. 그들의 처지를 들은 종사관은 곧바로 윤 정사 앞으로 데리고 갔다. 강병수는 정사 앞에서 큰절을 올리고 무릎을 꿇고 앉아 그들을 데리고 온 까닭을 말했다.

"그러면 그 유곽에는 조선 여인의 환자가 얼마나 있는가?"

"그 수를 다 알지는 못합니다만, 적어도 수십 명은 될 것 같습니다."

그 말을 들은 윤 정사는 부사와 삼당상 및 정두준, 이수빈, 주백 등 세 의원을 즉시 불렀다.

"모두들 들으시오! 앞으로 나는 이곳에서 상당 기간 더 머물게 될 것 같으니 그동안에 조선 여인들을 불러서 치료할 수 있는 사람은 모두 치료하여 주시오. 그리고 세 의원은 당장 이 두 여인을 살펴보고 그들의 병이 나을 수 있도록 성의를 다해야 할 것이오."

그러자 두 여인은 그 자리에 엎드려 정사에게 절을 올린 뒤 얼굴을 가리

11. 요시와라(吉原)

고 울기 시작했다.

"나으리, 불쌍한 저희들을 살려주십시오. 그리고 저희들을 조선으로 데려가 주십시오."

그녀는 성병 치료를 받으러 왔다가 아예 자신들을 조선으로 데려가 달라고 울부짖었다. 그러나 이곳에 있는 조선 유녀들은 전부 주인이 따로 있어 윤 정사가 마음대로 데려갈 수도 없었다. 박 종사관은 정사의 명에 따라 환자를 돌볼 수 있는 별도의 방을 마련해 주고, 의원들은 환자들을 치료할 준비를 하였다. 정두준은 일단 두 여인을 자기 방으로 데리고 가서 문진을 하고 환부를 살펴보았다. 두 여인 중 나이가 좀 들어 보이는 여인은 매독이었고, 어린 여인은 임질로 밝혀졌다.

매독은 피부에 나타나는 겉모습이 양매(楊梅)와 비슷하다 하여 양매창이라고 하였다. 이는 주로 성관계로 인해 전염되고, 보통 성관계 후 10일에서 3개월 정도가 지나면 초기 증상으로 생식기나 항문 근처에 사마귀와 같은 염증이 생기고 발열과 두통, 근육통 관절통이 생기게 된다고 한다. 이렇게 초기 증상이 나타나다가 날이 갈수록 상태는 악화되어 10년 정도가 되면 관절, 심장, 혈관 등에 퍼져서 궤양 상태가 나타나 결국에는 목숨을 잃는 것으로 알려져 있는 무서운 병이다.

매독은 한양도 예외는 아니었다. 궁녀들 사이에는 상당히 많이 퍼져있었고, 심지어는 임금도 감염이 된 일도 있었다. 성윤리가 엄격한 조선이 이러할진대 훨씬 개방적인 성문화를 가진 일본은 굳이 말을 할 필요가 없었다.

상황이 이런데도 매독을 치료할 수 있는 뚜렷한 방법이 어느 나라에도 없었다. 아무런 임상실험을 거치지 않은 고대의서에 의존하여 대증치료만 하니 그 병이 줄어들 수가 없었다. 그래도 조선은 상황이 나은 편이었다. 대황, 마황 등 10가지 이상의 약초를 배합하여 조제한 한약을 달여 먹였고 수은(水銀)을 이용한 훈증법이나, 수세미 물에 타서 환부에 바르기도 하고 유황의 독성을 제거하여 먹이기도 하고 목욕을 시켜 관절통증을 완화시키기도 하였다.

그리고 임질은 버들잎과 창포잎을 달인 물을 먹여 다스리는 방법을 나름대로 가지고 있었다. 그러나 일본은 그렇지도 못했다.

강병수가 데리고 온 두 유녀는 치료를 받는 그날부터(9월 6일) 가렵고 따끔거리는 증상이 잦아들어 밤에 잠을 잘 수가 있다고 했다. 그리고 매독에 감염된 유녀도 처방약을 먹고 유황욕(硫黃浴)을 하자 일단 열이 내리고 뼈마디 아픈 것이 완화되는 모습을 보였다.

"조선의 어의(御醫)가 본서사에 왔다."는 헛소문까지 나돌았다. 입소문이 조선 유녀들 사이에 순식간에 퍼졌다. 그 뒷날부터 조선 유녀들이 강병수를 끝없이 찾았고 그는 자리를 피해 도망을 가야 할 정도였다.

강병수가 증상이 심한 사람들 먼저 데리고 오면, 이름과 증상을 적은 문진표를 작성하고 진료 순서를 정하는 일은 전부 지남의 손에서 이루어졌다.

통신사 숙소는 일순간 조선 유녀 성병 치료소로 변해버렸다. 문제는 약이었다. 약이 부족했다. 의원들이 오면서 약을 준비했지만 유녀들을 예상치 못했었다.

***

그날 저녁 대마도주와 관반왜가 정 의원을 찾아왔다. 내용인즉 에도막부의 종실 가족들이 치료를 받을 수 있도록 협조해 달라는 것이었다. 막부의 종실이라면 관백의 혈족들이다. 그러나 의료진과 지남은 그들의 요청을 받아주기 어렵다고 했다. 진료를 먼저 신청한 조선 유녀들이 많이 있고, 거기다 치료약마저 얼마 남지 않았기 때문이었다. 그러자 그들은 정사를 찾아가 부탁을 했고, 정두준과 지남은 정사에게 불려갔다.

"막부 종실들의 청을 거절할 수 있겠나. 그들을 좀 먼저 치료를 해주게."

"정사 나으리, 지금 약이 부족한 걸 어찌하겠습니까?"

"그 사람들을 먼저 치료해 주게!"

그 말을 듣고 있던 지남이 설명을 했다.

"나으리, 그건 아니 될 말씀이옵니다. 지금 기다리고 있는 환자들은 전부 조선의 유녀들로 모두 매우 위급한 중증 환자들입니다. 만약 이번에 치료를 받지 못하면 목숨이 위태로운 사람들입니다."

그러자 정사는 며칠 더 머물더라도 이곳에서 약재를 구해보라고 했다. 그 뒷날(9월 7일) 지남은 주백 의원과 함께 에도 일대 약재 시장을 더듬기 시작했다.

그들이 구하는 약재는 매독 처방에 필요한 수은과 유황 및 필수 약초들과 임질 처방으로 버들잎과 창포였다. 그러나 에도는 약재 시장 자체가 너무 초라했고 더욱이 유황은 말조차 꺼낼 수가 없었다. 당시 유황은 화약의 재료라 하여 막부가 외국인에게 판매를 금하고 있었기 때문이었다.

지남은 사실상 빈손으로 돌아와 세 의원과 함께 유황에 대해 은밀한 설명을 하였다. 당시 조선은 유황이 크게 부족하여 화약 제조에 많은 어려움을 겪고 있었다. 일본은 조선에 거래 금지 품목으로 정해놓고 있었고 청은 엄청난 값을 요구했다. 유황이 나지 않는 조선 조정은 이만저만 걱정이 아니었다. 이번 기회를 잘 이용하면 합법적으로 유황을 구입할 수 있는 길이 있을 것 같다고 설명하였다.

"그러면 우리가 어찌하면 되겠소?"

하고 정 의원이 물었다.

"유황의 부족으로 막부 종실 가족들에 대한 치료를 할 수 없다고 말하십시오."

"그렇게만 해주면 뒤처리는 내가 알아서 하겠소이다."

지남이 정 의원에게 그렇게 유도한 것은 떠나올 때 훈련대장으로부터 받은 명이 있었기 때문이기도 하였다.

다음 날, 정 의원은 지남이 부탁한 대로 유황 부족으로 막부 종실 가족의 치료는 불가능하다는 사실을 대마도주에게 전했고 이 소식을 들은 종실들은 난리가 났다. 당시 매독에 대한 치료가 사실상 불가능했던 일본으로서는 어떠한 일이 있어도 이번에 치료받기를 원하고 있었다.

***

9월 9일, 아침 일찍 관반왜가 종사관을 찾아와 막부에서 몇 가지 확인할 사항이 있어 오후에 사람이 찾아올 것이라 했다. 막부에서 확인할 사항이라면 지난 6월 대마도주가 예고한 일로 오는 것이 분명했다. 그 사항에 대해서는 우리 쪽에서도 준비하고 있었다. 그날 오후 막부의 금천의신(今川義信)이란 집정 한 사람이 시강관과 집사 한 사람을 데리고 정사를 찾아왔다. 정사는 그들을 극진히 맞았다.

"바쁘신데 이렇게 찾아주시니 대단히 고맙습니다."

정사는 부사와 종사관 그리고 김지남을 배석하게 하고 통역은 변 수역과 상통사 이석린으로 하여금 하게 했다.

차를 마시고 난 뒤 왜의 시강관이 오늘 찾아온 배경을 설명했다.

　　　　　　　　　　　　　　11. 요시와라(吉原)

무신년(1668년), 기유년(1669년)에 일본의 축전주 시모노세키에 사는 호민 이토 코자이몽이 조선과 몰래 통상하면서 금지한 물건인 유황을 밀수출하였는데 그 무리가 100여 명이나 되었고 그중 50여 명이 책형(나무 십자가에 묶어놓고 창으로 찔러 죽이는 형벌)을 당했는데 그들의 재산을 몰수하여 보니 조선의 국가 체제와 법률제도를 기록한 『경국대전』, 역사서인 『동국통감』, 『징비록』 등이 나왔다고 했다. 하면서 그는 물었다.

"조선의 훈련원이 코자이몽 일당에게 이러한 책들을 주고 우리의 조총과 화약 등을 밀수입하려 했다고 범죄자들이 진술했는데 그건 사실이지요?"

"무슨 당치도 않는 소리요! 지난 6월에 대마도주가 이 건에 관해 미리 준비를 하라고 하여 조정에 급히 조회를 하였는데 그런 사실이 없다고 문서가 왔습니다."

라며 박 종사관이 조정으로부터 받은 문서를 보여주었다. 그러자 그들은 우리 측이 제시한 문서를 자세히 들여다보더니 다시 반복해서 추궁했다.

"그때 그 사건에 관련되어 책형을 받고 죽은 자들이 50여 명이나 되었는데 그들은 전부 다 하나같이 조선의 훈련원과 거래한 것이라고 최후의 진술을 했는데 그래도 부인하겠습니까?"

그러면서 시강관도 범인들이 자필로 쓴 진술서를 보여주었다.

그러자 지남이 답변에 나섰다.

"나는 일찍이 이 사건에 관한 이야기를 들은 바 있어 그 내용을 잘 알고 있습니다. 코자이몽 일당이 조선의 훈련원을 빙자한 것은 자신들이 지은 죄를 면해보려는 의도이고 조선은 그런 무기류를 밀수입할 필요가 없습니다. 지금부터 정확하게 110년 전에 귀국에서는 우리 임금님께 조총을 보냈지만, 우리는 그 총을 만들 수 있었지만 만들지 않았습니다. 그 이유는 조선의 산악지형에는 총보다 활이 실전에 강하다는 것을 알고 있었기 때문입니다. 그리고 화약도 중국에서 비싼 값을 요구하지만 얼마든지 구할 수 있는데 굳이 일본에서 밀수를 하려고 했겠습니까?"

지남의 조리 있는 반박논리에 그들은 당황하는 기색을 보이며 다시 말을 이어갔다. 물론 지남의 반박은 사실이 아니었다.

"그럼 그들의 창고에서 발견된 조선의 서적들은 어떻게 설명하겠소?"

"그 서책은 전부 장사치들이 돈을 벌기 위해 사사로이 필사하여 인쇄한 것들일 것입니다. 잘 아시다시피 조선은 인쇄술이 발달하여 필사본도 원본과 구별이 거의 불가능합니다."

그들은 고개를 끄덕이며 지남의 설명을 받아들이는 모습이었다.

그러자 집정관이 화제를 바꾸었다.

"이 사건은 이제 십수 년이 지난 과거 사건이고 이제 우리가 확인한 내용으로 마무리를 짓겠습니다. 그런데 대마도주로부터 종실 가족들에 대한 진료가 어렵다는 말을 들었는데 그건 어찌 된 일입니까?"

이들로부터 틀림없이 진료문제도 나올 것을 예상하고 정두준을 미리 옆방에 대기시켜 놓고 있었다. 부사는 정두준을 불러 그로 하여금 실상을 설명케 하였다.

정 의원은 자신이 이번 환자들의 진료를 맡은 주 의원이라고 인사하고 답했다.

"한양에서 올 때 이런 일을 예상치 못하고 가지고 온 약이 부족해서 막부의 종실 가족분들에 대한 진료는 살펴드릴 수가 없습니다. 죄송합니다."

정 의원의 말을 들은 집정의 표정이 갑자기 굳어졌다. 정두준의 이 말은 사실이기도 했지만 이렇게 표현한 것은 지남의 의도였다. 그러나 약이 없어 진료를 할 수 없다는데 자기들도 할 말은 없었다. 집정이 다시 물었다.

"지금 부족하다는 약재는 무엇이요?"

"유황입니다."

그러자 자기네들끼리 길에 깔린 게 유황인데 유황이 없어 치료를 못 한다는 게 말이 되느냐 수군거렸다. 그러나 유황은 다른 나라 사람에게 판매가 금지되어 있다는 사실은 누구보다 더 잘 알고 있었다.

"그러면 우리가 유황을 가져오면 치료는 가능합니까?"

"가능합니다. 다만 유황을 제독하는 데 시일이 걸릴 것입니다."

"그 날짜야 기다리면 되고 우리가 필요한 유황을 당장 가져오겠습니다."

지남이 당장 그 말을 받았다.

"지금 이 성병은 일본뿐만 아니라 부산도 매우 심각한 상황입니다. 성병은 전염성이 매우 강한 질병입니다. 일본의 상인들이 빈번하게 부산을 왕래하는 한, 이곳 에도의 환자들만 치료한다고 해서 막을 수는 없습니다. 근본적인 대책으로는 조선과 일본을 동시에 막아나가야 합니다. 그러니 당장 이곳에서 치료할 유황을 빠른 시일 내에 보내주시고 장기적 대안으로서는 성병을 치료하는 데 필요한 '의료용 유황'은 우리 조선에서도 구입할 수 있도록 막부에서 결정하여 주시면 좋을 것 같습니다."

그러자 집정은 당장 필요한 유황은 내일 가져오겠지만 조선에 판매하는 유황은 막부의 승인이 있어야 한다며 다시 연락해 주겠다고 하고 그날의 회의를 마쳤다. 그들이 돌아간 뒤 별도의 회의를 갖고 지남은 이번 기회에 의료용 명목으로 유황을 구입할 수 있는 길을 열어야 한다고 강조했다.

다음 날(9월 10일) 덕천상길(德川祥吉)이란 종실이 지난번에 왔던 집정과 대마도주, 관반왜 등 세 사람을 대동하고 정사를 다시 찾아왔다. 정사는 종실에 대해 깍듯하게 예를 갖추고 맞이했다. 대마도주는 그 종실의 가족이 이번에 치료를 받고자 하는 사람이라고 했다. 회의는 지난번처럼 진행되었다. 막부 측의 의견은 집정이 직접 전했다.

"조선의 의원들이 요구한 사항은 막부에서 거절되었습니다. 잘되었으면 좋았으련만 유감으로 생각합니다. 그리고 우리 종실 가족들의 치료용 유황은 지금 가지고 왔습니다. 잘 부탁합니다."

집정의 설명을 듣고 있던 부사가 심히 실망스러운 표정을 지으며 말했다.

"사실 부산 왜관의 성병은 왜상들이 드나들면서 생긴 문제입니다. 이 성병은 전염성이 강해서 일본과 조선에서 함께 막아나가야 효과가 있을 것입니다. 종실께서는 이 점을 관백에게 다시 말씀을 드려주시길 바랍니다."

그러자 종실은 아무 말을 하지 않고 듣기만 하고 있었다.

그러자 지남이 부사의 말을 이어 다시 강조했다.

"앞서 부사 나으리께서 말씀하셨습니다만, 부산 왜관에 만연되고 있는 성병은 왜상들과 직접 관련되어 있습니다. 왜상들이 드나드는 곳은 동시에 대처를 해나가야 할 것입니다. 그리고 드릴 말씀은 아닙니다만, 조선의 호피 한 장이면 중국에서는 유황 5,000근을 사고도 남는 돈입니다. 그런데 이번에 우리 임금님께서는 양국의 관계를 고려하여 호피 18장과 표피 30장을 보내셨습니다."

지남의 부연 설명을 듣고 있던 종실은 한동안 눈을 감고 있더니 고개를 끄덕였다. 이 말은 부산에서 영실이 일러준 말이기는 했지만 그게 사실이었다. 종실도 공감을 했는지 "다시 의논해 보겠다." 간단한 한마디를 남겼다. 그것으로 회의는 간단하게 끝났다. 대마도주는 돌아가면서 곧 관백의 답서가 전달될 것이니 미리 준비하고 있으라고 귀띔을 해주며 자기들이 가지고 온 유황을 지남에게 전해주었다.

11. 요시와라(吉原)

일본 관백의 친서

다음 날, 대마도주와 집정이 또 와서 내일 우리 국서에 대한 관백의 답서를 전하겠다고 했다. 사전 예고한 대로 관백이 보낸 집정 굴전축전수 기정준(堀前筑前守 記正俊), 집사 아부풍후수(阿部豊後守) 약군이 보낸 집사 호전산성수 원충창(戶田山城守 源忠昌), 집사 강기태수 원충춘(岡崎太守 原忠春), 집사 내등우경량(內藤右京亮), 관반 한 사람 등 총 6명이 관백의 답서를 가지고 왔었다.

　삼사는 관백의 답서를 우리의 국서에 준하는 예를 갖춰 받았다. 정사는 답서를 받자마자 집정에게 답서에 대한 사전 검토를 해도 되겠냐고 했다. 만약 받아간 답서의 내용이 불순하면 이를 받아간 사신이 목숨을 잃거나 양국 간에 전쟁이 벌어지기도 했기 때문에 국서를 받으면 일단 사전에 검토하는 것은 전례가 되어있었다. 그러자 집정도 기꺼이 응해 관백의 답서를 공개했다. 답서의 내용은 삼사가 함께 검토했다.

일본국 원 강길 경복(源綱吉 敬復)

조선국왕 전하(殿下)

빙사(聘使)가 멀리까지 와서 예의가 정중했습니다. 국서를 펴보니 우리나라가 선대의 왕업을 계승한 것을 경사롭게 여기심을 모두 살폈습니다. 보내주신 물산은 별폭(別幅)대로 받았으며, 간곡한 마음과 정성을 다하였음에 감사하여 마지않습니다. 마음으로 옛날 공경하던 이를 사귀는 이웃의 덕이 외롭지 않고 오래도록 대대로 화목함을 닦아 힘써 하늘의 착한 명령을 받았습니다. 이제 가을 일기 서늘하고 기운이 상쾌한데. 국가를 위하여 몸을 스스로 사랑하십시오, 여기에 토산물을 보내어 멀리서 정성을 다하고자 합니다. 사신이 돌아가는 편에 이 편지를 보내오나 말을 다하지 못하고 이만 씁니다.

정사는 답서에 대한 검토가 끝난 뒤 내용이 잘되었다고 집정에게 고맙다는 인사를 했다. 그러자 그는 관백이 "환자 치료용 유황은 금수를 해제한다."라고 말했다고 전했다. 통신사의 목적은 국서를 전달하고 관백의 답서를 받아오는 것인데 거기다 의료용이기는 하지만 유황까지 수입할 수 있게 되었으니 그것은 대단한 성과였다. 윤 정사는 또 한 번 지남의 재치에 감탄하며,

"내 귀국하면 주상전하께 꼭 가자(승진)될 수 있도록 상주하겠네."

하고 지남의 승진까지 약속했다.

"나으리, 소인은 가자보다 한 가지 청이 있습니다."

"그게 뭔데?"

"이제 유황을 구입할 수 있게 되었으니 이번에 돌아갈 때 유황을 구입해서 소인이 직접 가지고 들어가고 싶습니다."

"자금이 어디 있나?"

"대마도에서 몰수한 인삼 40근이 있습니다."

"그렇구나! 할 수 있으면 그렇게라도 한번 해봐!"

정사의 승인을 얻은 지남은 기쁜 마음을 감출 수가 없었다.

지남의 가슴 속에는 늘 외적의 침략에 대한 우리 민족의 비극이 응어리져 있었다. 왜란과 호란을 차치하고서라도 심지어는 몇 안 되는 왜구들의

노략질에도 속수무책으로 당하는 현실을 너무도 참담하게 느끼고 있었다.

그래서 그는 자신의 호구지책만 생각하는 역관으로서의 삶이 아니라, 나라를 구하는 작은 돌이라도 되겠다는 꿈을 가지고 있었다. 그 꿈의 실현은 오직 우수한 화약무기를 만드는 것이라고 생각했다. 그가 부산진성과 동래성을 직접 둘러본 것도 같은 맥락이었다.

양질의 유황 한 톨 나지 않고 장마철만 되면 습기가 차서 폭발이 되지 않는 우리의 화약 제조기술로 우수한 화약무기를 만든다는 것은 마치 구름 잡는 소리와 같은 것이었다. 그러나 지남은 서둘지 않았고, 그 꿈을 버리지 않고 있었다. 그런데 의료용 화약의 금수를 해제하겠다는 관백 덕천 강길의 답서는 지남이 품고 있는 꿈의 씨앗이 되었다.

한편으로 성병 환자 진료소에는 날이 갈수록 환자 수가 늘어갔다. 이제는 왜 유녀들까지 찾아오는 상황이 되었다. 그러나 이제 관백의 답신을 받았으니 이제 조선으로 돌아가야 한다. 그 시간이 그리 많이 남지도 않았다. 국서 내용에 만족한 정사는 지남과 의원들을 불러 종실 가족의 진료를 거듭 강조했다.

"지금 막부에선 우리에게 커다란 성의를 보였기 때문에 우리는 출발이 늦춰지더라도 그분들을 보살펴야 한다."

"네, 정사 나으리, 염려하지 마십시오, 최선을 다하겠습니다."

정사의 분부를 듣고 나온 지남과 의원들은 주지 스님을 찾아가 종실 가족의 치료를 할 수 있는 수은 훈증실, 유황탕, 그리고 그들만을 위한 휴식실, 그리고 양매일제산(楊梅一劑散)을 조제할 수 있는 공간도 함께 설치해 줄 것을 요청했다. 주지 스님도 적극 호응해 주었다. 지남이 작성한 접수부에는 종실 가족 4명, 집정 가족 2명 모두 6명으로 대부분이 매독 환자로 모두 다 아들과 며느리로 젊은 사람들이었다.

그날부터 의료진은 무척 바쁘게 돌아갔다. 주백은 다시 약재 시장으로 나가 약초를 구해 약을 만들고, 정두준과 이수빈은 진료실에서 환자들과 종일 씨름을 하였다.

첫 환자는 종실 덕천상길의 둘째 아들과 며느리였다.

그들은 매독 2기로 이미 외생식기에 반점이 생기고 헐기 시작했으며 두통과 관절통까지 앓고 있었다.

정 의원은 수은 훈증실로 그 부부를 데리고 갔다. 그리고 훈증을 하면 매독균도 죽지만 인체의 다른 부분에 손상이 온다는 점을 알려주었다. 그러나 그들은 손상이 오더라도 훈증치료를 받겠다고 하여 치료를 시작했다. 훈증이 끝나면 일단 휴게실로 보내 휴식을 취하게 하고 그사이 다른 환자를 보았다. 휴식이 끝나면 바로 유황탕으로 보내 유황욕(硫黃浴)을 하게 하고 그것이 끝나면 외상에 경분(輕粉)을 바르고 돌아갈 때는 양매일산제를 처방해 주어 복용토록 하였다. 이렇게 종실환자들과 집정환자들을 극진하게 대접하자 젊은 여인들은 의원들의 손을 잡고 감사의 눈물을 흘리기도 하였다.

정사의 분부로 종실 가족들에 대한 진료가 끝나면 이어서 조선 유녀들을 같은 방법으로 밤늦게까지 치료했다. 그렇게까지 하면서도 그들은 전혀 피로한 기색을 보이지 않았다. 오히려 한 유녀라도 더 돌보려는 그들의 눈빛에는 의료인의 정신을 넘어 성인의 경지가 느껴졌다. 그러다 방에 들면 옷을 벗을 겨를도 없이 그대로 쓰러져 잠이 들었다. 지남은 세 의원의 투철한 의원 정신과 민족애를 보면서 뭉클한 가슴을 억제할 수가 없었다. 그러나 떠나야 할 날짜는 자꾸만 다가오는데 환자의 수는 계속 늘어나니 의원들로서는 심한 갈등을 느끼지 않을 수 없었다. 주백이 정사를 찾아왔다.

"나으리, 소인은 이 환자들을 두고 그냥 떠나지 못하겠습니다."

"그냥 떠나지 못하겠다니 그게 무슨 뜻인가?"

"이곳에 좀 더 남아있어야 할 것 같습니다."

정사는 한양의 가족을 두고 이곳에 남아있겠다는 주백의 말에 그는 깜짝 놀랐다.

"자네의 그 정신은 가상타만, 그것은 우리 둘만의 문제가 아닐세."

하고 그의 요청을 거절했다. 그러나 그가 뜻을 굽히지 않자 정사도 고민이 깊어졌다. 주백의 이 말이 퍼져나가 유녀들 사이에는 "조선의 의원이 본서사에 남기로 했다."는 소문으로 퍼져나가 막부에까지 들어갔다.

대마도주가 집정을 모시고 나와서 소문의 진의를 알아보려고 정사를 찾아왔다.

"정사 나으리, 그게 사실이옵니까?"

정사는 집정의 이 질문이 자기들의 바람을 넘겨짚기 하는 것인지 정말 헛소문을 듣고 온 건지 알 수가 없었다. 어떻게 답을 해야 할지 망설이고 있는 사이 연이어 조선에 대한 공치사를 하였다.

"역시 조선은 천륜을 받들고 약자를 보호하는 선비의 나라올시다."

그 말을 들은 정사는 '아, 내가 말려들었구나!' 하는 생각이 번쩍 들었다.

이번 관백의 답서 내용도 훌륭하고 거기다 '의료용 유황의 판금해제'까지 해주었는데 차마 냉정한 거절을 할 수 없었다.

"네, 그렇습니다. 이 딱한 환자들을 두고 그냥 떠나긴 어려워 의원 두 사람은 한 달 정도 더 머물라고 했습니다."

"하이구! 정사 영감, 하늘 같은 은혜입니다. 이것이 바로 통신사가 내왕하는 교린정신(交隣精神)이 아니겠습니까? 소직도 이 사실을 관백에게 아뢰겠습니다."

평소에 말수도 적던 집정이 수다스러울 정도로 고마워했다. 그들이 돌아간 뒤 정사는 의원들을 불러 정두준과 주백 두 사람은 한 달간만 더 머물라고 명을 내렸다. 정사의 명이 있고 난 뒤부터 조선의 유녀는 물론 지방의 성주(大名) 가족들까지 진료를 받으려 모여들었다.

***

호사다마라 했던가. 통신사와 막부 간에 서로를 배려하는 우의가 쌓여갈 때 불미스러운 사건이 벌어지고 말았다. 요시와라에는 조선 유녀는 조선으로 갈 수 있다는 헛소문이 퍼져 너도나도 달려왔다.

그런데 어느 하루, 아주 남루한 차림의 모녀 거지가 소문을 듣고 찾아왔다. 그때는 막부의 종실과 집정 등 일본 최고의 귀족들이 진료를 받고 있어 이들을 보호하기 위한 금도왜들이 삼엄한 경비를 서고 있을 때였다.

이 거지를 본 금도왜가 이곳은 오는 곳이 아니라며 좋은 말로 내쫓았다. 그러나 그 거지는 다시 들어와 조선 사람이면 누구든지 사람을 좀 만나게 해달라고 부탁했다. 금도왜는 이 많은 사람 중에 누굴 찾아온 것도 아니고 누구든지 만나게 해달라고 하니 그 청을 들어줄 수 없어 계속 내쫓았다.

그래도 한사코 조선 사람을 만나게 해달라며 밀고 들어오니까 금도왜는 그 거지를 밀어내고 발로 걷어찼다. 억센 발길질에 걷어차인 거지는 길바닥에 나뒹굴었었다.

그때 담배를 피우려고 밖에 나갔다가 우연히 그 광경을 보게 된 갓마흔과 명희가 무슨 일이냐고 물었다. 그러나 말이 통하지 않는 금도왜는 거지가 냄새가 난다며 코를 막고 무슨 뜻인지 알 수 없는 손짓 발짓을 하면서 또다시 발로 거지를 걷어찼다. 발길에 연거푸 차인 거지가 저만큼 나가떨어지며 나뒹굴었다.

"엄마! 엄마!"

　　　　　　　　　　　　　　12. 일본 관백의 친서

"시끄러! 울지 마! 울지 마!"

그러자 겁에 질린 아이는 터져 나오는 울음을 '윽! 윽!'거리며 억지로 삼키고 있었다. 이 상황을 본 명희가,

"요런 쌍여러 새끼는 발로 차부려야 해!"

하면서 금도왜의 옆구리를 이단옆차기로 냅다 차버렸다. 그러자 그놈도 길바닥에 휙 나가떨어져 버렸다. 그러고 돌아서려는데 옆에 있던 다른 금도가 명희에게 덤벼들었다. 그러자 갓마흔이 싸움을 말리며 명희를 감싸안았다. 그때 주위에서 모여든 사람들도 가까스로 싸움은 더 이상 번지지 않았다.

갓마흔이 겁에 질려 쪼그리고 앉아있는 거지에게로 다가가 조선 사람이냐고 물었다. 그러자 거지는 그렇다고 하며 다짜고짜로 자기들을 조선으로 좀 데려가 달라는 것이었다. 아니 이게 무슨 말이 되는 이야기를 해야지 금도왜에게 두들겨 맞아 길바닥에 패대기쳐진 거지가 밑도 끝도 없이 자기들을 조선으로 데리고 가달라고 하니 도무지 황당해서 갓마흔도 어쩔 줄을 몰랐다. 갓마흔은 모녀 거지를 데리고 지남을 찾아갔다. 지남이 차분히 하나씩 물었다.

"그대는 조선 사람인가?"

"네, 그러스므니다."

그녀가 혀 짧은 소리를 하는 것으로 봐서 그녀는 조선인의 후손으로 일본에서 오래 살았음을 알 수 있었다.

"여기에 누굴 찾아왔는가?"

"누굴 찾아온 게 아니라, 이 절에 가믄 조선 사라므는 조선으로 갈 수 있다는 소문을 듣고 왔스므니다."

"조선으로 가다니 그게 무슨 소린가?"

"나으리, 거짓말 마십시오, 밖에서 소문 다 듣고 왔스므니다. 만약 우리를 함께 데리고 가지 못한다면 우리 애기만이라도 데리고 가주십시오. 이렇게 두 손 모아 빌겠스므니다."

지남은 두 모녀의 몸에서 하도 냄새가 나서 바람이 잘 통하는 모퉁이로 데리고 가서 이름과 나이를 물었다. 그러자 그녀는 묻는 말에 대답도 않고 자기의 과거를 털어놓기 시작했다.

"저는 일본에 끌려와 3대째 노비 짓을 하고 있스므니다. 무참히도 짓밟힌 인생이라 사람이라 할 것도 없스므니다. 임진란 때, 조선에 쳐들어간 왜적이 동래에서 당시 어린 처녀였던 할머니를 잡아다가 오늘날까지 3대째 우리를 종노릇을 시키고 있스므니다. 그래도 죽이지 않고 종노릇시켜 주는 것만으로도 감사했지요. 그런데 몇 달 전부터 주인은 이 어린것을 데리고 못된 짓을 하더니 이 애까지 성병에 걸리고 말았스므니다. 그러자 주인은 우리를 함께 내쫓았스므니다. 그 뒤로 우리 모녀는 갈 곳도, 먹을 것도 없이 거리를 헤매고 있었스므니다. 이제 곧 겨울이므니다. 무엇으로 어떻게 이 겨울을 넘길지 아무런 생각도 없스므니다. 그런데 이번에 조선에서 높으신 분들이 와서 조선인들을 데리고 간다는 소문을 듣고 찾아왔스므니다. 나으리, 만약 어려우시면 이 어린것이라도 좀 데려가 주십시오."

애원하는 어미의 얼굴에는 눈물이 비 오듯 했다.

'그래 가자, 죽어도 같이 죽고 살아도 같이 살자.'는 심정으로 지남은 이 거지를 데리고 정사를 찾아갔다. 정사는 피와 눈물로 범벅이 된 어미를 보자 종사관으로 하여금 이 사실을 집정에게 알리는 한편 성병 치료도 하도록 하였다.

이 사실은 집정에게 전달되었고 막부에서 두 여인을 조선으로 데려가도 좋다는 환송(還送) 승인서를 보내주었다.

12. 일본 관백의 친서

지남은 제한적이나마 유황을 구입할 수 있게 되자, 떡뫼와 갓마흔을 강병수에게 급히 보냈다.

　"나으리, 부름을 받고 단숨에 달려오는 길이옵니다."

　강병수의 얼굴엔 땀이 젖어있었다.

　"내가 왜 자네를 보자고 했는지 잘 알고 있지?"

　"네, 그 정도 눈치는 있습니다."

　"내가 인삼을 한 40근 정도 가지고 있는데 자네가 그걸 사주겠는가?"

　"그전에 물건을 한 번 봤으면 합니다요."

　"그게 오사카에 있는 우리 배에 있는데."

　"그러면 소인이 유황을 취급하는 장사치를 한 사람 데리고 그곳으로 가도록 하겠습니다."

　"그렇게 해주겠는가?"

　"네, 여부가 있겠습니까?"

　강병수는 자신의 신뢰를 확신시키기 위해 지남과 시선을 마주쳤다.

　"그럼, 자네는 우리가 이곳을 떠나는 걸 보고 미리 그곳에 가서 기다리게."

　지남은 그를 오사카에서 만나기로 하고 헤어졌다. 지남의 머릿속에는 온통 유황 생각밖에 없었다.

13.

에도에 끌려온
조선의 후예들

9월 12일, 드디어 에도를 떠나는 날이었다. 날씨는 맑았다. 모두 짐을 챙겨 수레에 싣기도 하고 작은 짐은 봇짐으로 메고 떠날 준비에 분주했다. 김두준과 주백이 와서 정사께 배웅인사를 올렸다.

"나으리, 그동안 고생 많이 하셨습니다. 편히 올라가십시오, 한양에서 다시 뵙겠습니다."

"그래, 이렇게 두고 가려니 심란하다만, 막부에서 잘 챙기겠다고 하니 조금은 안심이 된다만 걱정이다."

사시 무렵, 대마도주가 종실과 집사, 그리고 그의 아들 우경 등과 함께 문안인사를 왔다.

"정사님, 이번에 오셔서 여러 가지로 고맙습니다. 여기에 남아있는 두 의원은 우리가 잘 알아서 챙길 테니 염려 마시고 편히 가십시오."

"막부 어르신들께서 많이 도와주셔서 감사합니다. 앞으로도 이곳에 있는 우리 조선인들을 잘 살펴주시기 바랍니다."

서로는 덕담에 가까운 인사말을 나누고 그들은 돌아갔다.

"나으리, 이제 떠나셔도 되겠습니다. 모든 인원과 짐도 이상이 없습니다."

종사관이 정사에게 출발 준비가 모두 끝났다고 보고했다.

드디어 정사는 에도를 떠나는 출발을 명했다. 국서도 잘 전달했고, 답서도 잘 받아 의기도 양양했다. 올 때처럼 갈 때도 각종 의장을 갖추고 북을 울리며 본서사 정문을 나섰다. 넉 달 만에 다시 조선으로 돌아간다는 것에 모두들 기분이 들떠있었다. 지남도 무극패들을 데리고 뒤를 따랐다.

그때 절 문 옆에는 포로로 잡혀 온 조선인 후예들과 유녀들이 하얗게 떼를 지어 길을 가로막고 있었다.

"나으리, 불쌍한 우리를 데리고 가주십시오."

"우리를 이대로 버리지 말아 주십시오.

그들은 자신들을 조선으로 데려가 달라고 손을 흔들고 발을 구르며 큰소리로 울부짖었다. 어떤 사람은 어린아이처럼 땅에 뒹굴며 발버둥을 치기도 하였다.

윤 정사는 뜻밖에 당하는 일이라 어떻게 해야 좋을지 몰라 머뭇거렸다. 호행차왜들과 금도왜들은 길을 만들려고 밀고 헤치며 애를 썼다. 그러자 사람들이 넘어지고 쓰러졌다. 그 순간 정사가 큰 소리로 금도왜들에게 호통을 쳤다.

"사람들을 밀치지도 말고, 함부로 대하지도 말라!"

그러자 변 수역이 왜인들에게 큰 소리로 통역을 했다. 그러고는 정사가 가마에서 내려 그들 속으로 다가갔다. 가까이서 보니 그들은 사람의 꼴이 아니었다. 옷은 낡아 해어져 너덜거리고 얼굴은 창백해서 병자가 따로 없었다. 정사는 손을 내밀어 그들의 손을 잡았다. 설움에 북받친 그들은 정사의 손을 잡고 대성통곡하기 시작했다. 차마 눈 뜨고 볼 수 없는 광경에 일행들도 모두 함께 울었다.

"내가 입은 이 공복(公服)이 이렇게 부끄러운 적은 없었소. 나도 차라리 여러분들과 함께 있으면 좋겠소. 그러나 지금 여러분들을 조선으로 데려가는 것은 나 혼자서 결정할 수 있는 일이 아니어서 내 가슴이 찢어집니다. 내가 돌아가면 여러분들의 소원을 주상전하께 꼭 아뢰겠소이다."

절망 섞인 정사의 말에 그들도 좌절하며 눈물마저 거둬들이는 모습이었다. 정사가 손을 놓고 다시 가마에 오르자 당신들만이라도 잘 가라는 듯

시린 가슴들이 손을 흔들기 시작했다. 그리고 스스로 길을 틔워주었다. 한참을 떠나와 본서사가 아른거릴 즈음에 뒤를 돌아보니 그들은 그 모습 그대로 서서 손을 흔들어 주고 있었다.

통신사 행렬은 어느새 품천(品川)에 도착했다. 그곳 번주가 제공하는 점심을 먹었다. 식사 후, 차를 마시며 떠날 채비를 하고 있던 차에 막부의 종실 수호재상(守戶宰相)이 이별의 아쉬움을 전하는 별장을 색지 15폭, 붓과 벼루 먹 등과 함께 정사. 부사, 종사관 앞으로 각각 보내왔다. 정사는 수호가 보낸 별장을 읽고 아래로 내려보냈다. 그 내용은 오언율시로 되어있었다.

> 萬里勞來聘 만 리 먼 길을 애써 오심은
> 三韓尋舊盟 삼한이 옛 맹우를 찾음이오
> 衣冠皆駭矚 귀국의 의관은 우리를 놀라게 했고
> 草木共知名 초목도 다 그대들의 이름을 알았습니다
> 遽已己臨別 갑자기 이별이라고 하니
> 黯然不盡情 다 못한 정이 애닮고 서럽습니다
> 鄕人若相問 그대 나라 사람들이 만약 물으면
> 文物屬昇平 문물이 모두 태평터라 말하여 주오

지남이 그 시를 받아 읽어보니 그사이 정이 들어 울컥한 마음이 들었다. 한 사람 한 사람을 보면 그들도 역시 우리들 같이 따뜻한 가슴을 가진 듯한데, 임진년 그때는 왜 그리 모질게도 굴었는지 알 수가 없었다.

에도를 떠나 9월 13일 신동(神東), 14일 소전원, 15일 삼도, 16일 강고, 17일 현천 등을 거쳐 26일 교토에 도착했다. 돌아갈 때도 올 때처럼 지방

번주들의 지대는 변함이 없었다. 10월 2일 10시경, 오사카에 도착하여 본원사에 숙소를 정했다.

그곳에서 우리 배를 지키고 있던 선장과 사공들을 만났다. 지난 8월 2일 이곳에서 정포로 떠난 지 꼭 두 달 만의 만남이었다. 서로의 손을 잡고 환생하는 사람 만난 듯했다. 그러나 지남의 배를 끌고 왔던 선장은 끝내 나타나지 않았다.

***

지남이 오사카에 도착하니 강병수가 먼저 와서 기다리고 있었다.

"나으리, 오시느라 수고 많이 하셨습니다."

넙죽 절을 하는 그는 나이가 지긋한 왜인 한 사람을 데리고 왔다.

"인사 올리게, 이분이 말씀드린 그분이셔."

"만나 뵈어 영광입니다. 겐조입니다."

"이 사람은 소인이 오래전부터 알고 있는 유황 장사치입니다. 선대로부터 물려받은 큰 유황광산을 가지고 있습니다."

"그래, 잘 왔구먼, 편히 앉게."

무릎을 꿇고 앉아있는 겐조에게 편히 앉으라고 권했다. 그러자 그는 꿇고 앉는 게 습관이 돼서 그게 더 편하다고 했다. 지남은 인삼차를 대접한 다음 그들을 잠시 방에 두고 혼자서 변 수역을 찾아갔다.

변 수역에게 강병수와 겐조가 왔다고 보고를 드렸다.

"인삼 40근이면 얼마를 살 수 있지?"

"저 사람들이 우리 물건을 봐야 할 것 같습니다. 대략 이곳의 시세를 보면 인삼 한 근이면 유황 40~50근은 된다고 합니다."

"어쩠든지 그 일은 매우 신중하게 처리해야 할 것이네."

       13. 에도에 끌려온 조선의 후예들

하면서 만약에 무슨 일이 있으면 자기에게 신속히 보고하라는 당부를 했다.

지남은 강병수와 겐조를 데리고 제1복선으로 갔다. 배에 오른 지남은 그들을 다른 선실에서 기다리게 하고 강병수만을 데리고 가서 창고를 열고 인삼자루를 풀었다. 인삼을 유심히 살펴본 그는 그렇게 좋은 물건은 아니라고 했다.

"자네, 날 두고 장사할 셈인가? 인삼이 이 정도면 상품이지 별 인삼이 있는가?"

"나으리, 서운한 말씀은 하지 마십시오, 소인도 조선 사람입니다. 그러나 이 물건은 크기도 잘고 건조도 매 건조되지도 않았습니다."

"이 물건을 자네가 그렇게 본다면 내가 다른 곳을 알아볼 수밖에 없네."

하면서 풀었던 자루 목을 다시 묶기 시작했다.

그러자 강병수도 말꼬리를 낮추며 말했다.

"나으리, 꼭 그렇다는 말씀은 아니고 창고 안이라서 어두워 그런지 언뜻 보면 그렇게도 보입니다요."

"이 정도 했으면 됐네, 밖으로 나가세."

하면서 지남이 자루를 묶어 다시 제자리에 가져다 놓았다.

"아니 소인이 나으리만 믿고 에도에서 여기까지 왔는데 그만두라는 말씀은 거두셔야지요. 물건값이야 맞추면 될 게 아닙니까?"

"그럼, 맞춰보게. 각 근마다 25냥이면 어떻겠습니까? 그 정도면 저도 험하게 놓은 것은 아닙니다."

"긴말 하기 싫으니 한 근당 30냥으로 하세, 그 대신 여기까지 온 여비는 따로 쳐줄 것이니."

"나리, 그리는 안 되구요, 그럼 28냥으로 합시다."

28냥이란 말에 지남은 강병수의 얼굴을 쳐다보며 말했다.

"자네는 어쩔 수 없는 장사치로구먼."

하고 몰수한 40근을 근당 28냥으로 하여 모두 그에게 넘기기로 하였다. 그리고 다시 겐조가 기다리고 있는 선실로 가서 유황에 관한 이야기를 했다. 보통 때는 인삼 한 근이면 유황 40근을 바꿀 수 있지만 밖으로 나가는 유황 거래가 어떨는지 분명치는 않다고 말했다. 겐조 역시 처음에는 호기심을 보이다가 막상 거래를 하려니 그 속내를 보이기 시작했다. 그러자 강병수는 겐조를 데리고 밖으로 나갔다가 한참 뒤에야 돌아왔다. 그리고 강이 지남에게 말했다.

"나으리, 우리가 크게 양보해서 유황 2,000근을 드리겠습니다. 유황은 약품을 만드는 데 쓸 것이라고 하니 질은 아주 좋은 최상품으로 해서 올리겠습니다."

"그럼, 물건은?"

"내일모레 오전 중으로 가지고 오겠습니다."

"아니, 그 많은 유황을 이번에 가지고 갈 수는 없지 않은가?"

"아, 그렇군요. 깜박했습니다."

그러자 강병수는 별도의 배를 마련하여 지남이 부산포에 도착할 때 같이 도착할 수 있도록 조치를 하겠다고 말했다.

지남은 이들을 잠시 남겨둔 채 변 수역에게 달려가 보고하자 그는 아주 잘된 일이라며 지남을 치켜세웠다.

이렇게 하여 지남은 한양에서 부여받은 소명을 받들어 조선에서 구할 수 없던 유황 2,000근을 확보하게 되었다.

오사카에 온 지도 벌써 사흘이 지났다. 처음에 이곳에 왔을 때는 모든 게 신기하고 보고 싶은 것도 많았다. 오사카의 중심 거리며, 오사카 성, 조카마치, 특히 우키요예 등은 호기심과 신비 그 자체였다.

그러나 이제 모든 일이 끝나고 집으로 돌아간다고 생각을 하니 새로움도 신비감도 없어지고 오직 빨리 돌아가고 싶은 마음뿐이었다. 그도 그럴 것이 집 떠나온 지 거의 반년이 되니 가족에 대한 그리움을 견딜 수도 없고 오랜 여행으로 몸이 아프지 않은 사람이 없었다.

홍 수역은 말을 탈 수가 없을 정도로 몸이 허약해져서 가마에 실려 가고, 지남도 엉덩이에 종기가 나서 앉지도 못하는 형편이었다. 그러나 각 개인들의 몸이 아프다 하여 전체가 머물 수는 없었다.

사나흘을 머문 뒤, 10월 6일 오사카에서 출발했다. 실진에 도착하여 이틀간 배 안에서 유숙하고, 10일 도포, 11일 배 안에서, 12일 상관, 13일 임전, 궁주, 원산 거쳐, 16일 남도(藍島)에 도착했다.

축전태수(筑前太守)가 담배 한 광주리와 홍시 한 바구니, 전복 50마리를 삼사께 올리고, 삼당상과 하관들에게도 각자 술과 안주 등을 고루 갖춰 선물을 보내왔다.

그날 오후에 대마도주가,

"이제 대마도도 이미 가까워졌고 앞으로 배에서 내릴 곳도 그리 많지 않으니, 하선하셔서 우리들이 준비한 정성에 응해주십시오."

라고 청하므로 내려서 관에 들어갔다. 객사에서 후한 저녁 대접을 받고 이제 막 잠이 막 들었는데 동풍이 분다고 지금 출항해야 한다며 선잠을 깨웠다. 다들 잠에 취해 한밤중에 출항하는 게 어디 있냐며 투덜거렸다.

***

그때가 2경(밤 10시경)쯤이었다. 그러나 지금 이 동풍을 놓치면 안 된다는 호행차왜의 말에 어쩔 수 없이 눈을 비비며 각자 배에 올라탔다. 선단의 선두는 도주가 탄 누선이 이끌었다. 이 바람을 잘 타면 일기도에 들리지 않고도 한 번에 대마도까지 갈 수가 있다고 했다. 어두운 밤이었지만 모든 배는 대마도주의 뒤를 따랐다.

그들의 말대로 한동안 운항은 순조로웠다. 그런데 큰 바다에 나가니 상황이 점점 바뀌기 시작했다. 바람의 방향이 바뀌기도 하고 파도도 달라지기 시작했다. 거친 파도에 배들이 대오를 이탈하기 시작했다. 몇 달 전 부산에서 대마도로 갈 때 일어났던 현상이 이곳에서 똑같이 일어나는 듯했다. 그때의 악몽이 되살아나는 듯하여 모두들 극도로 긴장하기 시작했다. 칠흑 속에 검은 물결이 마치 죽음의 혓바닥을 날름거리고, 우리를 이끌고 가던 대마도주의 배도 마치 숨바꼭질을 하듯 검은 파도 뒤에 숨었다 나타나기를 반복했다.

이제 노를 잡은 격군들의 힘으로는 배를 조정하기가 불가능했고 부는 바람과 치는 파도의 선처만 따를 뿐이었다. 파도와 사투는 밤새 이어졌고 망망대해를 나뭇잎처럼 떠다녔다. 지남은 자신이 어차피 물에 빠져 죽을 운명이라 생각했다. 몇 달 전 이곳을 지날 때도 용케 살아남았지만 지금 또 이렇게 시달리니 이 운명은 피할 수 있는 것이 아니라 생각하고 담담하게 버텼다.

한참을 파도와 싸우다 보니 어느덧 동쪽에 여명이 트기 시작했다. 멀리서 희미하게 육지가 보였다. 호행차왜는 그곳이 대마도부중이라고 하였다. 이것은 부중에 도착한 것이 아니라 떠밀려 왔다고 하는 것이 정확했다.

지남이 대마도 부중의 선착장에 배를 대고 보니 정작 먼저 왔어야 할 제 1기선과 대마도주가 탄 배는 보이지 않았다. 상황이 그렇다 보니 남의 배에 신경을 쓸 겨를이 없어 정사의 배가 오지 않은 줄도 몰랐다.

부중은 난리가 났다. 부중의 고위 관원으로 보이는 한 무사가 소리를 지르며 부중이 관리하는 선장들을 모두 불러들이라며 사람들을 급히 밖으로 내보냈다. 날이 샐 무렵 모여든 선장들이 무려 30~40명은 족히 되어 보였다. 그는 지금 즉시 부중의 앞바다로 나가 온 바다를 수색케 하였다. 그들이 일제히 한 바다로 나가니 뒤따르는 배들도 상당했다.

바다로 나가지 않은 사람들은 언덕에 올라가서 바다를 살펴보도록 하였다. 그러나 어디에도 배는 보이지 않았다. 남도와 일기도 사이는 파도도 거칠고 암초도 많아 난파를 당하는 경우는 아주 많다고 했다.

날이 새고 해가 중천에 솟았지만 대마도주선도 정사선도 돌아오지 않았다. 초조하고 침통한 하루해가 저물도록 소식이 없었다.

게다가 오히려 아침에 수색을 나간 배가 좌초되어 6명이 급류에 휩쓸려 실종되었다는 소식이 들어왔다. 엎친 데 덮친 격으로 기다림이 절망으로 변하는 순간이었다.

국분사에서 스님 30여 명이 와서 징을 치고 요령을 흔들며 잠시도 쉬지 않고 염불을 외우며 간절히 철야 기도를 올렸다. 이튿날도 날이 저물었다.

이제 사람이 할 수 있는 일은 기도밖에 없었다. 모든 사람들이 스님 주변에서 기도를 올리고 있었다. 지남도 무극패와 함께 스님들을 따라 절을 하며 간절히 빌었다. 그때였다. 어둠 속에 호행차왜가 달려오며 고함을 질렀다.

"배가 보인다! 정사님과 도주님의 배가 보입니다!"

그 소리를 듣고 모두 밖으로 뛰쳐나갔다.

아! 이게 웬일인가, 저 멀리 검은 배 2척에서 비치는 불빛이 보였다. 그 불빛은 분명히 이쪽으로 다가오고 있었다. 모두들 "와!!!" 하고 환호성을 질렀다. 분명히 정사선과 도주선이었다. 모두 다 선창을 달려나갔다. 이틀이 지나도록 소식도 없던 정사와 대마도주가 함께 살아서 돌아온 것이었다. 배의 선수는 깨지고 돛대는 부러졌으며 모두 초죽음이 되어있었다. 사람들이 다 나가 그들을 부축해서 들어왔다. 그때도 스님들은 꿈쩍도 하지 않고 염불만 외고 있었다.

빛은 언제나 희망이었다. 인간은 자신만으로는 살 수가 없어 어딘가에 기대고 살아왔다. 그것이 빛이다. 어둠 속의 빛이라야 진정하고 절망에서의 빛이어야 희망이다. 모두가 절망해 버린 그 순간 정사의 배에서 보낸 작은 불빛은 모두 자신이 살아난 것처럼 희망을 주었다. 이 부사와 박 종사관은 선창으로 달려나갔다.

그때 지남이 말했다.

"부사 나으리, 신발 신고 가시지요."

"아, 그런가!"

얼마나 황급했던지 부사는 다시 돌아와 혁화를 신고 선창으로 달려나갔다. 지남도 무극패를 데리고 선창으로 나갔다. 도주의 배가 앞서고 그 뒤를 정사의 배가 들어왔다. 그런데 파김치가 되어있을 것으로 생각한 정사와 도주는 피곤한 모습이기는 하나 의외로 생생한 모습이었다. 부사와 종사관을 포함한 전 일행이 선창에 나가 절을 하며 정사를 맞이했다.

"모두들 걱정 많이 했지?"

정사가 하선을 하며 한 첫말이었다. 너무도 담담한 정사의 말에 모두 다 놀랐다.

부사가 앞으로 나가며 정사의 손을 맞잡고,

"나으리, 얼마나 놀라셨사옵니까?"

"천당 갔다 오는 사람이 뭘 놀랐겠는가? 오히려 여러분들이 걱정이 더

컸겠지."

하면서 되레 농을 거는 여유를 보였다. 그러자 많은 사람들이 박수를 치며 우리 정사님 최고라고 추켜세우며 일단 국분사로 모셨다.

그날 저녁 숙소에 도착한 정사는 식사 대신 밥을 좀 끓여달라고 하여 간단히 먹고 종사관을 불렀다.
"오늘 저녁, 주상전하께 상주할 장계 초안을 잡아 내일 아침에 넘겨주시오."
라고 하며 잠자리에 들어갔다.

***

대마도는 조선과 일본의 외교와 통상에 있어서 핵심적 거점이었다. 양국 간에 서로 연락할 사항은 모두 이곳을 통했고 그 당사자는 대마도주였다. 일본에서 조선으로 오는 모든 사신은 이곳에서 출발하였고, 조선에서 가는 통신사도 반드시 이곳을 거쳐 갔다. 그런 까닭에 정사가 귀국길에 대마도에 도착하면 언제나 처리해야 할 문제가 기본적으로 두 가지는 항상 남아있었다. 첫째는 조선의 국서를 전하고 일본의 답서를 잘 받았다는 장계를 올리는 일이고 다른 하나는 대마도와 얽혀 있는 통상문제를 해결하는 일이었다.

다음 날 아침, 박 종사관이 장계 초안을 정사께 올렸다. 초안을 펼쳐본 후, 다음과 같이 정리하였다.

신 등 일행이 7월 초사일에 대마도로부터 배를 타고 앞으로 갈 것이라는 뜻은 일찍이 계문하였사온데, 풍세가 고르지 못하여 초팔일에 비로소 배를 출발시켜 같은 달 26일에 대판성에 이르러 육지에 올랐습니다. 25일이 지나서 8월 21일 강호에 이르렀으며, 같은 달 27일 관백에게 국서를 전하고, 다음 날 별폭을 약군(若君, 관백의 아들)에게 전급했사오며 그 절차는 오로지 전례에 따랐사오며, 약 20일간 강호의 관(館)에 머물다가 9월 12일 귀로에 올라 오늘에야 대마도에 돌아왔습니다. 왕래가 신속한 것은 진실로 기대하지 않았던 것이오며 일행 중의 많은 인원이 모두 무사함은 더욱 다행한 일이되, 종사관 신(臣) 박의 배에 탄 사공 경상좌수영 소속의 장남금이라는 자가 오사카성에 머물 때 병을 얻어 죽었으니 그 불쌍함을 이기지 못하겠사옵고, 그 시신은 먼저 고국으로 보냈습니다. 연로의 각 참과 강호에서 접대하는 일은 앞서의 사행 때보다도 더욱 극진했사오며, 강호의 봉행 등 여덟 사람에 대해서는 예조에서 공, 사 예단을 마련하였사온데, 강호에 이른 후 여러 곳에 예물을 나누어 지급할 때 당상 역관 세 사람이 앞서 대마도의 간사왜인에게 주선을 부탁하여서 서계와 공예단은 전급하지 않고 다만 사례단만 줄 사람 수가 많은 관계로 이리저리 맞추어 주었습니다. 수직 왜인 다섯 사람은 모두 죽었으므로 그들에게 줄 예단은 도로 가져왔사오며, 이외의 예단 가운데 쓰고 남은 물종은 귀국한 후에 해조에 돌려보내려 하고 있사옵니다. 관백과 집정 등의 회답서계 및 그들이 보낸 물건들은 아울러 가져왔으며, 신들에게 보내온 은자는 1만 6천 7백 24냥인데 모두 의진(義眞, 대마도주)에게 주어 예에 따라 처리토록 했사오며, 다른 잡물들은 일행의 원역과 하졸들에게 나누어 주었습니다. 이 동안에 듣고 보고 한 것은 별로 긴요한 것이 없어 조정에 돌아간 후 계달하겠사오며, 신 등이 강호에 있으면서 집정의 무리와 서로 상대할 때 이번에는 제사를 드리지 않아 예의를 빠뜨린 것 같다는 뜻으로 말했더니, 집정이 자못 감동한

빛을 띄우면서 답하기를, "이렇게 말하니 사람으로 하여금 감동케 합니다. 마땅히 돌아가면 대군께 아뢰겠습니다."라고 했사오며, 신 등이 올 때 탑전(榻前)에서 재결한 일은 수역 당상 박재홍과 변승업 등을 시켜 이미 단서를 끄집어내어 탐문케 한즉 아직까지는 낙락(落落)함에 이르지 못하였사오나, 논의를 거듭하여 전하의 당부 말씀이 관철되도록 힘써 결정하려고 합니다. 신 등이 이곳에 머무는 날짜와 늦고 빠름은 비록 완전히 정할 수는 없다 해도 요컨대 10~15일 정도 넘지 않을 것 같으나, 바람이 순하고 사나움은 미리 짐작키 어려우니 이로써 염려하고 있사오며, 신 군관 전초관 이만상, 신 군관 전부정(軍官 前副正) 윤치오, 통사 안신휘 등에게 장계를 가지고 먼저 보내면서 그 연유를 치계(馳啓)하옵니다.

장계를 손질한 다음 변 수역을 불러 일본으로 오기 전, 예조에서 명을 받은 대마도와의 현안문제를 논의하기 시작했다.

논의 사항은 주로 조선 표류인에 관한 문제였고 다음으로는 부산 왜관에서 일어나는 왜상들의 불법행위였다. 그러나 이 2가지 문제는 왜인들의 장삿속이 들어있어서 좀처럼 끝나지 않는 해묵은 폐단이었다.

조선인이 먼바다로 고기를 잡으러 가거나 물건을 팔려고 가다가 난파를 당해 대마도 인근에서 표류하는 경우가 허다했다. 이럴 경우 대마도의 사자가 표류민을 데리고 오면 조정에서는 이들에 대한 접대를 극진히 하도록 했다. 그런데 표류 중 발생한 익사자가 발견되면 또 사자를 보내왔다. 이러한 일이 너무 빈발하여 대마도 사자에 대한 접대가 비용뿐만 아니라 여간 성가신 게 아니었다. 그들은 표류민이나 익사자의 호송을 핑계로 와서 실제로는 양국 간에 거래가 금지된 물품을 거래하는 밀상행위를 일삼 았기 때문이다. 특히 이들이 부산 왜관에 오면 왜관을 벗어나서 장사를 하는가 하면 여인들에 대한 강간 문제까지 일으키고 있었다. 이러한 문제가 조정에까지 상소하는 사태에 이르자 이번에 이 문제를 매듭짓고 오라는 어명이 있었던 것이다. 이 문제에 관한 양측의 논의가 있은 뒤 우리 측에서는 이를 문서로 확약받기 위해 삼 당상관의 연명으로 아래와 같은 문서를 대마도주에게 전달하였다.

당초에 왜관을 세운 것은 조선과 일본 사이의 통상무역을 위한 것이었다. 이에 대해 만약 금지하고 제한을 가하는 일이 없다면 그로 인한 폐단이 마침내 혼란스럽게 될 것이다. 그러므로 양측 사이에 맺어진 약조금석과 같이 철저히 지켜져야 하고, 또 왜관 밖에는 이를 넘지 못하도록 금표까지 세웠다. 그런데도 세월이 흐르면서 점차 해이해져서 이를 위반하는 사례가 들을 수 없을 만큼 많아졌다. 심지어는 담을 넘어와 소란을 피우는 일이 발생하여 놀라지 않을 수 없다. 몇 년 전에 김 지사가 대마도에 직접 찾아가 7가지 금지사항을 분명히 하고 돌아왔는데 지금은 그 사항이 전혀 지켜지지 않고 있으니 그쪽에서도 몰라서 단속을 못 하였겠지만 앞으로 그 7조목을 상세하게 적어서 부산에 오는 왜인들의 마음에 새겨지도록 하라. 오늘 이와 같이 통보하였는데도 지켜지지 않으면 동래 부사로 하여금 엄단의 조치를 취하도록 할 것이다. 두 번째로 앞서 홍 지사가 왕래하여 양측 간에 보낼 사자에 관해서는 결정을 보았다. 그런데도 대마도 측에서는 사자라 칭하는 자를 시도 때도 없이 보내니 우리의 예조에서도 규정 외 사자라 하여 접대를 허락하지 않은 사례가 빈번히 있었다. 그럼에도 계속해서 사자를 보내니 서로를 후하게 대접해야 한다는 도리에 비추어 서운하게 할 수 없어 짐짓 접대를 하고 있으나 그 폐해가 심대하니 꼭 필요한 경우에만 여러 업무를 겸하는 사자를 보내도록 하고 우리 측에서는 접대하는 모든 일은 마땅히 겸대송사(兼帶送使)를 대접하는 예에 따를 터이니 헤아려 주길 바란다.

***

삼당상관이 연명서를 전한 이틀 뒤였다. 아침 일찍 도주가 긴히 보고드릴 것이 있다며 정사를 찾아왔다. 지난 6월 24일 조선의 두 여인과 함께 인삼 밀수를 하려다 적발이 되자 우리의 통인 이인종(무극패의 아리까리)을 죽인 검은 복면조의 처리문제를 논의하려고 왔다는 것이다. 그들에 대해서는 이미 에도의 관백이 대노하여 모두 책형(磔刑, 죄인을 나무 기둥에 매달아 놓고 창으로 찔러 죽이는 왜의 형벌)에 처하라는 명령서가 하달된 상태여서 그 형을 집행하려는데 누가 참석할 것인지를 여쭈어보려고 왔다는 것이었다. 그러자 정사는 당신의 몸이 지금도 회복이 덜 된 상태라며 종사관과 군관, 그리고 당사자 격인 지남을 참석하라고 지시했다.

지남은 떡뫼를 시켜 무극패를 전부 모이게 한 다음 말했다.

"오늘은 지난 6월에 우리 아리까리를 죽인 왜놈 밀수범을 처형하는 날이다. 지금 내가 그 형장으로 가려고 하니 인종을 추모하는 마음으로 다 함께 가야 한다."

"가야지요, 당연히 전부 다 가야지요."

맏형 떡뫼가 힘주어 말했다.

형장이라는 곳에 도착하니 형장이 따로 있는 것은 아니고 우리 배가 접안했던 곳에서 그리 멀지 않은 으슥한 곳이었다. 형장에 도착하니 이미 십자로 된 나무 기둥에 죄인 4명을 매달아 놓고 많은 형리(刑吏)들이 긴 창을 들고 서 있었다. 형틀에 매달린 죄수들은 이미 석 달 동안 감옥에 갇혀있어 그 몰골이 그냥 두어도 곧 죽을 목숨 같았다. 종사관과 지남이 형장에 도착하자 형 집행관이 죄인의 죄상을 낭독하고 마지막으로 할 말을 물었다. 그러나 그들은 아무 말도 하지 않았고 말할 기력도 없어 보였다. 곧이어 집행관이 명했다.

"죄인들에 대한 형을 집행하라!"

명령이 하달되자 형리들이 죄인 1명에 각 2명의 형리가 창으로 그들의 가슴을 향해 찔렀다. 그들의 피가 형장을 물들였다. 모두 다 고개를 돌렸다.

국분사로 돌아오는 길에 지남의 뇌리에 조금 전의 모습이 자꾸만 떠올랐다. 그들이 목숨을 걸었던 것을 생각했다. 때로는 목숨보다 더 소중한 것이 있다. 그것은 명분이다. 그들의 명분 없는 죽음이 허무했다.

지남이 국분사에 돌아오니 정사가 부른다는 전갈이 왔다. 지남이 정사를 찾아가니 대마도주가 와 있었다. 밀수를 하려고 지남의 배를 몰래 타고 왔던 조선의 여인들의 처리문제를 상의하기 위해서였다.

"나으리, 저 두 여인을 어떻게 처리하면 좋겠습니까?"

라고 도주가 물었다. 그러자 정사는 지남에게 그 사람들은 조선인이라 우리가 데리고 가기로 하지 않았느냐고 했다. 그렇다고 지남이 대답하자 정사는 처음 지시한 대로 하라고 명을 내렸다. 그리하여 정사는 종사관에게 두 죄인은 포박하여 타고 왔던 지남의 배에 다시 싣고 가고, 에도에서 데리고 온 거지 모녀는 종사관이 타는 제3선에 갓마흔을 붙여서 호송토록 하라고 명했다. 대마도에서 머무는 동안 이렇게 복잡한 일들을 끊임없이 처리하고 드디어 대마도를 출발하게 되었다.

10월 27일 대마도를 떠나는 날 아침, 우리 삼당상관의 연명서에 대한 답

13. 에도에 끌려온 조선의 후예들

변으로 여러 명의 봉행왜(奉行倭, 대마도의 사자) 연명식으로 하여 아래와 같이 보내왔다.

> 1. 우리 대마도에서 사자를 별도로 보낸 것은 그때의 형세가 부득이하여 그렇게 된 것이며, 약조를 어길 뜻은 없었고, 지금 이후로는 약조에 따라 보내는 사자 외에는 별도의 사자를 보내지 않겠습니다.
> 2. 약조를 잘 지키도록 하는 것은 두 나라에서 서로 마땅히 해야 할 일입니다. 우리 주에서 처음에 엄하게 신칙하지 아니한 것은 아니나 왜관에 있는 사람들이 누구나 모두 착하지만은 아니하여 위반하는 일이 없을 수 없었습니다. 앞으로는 마땅히 지시하신 대로 하겠습니다.
> 3. 매매에 관해서는 5가지를 제시하신 것은 양쪽을 다 좋게 하자는 뜻이며, 대관(代官) 숫자는 반으로 줄이겠습니다.

임금님의 당부사항으로 대마도와의 무역에 관한 도주의 약조를 받았으니 이제는 통신사로서의 모든 공적인 업무가 마무리된 셈이었다.

마침 바람도 순풍이라 도주가 출항을 서두르라고 청했다. 이제 통신사가 조선으로 돌아간다는 소문이 퍼지자 길옆과 뱃머리 수많은 인파가 구경을 나와있었다. 지남이 타고 온 제1복선에 같이 왔던 호행차왜도 작은 배를 타고 바로 옆에 붙어 따라오며 잘 가라고 손을 흔들었다. 그날 저녁 남실(南室)에서, 그다음 날은 서박포에 도착하여 배에서 내리지 않고 유숙했다.

10월 29일 아침 일찍 서박포에서 출항했다. 날씨가 맑아 멀리 부산의 산들이 아련하게 보였다. 우리의 산을 대마도에서 보니 너무도 반가웠다. 서박포에서 죽음의 바다라는 악포 근처에 도착했다. 파도가 칠 때는 바닷속의 암초가 악어의 등가죽같이 뾰족뾰족 솟아있는 모습이 보였다. 우리의 선장도 어디까지 밖으로 나가야 하는지 몰라 그 주위를 몇 번 나갔다가 결국을 다시 서박포로 돌아오고 말았다. 그날 저녁 대마도주가 뜻밖에 정사를 직접 찾아왔다.

"아니! 도주가 여기까지 어떻게 찾아왔소?"

하고 정사가 물었다.

"나으리, 어려운 청이 하나 있어 이렇게 급히 찾아뵈었습니다."

"어려운 청이라니 그게 무엇이오?"

"다름이 아니옵고 나으리를 보내드리고 나면 소직은 에도의 관백에게 정사 나으리가 무사하게 떠나셨다고 보고를 올려야 합니다. 그때 함께 동봉할 수 있도록 정사께서 오시는 동안 각 참(站)에서 정성껏 접대를 받았다는 뜻의 편지를 한 장 써주시면 고맙겠습니다."

대마도주의 그 말을 들은 윤 정사는 기꺼이 그렇게 하겠다고 승낙했다.

바다에선 헤아릴 수 없이 많은 호행선을 보내주었고 육로에서는 길이 험한 곳은 길을 다시 닦고 밤이 되면 어두울세라 길옆에 호롱불을 달았으며 각 지방의 태수나 수령들의 진무는 실로 미안할 정도로 융숭했었기 때문이다. 도주가 이런 말을 하기 전에 먼저 감사의 글을 전해주었더라면 좋았을 것을 부탁을 받고 글을 써주려니 서로가 민망하였다.

"아이구! 이게 큰 낭패로구나. 내가 먼저 감사의 글을 관백에게 남겼어야 했는데 때를 놓쳤습니다. 내 당연히 써드리지요."

하면서 지필묵을 가져오라 하였다. 정사는 은근한 정을 담아 서신을 쓰기 시작했다.

> 대마주 태수 평공 각하께 글을 올립니다.
> 배 위에서 이별한 것이 생생하여 마치 꿈과 같소이다. 수일 내에 기거가

13. 에도에 끌려온 조선의 후예들

충유하신지 모르겠습니다. 우리들은 출발한 후에 바람이 연일 불순하여 앞에서 안내하는 사람들이 힘을 다하여 이끌어서 오늘 무사히 악포에 정박하였습니다. 이는 각하께서 지종 두텁게 염려해 주신 소치라 진실로 감사하고 감사합니다. 먼 길을 같이 다녔으니 정의가 깊어졌는데 한번 헤어진 후 다시 만날 날이 기약 없으니 슬픈 감회는 피차에 마찬가지라 생각합니다. 구구한 소망은 단지 더욱 성실히 노력하여 오랫동안 선린의 우의를 보존하도록 바랄 뿐입니다.

윤 정사가 이렇게 쓰고 아래는 세 사신이 모두 연명으로 수결(手決)하여 주었다.

14.

해단식

10월 30일 새벽녘, 동풍이 갑자기 불기 시작하자 바닷길을 안내하는 호행차왜 평진행(平眞幸)이 북을 치며 서둘러 출항 준비를 하라고 야단을 부렸다. 이 동풍을 타면 오늘 중으로 부산에 도착할 수 있다고 소리를 질렀다. 그 소리에 모두 일시에 돛을 달고 바다로 나갔다.

날씨도 맑고 하늘은 높았다. 바람이 있으니 파도도 있었다. 대마도에서 나온 누선 2척이 선두를 이끌고 정사가 탄 제1기선부터 제3복선까지 6척의 조선 배가 그 뒤를 따랐다. 한바다 중간까지 배웅을 나온 호행차왜가 배 위에서 두 손을 모아 읍한 뒤 두 손을 흔들며 돌아갔다.

그들이 돌아가고 나니 남은 6척은 더 빠른 속도로 나아가기 시작했다. 한바다라 파도는 컸지만 조금이라도 빨리 도착하고 싶은 마음에 격군들은 죽을힘을 다해 노를 저었다. 격군들이 "여잇싸! 여잇싸!" 하고 노를 저으면 노 끝에 파도 소리가 '처얼썩! 처얼썩!' 하고 기합 소리에 이어지고, 그 소리에 신이 난 배는 하얀 물거품을 일으키며 쏜살같이 부산으로 달려갔다.

부산이 가까워지자 지남은 뱃전에 앉아 영실의 생각에 젖어 하늘을 바라보았다. 파란 가을 하늘에 가는 새털구름이 흐르고 그 사이로 영실의 얼굴이 그려졌다. 지난봄 영가대에서 이별할 제, 붉은 치마에 하얀 너울을 흔들어 주던 모습과 고약을 만들어 발바닥에 붙여주던 그 하얀 손길이 너무나 생생하게 느껴졌다. 지남은 영실이 고약을 발라주던 자신의 발을 쳐 다보았다. 부산에서 날아온 갈매기들이 뱃전을 맴돌다 되돌아간다. 지남 은 그 갈매기도 정겨웠다.

그때였다. 누가 갑자기 손뼉을 '딱' 하고 쳤다. 바라보니 오순백이었다.
"나으리, 무슨 생각을 그렇게 골똘히 하고 계십니까요?"
"아! 아닐세. 잠시…."
"저 앞에 보십시오, 부산 좌수영 전함들이 마중을 나와있습니다."
그의 말을 듣고 보니 커다란 판옥선 2척이 작은 배들을 거느리고 한바 다까지 나와 기다리고 있었다. 배에는 '통신사절단무사귀환환영'이라는 깃발이 나부끼고 있었다. 알고 보니 동래 부사, 경상좌수사와 부산진 첨 사, 2개 만호가 마중을 나온 것이었다. 지남도 안내를 받으며 영가대로 들 어온 시각은 오후 5시 경이었다.

한편, 영가대를 비롯한 부산진의 일대는 마중 나온 가족들과 구경꾼들 로 인산인해를 이루고 있었다. 사실 통신사 일원으로 일본을 간다는 것 은 오리(汚吏)들의 잇속도 있지만 실제 그것은 목숨을 거는 일이었다. 그 런 사정을 잘 알고 있는 가족들이 죽지 않고 살아오는 아들과 남편을 한시 라도 빨리 보려고 노심초사하며 달려 나왔던 것이다. 부산진 첨사는 6척 을 차례대로 안내하여 선창에 정박시키고, 종사관은 배에서 내려 전라도 와 경상도 수영에서 차출된 격군과 관원들을 모두 복귀조치 하고 한양에 서 내려온 사람들만 객사로 들게 하였다. 그러나 지남은 객사로 가지도 않 고 그 자리에서 두리번거리고 있었다.
"나으리, 여기 왜 이리 혼자 계십니까요?"
떡뫼가 무극패들을 데리고 지남에게 다가와서 하는 말이었다.

"누굴 좀 기다리고 있어."

"이제 객사로 가셔야지요."

"자네들 먼저 가게."

"나으리, 지금까지 안 보이면 안 오는 사람입니다."

지남의 속마음을 훤히 꿰뚫고 있는 떡쇠가 잘라 말했다.

그러자 명희도 나서며 떡쇠를 거들었다.

"그사이 마음이 변해부렀는지도 모르것네요이."

지남은 그 소리가 듣기 싫었던지 명희를 쳐다보며 먼저들 가라고 손짓을 했다. 그러고도 한참을 서서 길목만 바라보고 있었다. 자기네들끼리만 갈 수 없어 무극패들도 함께 서성대고 있었다. 그러나 오지 않는 사람을 무작정 기다릴 수만 없었던지 지남은 수하들을 앞서라며 그들의 뒤를 따라갔다. 그때였다.

"나으리! 나으리!"

하고 영실이 지남을 애타게 부르는 목소리가 들렸다. 지남은 반가워 얼른 돌아섰다. 그러나 어느 무극패도 그 소리를 들은 사람이 아무도 없었다. 그러자 명희가 다시 말했다.

"앗따! 나으리, 지금까지 안 오면 마음이 변해분 거라니까요."

하면서 지남의 팔을 끌며 객사로 들어갔다.

***

그날 저녁, 동래 부사와 경상좌수사는 삼사 귀국 환영식을 준비해 놓고 있었다. 그것은 비변사의 사전 명에 의한 것이었다. 삼사가 객사에 짐을 풀고 잠시 휴식을 취한 뒤, 바로 연회가 시작되었다. 통신사 일원으로 다녀온 관원은 전원이 참석하였다. 동래 부사가 멀고 험한 뱃길을 무사히 다녀온 삼사와 여러 관원들에게 진심으로 축하를 드린다는 환영사가 있자, 이렇게 무사한 것은 오로지 하늘과 바다와 모든 관원들의 덕분이라고 말한 뒤, 나라의 녹을 먹는 사람으로서 할 일을 한 것뿐인데 이렇게 환대까지 해 주니 고맙다는 정사의 답사가 있은 다음, 본격적인 연회가 시작되었다.

미리 준비된 행사라 악공들의 연주가 어우러진 가운데 기생들과 음식도 충분히 마련되어 분위기는 매우 거나하였다. 경상좌수사의 건배 제의로 술잔이 돌기 시작하여 악공들의 풍악 속에 기생들의 춤과 노래가 이어지 고 상·하의 관원들이 어우러져 그날은 모두가 마음 놓고 술을 마시는 것 같았다. 다만 지남만은 수가 죽어 내내 얼굴 표정이 밝지 않았다.

다음 날 아침 식사가 끝난 뒤, 한양으로 떠나기 전에 처리해야 할 일이 있다며, 부사와 종사관, 삼당상, 그리고 동래 부사, 경상좌수사, 부산진 첨 사 등과 함께 회의를 열었다. 모두가 자리에 배석하자 정사는 먼저 지남으 로 하여금 유황에 관한 사전 설명을 하도록 하였다. 설명이 끝나자 정사는 일본에서 유황이 오는 대로 절반은 동래 부사가 환자들의 성병 환자들의 수를 파악하여 그 의원들에게 배포하고 나머지 절반은 한양의 훈련원으로 보내주도록 당부하였다.

그리고 밀수에 관련되어 잡아 온 두 여인에 관해서도 지남으로 하여금 설명케 하려고 하자 동래 부사는 이미 그 소식은 잘 알고 있다며 부산진 첨사가 법에 따라 처리토록 이미 이야기가 되어있다고 하였으며, 에도에 서 데리고 온 거지 모녀는 정사가 직접 동래 부사로 하여금 직접 치료하 여 부산에서 자유롭게 살 수 있도록 돌봐줄 것을 부탁했다. 이렇게 하여 일본에서 지남에게 일어났던 여러 가지 복잡한 일들을 정사가 깔끔하게

14. 해단식

처리해 주었다.

***

그날 저녁, 지남은 무극패의 해단식을 할 요량으로 저잣거리 주막으로
나갔다. 무극패가 전부 모인 것은 일본으로 떠난 후 처음이었다. 죽지 않
고 살아서 돌아온 것도 다행이지만, 자기네들끼리 다시 만나니 서로가 반
가워서 좋고, 분위기는 오붓해서 좋았다.

그때 갓마흔이 큰 소리로 주모를 불렀다.

"주모, 여기 술 좀 주고 안주는 회나 뭐 맛있는 거 많이 좀 가지고 오소."

"네가 술값 낼 테냐?"

떡뫼가 갓마흔에게 물었다.

"술값이야 나으리가 내시겠지요."

"그러면 술값도 안 내면서 왜 설치냐?"

"여기가 내 고향이잖아요, 성님."

술값 이야기가 나오자 지남이 그것은 자기가 낼 테니 신경 쓰지 말고, 아
리까리에 대한 명복을 빌 테니 각자의 잔에 술을 따르라고 하였다. 그러고
는 다 같이 고개를 숙이고 그의 명복을 빌었다.

아리까리에 대한 기도가 끝나자 지남이 오늘 모임의 의미를 말했다.

"사실 오늘 이 자리는 내가 사적으로 술을 한잔하고 싶은 마음도 있었지
만 그보다는 우리 무극패의 해단식을 하는 자리이다. 우리가 내일 당장 이
곳을 떠나면 언제 다시 만날 수 있겠는가? 그러니 오늘 이 자리에선 즐거
운 시간을 한번 가져보는 게 좋을 것 같다."

그때 술병이 나서며 계집 타령을 하였다.

"계집도 없는데 어떻게 즐겁게 놉니까요?"

"계집은 다른 곳에서 찾고 오늘은 이번에 각자가 겪은 일 중에서 하고 싶은 이야기를 하며 술이나 마시기로 하세."

하면서 떡뫼가 제안을 하였다. 그러자 모두 호응하며 박수를 쳤다. 순서 는 앉은 자리에서 우에서 좌로 돌렸다.

첫 주자는 사환 김팔수였다.

"야! 통수, 너부터 말해 봐!"

하고 떡뫼가 차례를 넘겼다. 그는 별로 겪은 것도 없고 할 말도 없다며 영 언짢은 표정을 지었다. 그래도 반년이나 지났는데 할 말이 없다는 게 말이 되느냐며 정 할 말이 없으면 창가라도 한 자락 하라고 독촉했다. 그 러자 기껏 지남에게 대한 서운한 감정을 털어놓았다.

"소인은 이번에 갔다 와서 빚이라도 조금 갚아볼까 하고 인삼을 몰래 숨 겨왔었습니다. 그런데 지난번 대마도에서 우리 나으리에게 들켜서 모두 몰수를 당해버려 집에 가면 마누라한테 맞아 죽게 생겼습니다요."

그 소리를 듣고 있던 지남은 참으로 난감했다. 그때 불법으로 가지고 온 인삼이 김팔수 것인지도 몰랐지만 설사 알았다 하더라도 눈감아 줄 수 있 는 상황이 아니었다. 딱한 사정을 듣고 지남은 역관으로 팔포 권한이 있으 므로 거기서 보충해 주겠다고 했다. 그러자 팔수는 벌떡 일어서 지남에게 큰절을 올리며 울먹였다.

"나으리, 이제 저는 살았습니다. 저는 그때부터 이제까지 한잠을 제대로 못 잤습니다. 지난번 악포 앞바다에서 격랑이 일 때 그곳에서 뛰어내리고 싶은 심정이었습니다요. 고맙습니다. 나으리!"

그러자 가라앉았던 분위기가 갑자기 살아났다.

"자, 그럼 두 번째 짤내미 도석이 너다."

하고 떡뫼가 순서를 돌렸다.

"저도 기분 나쁩니다요. 내 혀가 쫌 짧다고 무슨 일이 있으면 나만 빼고 다녀 할 말이 없습니다요."

"언제 너만 빼고 다녔어? 영천이고 요시와라고 너 다 같이 갔었잖아?"

떡뫼가 말하자 그는 요시와라에서 있었던 일을 들춰내며 다시 반박했다.

"데리고 가면 뭐합니까? 작업에 막 들어가려고 하는데 불러내서 재미도 못 봤어요."

"야이! 모질아, 그런 때는 동작이 빨라야지."

하며 술병이 쌀내미의 머리를 쿡 쥐어박았다. 그러자 갓마흔이 쌀내미에게 핀잔을 주었다.

"저 인간은 꼭 제 입으로 매를 벌어요."

세 번째는 한성부 소속의 통인 윤이수 차례였다. 그는 정사가 탄 제1선에 타고 있었는데 함께 타고 가던 자제군관이 악포 앞바다에서 파도가 워낙 심하자 계속 울더라는 것이었다. 그래서 왜 그렇게 우느냐고 물으니 자기는 이쁜 마누라 두고 죽은 게 너무 억울해서 그랬다는 것이었다. 그러자 명희가 나섰다.

"그런 재수 없는 새끼는 말도 꺼내덜 말어."

라고 면박을 주니 이수가 명희를 죽일 듯 쨰려보았다.

네 번째 용마도 도둑은 점잖게 입을 열었다.

"소인은 평소에 일본을 철천지원수의 나라로 생각하고, 허구한 날 '쪽바리'라고 욕하고 멸시했었습니다. 하지만 이번에 가서 보니 그 나라의 국력은 우리와는 하늘과 땅 차이였습니다. 효고현에서 오사카항에 들어갔을 때 지나다니는 수많은 상선과 커다란 외국의 배들이며, 뭍에 올라갔을 때 그들의 사는 모습, 거리의 상점에 진열되어 있는 산더미 같은 물건들, 에

도성에서 우리가 마상재를 선보였을 때 그들이 보여준 신형 조총의 사격 모습은 큰 충격이었습니다."

도묵이 하도 심각하게 열변을 토하자 주위는 오히려 엄숙하고 심각한 분위기로 바뀌어 버렸다. 그때 지남은 팔짱을 끼고 고개를 끄덕이며 심각하게 듣고 있다가 도묵의 의견에 동조를 했다.

"네 말이 맞아! 우리도 빨리 양반, 상놈 이거 없어져야 돼, 나라를 부강하게 만드는 장사치와 쟁이, 농부는 사람 취급도 않으면서 양반들은 말로만 백성을 위한다며 당파싸움이나 하고 있으니!"

그러자 명희도 교토에서 느낀 소감을 보탰다.

"우리 삼사, 하는 꼴 좀 보소, 나는 이번에 나으리들이 이총 방문을 하지 않는 것을 보고 너무 놀라부렀습니다. 나라를 위해 싸우다 그곳에 묻혀있는 그분들의 영혼이 뭐라고 말하겠습니까? 생각하면 할수록 성질나 분다니까요."

라고 말하며 흥분을 감추지 못했다.

여섯 번째 방자 술병은 술을 몇 잔 마시더니 약간 혀가 꼬부라져서, '윽! 윽!' 하고 딸꾹질이 나서 말을 못 하겠다며 자신은 그냥 넘겨달라고 했다.

그러자 지남은 갓마흔에게 이번 사행의 소감을 말해보라고 했다. 갓마흔은 주저하지 않고 요시와라에서 유녀와 놀았던 게 제일 좋았다고 했다.

"뭐가 제일 좋았는데?"

"아! 그 색시가 그네를 태워달래요. 글쎄."

그러자 술병은 술에 취해 딸꾹질을 계속하며 마흔의 말에 끼어들었다.

"아니, '윽' 방 안에서 무슨 그네를 타요? '윽' 말도 안 되는 소릴 '윽' 하고 있네. '윽'."

떡뫼가 술병에게 가만히 좀 있으라며 핀잔을 주자 마흔은 멈췄던 말을 이어나갔다.

"방 안에서 글쎄 둘이서 실오라기 하나 안 걸치고 그네를 탔다니까요. 자기를 일렁일렁 밀었다가 내 앞에 올 때마다 꼭꼭 껴안아 달라는 기라. 그런데 내 앞에 왔을 때 안아줄라카모 쑥 밀려가 버리고 또 밀려와서 안아줄라카모 쑥 밀려가 버리고, 햐! 이거 사람 미치겠데요. 그래서 그년을 확 끄집어내려 버렸지요."

"자네가 그때 이야기를 하니 나도 한번 해야겠네."

라고 하면 이번에는 떡뫼가 자기 요시와라 무용담을 늘어놓기 시작했다.

"아, 나는 말이야, 그 여자가 '물레 돌리기'를 해달라는 거야."

갓마흔의 그네 타기에 이어 이번에는 물레 돌리기라는 말이 나오자 전부 다 그게 무슨 말인지 싶어 귀를 쫑긋하고 듣고 있었다.

"그러더니 몇 발이나 되는 긴 노끈을 가져오더니 나를 자기 몸에다 딱 붙여서 그 노끈으로 칭칭 동여맨 다음 계속 구르며 자기를 물레 돌리듯 넘겨달라는 거야. 그런데 그게 재미는 있더라구, 아무리 안고 굴러도 꽉 붙어있고. 그런데 좀 전에 갓마흔이 말한 '그네 타기'나 내가 말한 '물레 돌리기'가 다 요시와라식이라는 거야. 일본에서는 그게 유행이래."

그러자 같이 갔으면서도 그렇게 해보지 못한 짤내미가 화가 난 듯이 말했다.

"썽님 둘 다 나뿐 싸람들이네요. 다기들만 도은 대미 다 보고 다니고, 오늘 더녁 술값은 두 분이 내테요."

"그래 좋아, 오늘 저녁 술값은 우리 둘이서 낼 테니 실컷 마셔."

그렇게 해서 부산에서의 무극패의 해단식은 사실상 끝이 났다.

뒷날 아침(11월 1일), 아침 먹고 나니 변 수역이 부름이 있었다.

"이번에 네 공이 한두 가지가 아니지만 그중에서도 의료용이든지 무엇이든지 간에 우리가 유황을 구입할 수 있게 된 것은 아주 대견한 일이야."

"아닙니다. 과찬이십니다."

"그래, 알았다. 내가 조정에 가면 자네 공을 치사할 것이야. 그리고 이번에 신고 온 유황은 내가 직접 훈련원과 의논해서 처리할 것이니 그렇게 알고 있게나."

"네, 알겠습니다. 수역님."

지남이 자기 방으로 돌아와 누워 곰곰이 생각하니 변 수역이 무엇 때문에 불렀는지 알 수는 없지만 하는 말을 듣고 보니 별다른 이야기도 없었다.

방에 가만히 누워있자니 영실이 생각에 도저히 견딜 수가 없었다. 그길로 지남은 옷을 챙겨 입고 밖으로 나섰다. 혼자서 말을 빌려 타고 동래 교방으로 갔다. 급한 마음에 문 앞에서 다짜고짜로 행수 기생을 찾았다.

"행수 기생 안에 있는가?"

"어디서 오신 뉘신지요?"

하고 심부름하는 계집종이 나와 물었다.

"행수가 안에 있으면 내가 지금 보자고 한다고 일러라."

"일단 안으로 좀 드시지요."

계집종은 지남을 교방 사랑채로 모셨다. 잠시 뒤 비단옷에 머리를 곱게 빗어 윤이 자르르 흐르는 중년의 기생이 나오더니 공손히 절을 하며 예를 갖추었다.

"어쩐 일로 쇤네를 찾아오셨습니까?"

"내가 찾는 아이가 있는데 혹시나 하고 찾아와 봤네."

"그 아이가 누구입니까?"

"혹시 '영실'이라는 아이를 아는가?"

"아! 네, 알다마다요, 잘 알지요. 그런데 그 아이하고는 어찌 되는 사이신가요?"

"어찌 되는 사이가 아니라, 지난 5월에 통신사 환영연회에서 만났던 아이인데 다시 보고 싶어 왔네."

"아이구! 딱하셔라, 이 일을 어쩌노! 그 아이가 그 뒤 곧바로 이 생활을 청산하고 지금은 행방을 알 수가 없습니다. 그렇지 않아도 총명한 데다 얼굴도 예쁘고 마음씨가 고와서 뭇 사내들이 아쉬워했지요. 이 일을 어쩌면 좋지요?"

행수 기생은 측은한 표정을 지으며 오히려 지남을 위로하듯 말했다.

지남은 자기가 일본에서 돌아올 때쯤이면 자신은 이곳에 없을 수도 있다는 영실의 말이 떠올랐다. 그 말을 들은 지남이 거기서 더 지체할 이유는 없었다.

"고마우이, 잘 알겠네."

지남은 간단한 인사말만 남기고 그냥 돌아서 나왔다. 지남은 영실에게 주려고 준비한 노리개를 보니 영실 생각이 더욱 간절했다. 그러나 그녀를 찾을 방법이 없어 뒷날 아침(11월 3일) 삼사를 따라 부산을 떠나오고 말았다.

***

11월 3일, 모든 일행이 부산을 떠나 동래에서 점심을 먹고 양산에서 객사에서 다 같이 유숙했다.

11월 4일 밀양, 5일 청도, 6일 대구, 7일 인동, 8일 선산, 9일 상주, 10일

문경에서 자고 지나는 길에 잠시 용추(龍湫)에서 쉬었다. 조선 천지에 용추라는 명승지가 많지만 문경 용추가 그중 가장 으뜸가는 풍광이었다. 문경과 충북 괴산과 경계를 이루며, 백두대간의 끝자락에 자리 잡은 대야산에서 끝없이 펼쳐진 암벽 계곡을 따라 흘러내리는 2단의 용추폭포는 직접 보지 않고 말이나 글로써 표현이 불가능한 곳이다. 이제 모든 일을 끝내고 이곳을 지나는 정사가 그곳을 그냥 지나칠 리는 없었다. 정사는 3단의 용추폭포 제일 하단 너럭바위에 가마를 세우고 술 한잔을 하자고 했다. 그리곤 이석여(李錫余)를 시켜 폭포암에다 시 한 수를 남겼다.

仲夏經過地 오월에 지나던 곳을
歸來至月初 돌아올 때는 십이월 초순일세
扶桑通信使 일본에 간 통신사가
從古莫如余 예부터 나만 한 이 없으리

정사가 시를 마치자 그 뒤를 이어 박 종사관도 붓을 들었다. 종사관이 시를 짓는 동안 정사는 또 한 잔을 들고 빠르게 흘러가는 벽계수를 하염없이 쳐다보고 있었다.

來時方盛夏 올 때는 사방이 더운 여름이더니
歸路已深冬 돌아가는 길은 이미 깊은 겨울이네
駐節龍湫上 용추에서 잠시 쉬노라니
溪山變舊容 시내와 산은 옛 모습 변했네

종사관이 붓을 놓자 정사는 시를 죽 읽어보다가,
"글쎄다. 종사관의 시가 저 벽계수를 닮았구료."

라고 껄껄 웃으며 이번에는 지남을 불렀다.

"김 역관, 자네가 모든 면에서 탁월한 줄을 알지만 자네 글을 한 번도 못 봤는데 오늘 이 선경에 왔으니 어디 한번 자네 글솜씨를 보여주게."

정사의 갑작스러운 분부를 받고 즉흥시를 쓰려니 당황해서 시상이 떠오르지 않았다. 그렇다고 명을 거역할 수도 없는 처지였다.

지남은 필을 들고 지그시 눈을 감은 채 물에 떠내려가는 나뭇잎을 바라보고 있다가 단초를 잡은 듯 눈을 뜨고 써 내려가기 시작했다.

> 春節開化韻 올봄에 꽃피던 소리 들리더니
> 秋已流葉聲 가을이 되니 잎 떠내려가는 소리
> 從歲變諸氣 세월 따라 자연이 이리도 변하니
> 何時再會合 언제 우리 다시 또 만날 수 있으랴

정사는 지남의 글을 보더니 무릎을 '탁' 치며 껄껄 웃었다.

"역시 김 역관은 정도 많고 문재도 좋아!"

하면서 지남에게 막걸리 한 잔을 따라주었다.

일행은 조령을 넘어 안보역에서 묵었다.

다음 날 아침 지남은 역마를 갈아타고 떠나 충주를 거쳐 숭선에서 유숙했다.

여행은 계속 이어져서 11월 14일 양지에서 점심을 먹고 용인에서 무극 패들과 함께 잤다.

11월 15일 아침, 날이 밝기도 전에 상사에게 고하고 수하들과 함께 먼저 한양으로 출발했다. 새벽바람이 너무 차서 눈을 뜰 수가 없었다. 그러나 집에 빨리 가고 싶은 마음에 불평 없이 따라왔다. 판교에 도착하여 마지막으로 점심을 함께 먹었다.

"나으리, 우리 헤어지면 언제 또 만나요?"

이제 헤어지면 다시 만날 수 있는 기약이 없는 줄 알면서도 술병이 밥을 움씰움씰 씹으며 말했다. 그 말 한마디가 너무도 무거운 듯 모두 고개를 떨구었다.

"아이구, 걱정도 팔다네. 그냥 또 만나면 데디."

하고 짤내미가 대수롭지 않다는 듯이 지남을 대신해서 말했다.

"그래, 짤내미 말대로 우리 그냥 만나자. 다만 각자가 일하는 곳이 서로 다르니 쉽지야 않겠지."

"나으리, 이제 우리가 만나고 못 만나는 것은 오직 나으리의 마음먹기에 달려있습니다요. 그러니 이제 가시더라도 우릴 잊지 말아 주세요."

떡뫼가 지남에게 자기들을 잊지 말아 달라고 당부했다.

"우리는 반년 동안 생사를 같이 했십니더. 아리까리는 먼저 갔지만 우리는 이제 서로 잊으모 안 됩니더. 소인은 나으리도 그렇고 우리 무극패 동생들을 절대 잊지 않을 낍니더."

갓마흔이 결코 잊지 않을 것이란 의지를 보였다. 그러자 통수, 도루묵, 명도 모두 마흔이 형 말이 옳다며 서로를 잊지 말자고 다짐을 했다. 그러나 그동안 정이 들어 말들은 그렇게 하지만 실제 이렇게 다 같이 모일 수 있는 것은 사실상 불가능한 일이었다. 지남은 더 이상 깊은 말은 하지 않았다. 다만,

"오늘이 지나더라도 자네들을 늘 기억하고 있을 것이다. 다만 다시 만날 때까지 부디 몸 건강하고 잘 지내라. 그리고 이 점심이 끝나고 나면 각자 집으로 돌아가도록 하게. 그동안 잘해줘서 너무도 고맙다."

이렇게 해서 무극패의 반년 세월이 사실상 끝을 맺었다.

14. 해단식

지남은 판교를 떠나 오후 4시경 한강을 건넜다. 한강 나루에는 수많은 가족들이 하얗게 마중을 나와있었다. 지남이 나루에 도착하니 어디서 아들의 목소리가 들렸다.

"아버지! 아버지!"

돌아보니 경아였다.

"아버지, 얼마나 고생하셨습니까?"

경아는 추위를 견디며 기다리느라 입술이 파랬다.

지남은 아들을 두 팔을 벌려 꼭 끌어안았다. 오랜만에 닿아보는 혈육의 정에 눈물이 핑 돌았다.

"잘 있었느냐?"

"네, 아버님도 편찮으신 데 없으시지요?"

"그래 난 괜찮다. 할머니와 동생들은?"

"할머님도 어머님도 모두 다 잘 있습니다. 지금 저 강 건너에 와 기다리고 있습니다."

한강 양쪽 나루에는 꽹과리와 굿패들이 춤을 추고 그런 굿판이 없었다. 그 광경을 보며 지남도 '아, 이제 내가 살아서 왔구나.' 하는 안도감을 가졌다. 이미 조정에서는 한강 나루에 수십 척의 나룻배를 띄워놓고 사행단이 강을 건너게 해놓고 있었다.

지남은 경아를 데리고 한강을 건넜다. 이 강을 건넜을 때가 지난 5월 초였는데 벌써 7개월이란 세월이 흘러버렸다.

한강 나루에 내리니 떠날 때 마중을 나왔던 호동, 정규, 정룡이 친구들과 사역원 후배들이 함께 마중을 나와있었다. 오랜만에 만났지만 날씨도 춥고 또 가족들이 마중을 나와있었기 때문에 친구들과는 간단히 인사만 하고 헤어졌다.

지남은 경아의 손에 이끌려 가족들이 기다리고 있는 곳으로 갔다.

어머니가 지남을 보자 달려 나오며 너무 반가워 말을 잇지 못하고

"아이구! 아이구! 아이구!" 소리만 연발했다.

"어머니, 그동안 잘 계셨습니까?"

지남은 그 자리에서 어머니에게 큰절을 올렸다.

"아이구, 아이구, 절 안 해도 괜찮다."

아들이 차가운 땅에 엎드리는 것이 안타까워 지남을 얼른 일으켜 세우더니 깜짝 놀라는 모습으로 다시 말했다.

"아니, 애비 얼굴이 왜 이렇누? 애비, 어디 아프냐?"

"아닙니다, 어머니, 아픈 데 없습니다."

"그런데 얼굴이 왜 반쪽이냐? 일본 사람들이 밥을 안 주더냐?"

"아닙니다, 어머님, 저는 괜찮습니다."

하고 아이들을 돌아보며

"아이구~ 추운데 너희들도 나왔구나."

하면서 지남은 현문, 순문, 유문, 아들 셋을 한 아름에 안고 볼에 입을 맞췄다.

그러고 나서 아내의 손을 잡으며,

"고생 많았지요?"

아내에게 다정하게 위로의 말을 건넸다.

지남은 현문은 걸리고, 순문과 유문을 함께 안은 채 아내를 따라 집에 도착했다. 지남이 집에 도착하자 어머니는 부엌에 팔을 걷고 들어가 지남의 저녁을 손수 지으셨다.

15.

누명을 벗다

11월 16일 아침, 오늘은 삼사가 입궐하여 임금을 알현하는 날이라 모든 원역들이 한강 나루에서 만나기로 되어있었다. 바람은 차고 늦잠을 자서 허겁지겁하고 있을 때 누가 뒤에서 지남을 불렀다.

　"이보게 계명(季明) 아닌가?"

　돌아보니 동료 상통사 정문수였다.

　"어서 오게. 우리 늦지 않았는가?"

　"나도 늦었네, 내가 첩경을 알고 있으니 날 따르세."

　지남은 정 상통사 덕분에 간신히 지각은 면했다. 나루에 도착해서 보니 벌써 다른 사람들은 이미 다 와서 삼사를 기다리고 있었다. 지남이 도착한 지 얼마 되지 않아 삼사가 홍단령 차림으로 나타났다. 정 상통사가 아니었으면 입궐도 하지 못할 뻔했다. 정사는 절월(節鉞)을 앞세우고 비장으로 하여금 길을 인도하게 하였다. 지남도 일행에 섞여 뒤를 따라갔다. 잠시 뒤 선정전(宣政殿)에서는 임금께 복명이 있었다.

　자리에는 삼정승을 비롯한 대사헌, 대사간, 예조판서 남용익, 병조판서 남구만, 집의 신필(申㻄), 지평 김구(金構) 등이 참석하였다. 승지 이현석의 안내로 윤진완의 복명이 시작되었다.

　"전하, 신 윤지완 통신사, 신 이언강 부사, 신 박경후 종사관 외 470명은 금년 5월 초파일부터 11월 15일까지 6개월 10일 동안 왜의 관백 덕천강길을 만나 국서를 전하고 그의 답서를 받아왔사옵니다. 세세한 내용은 두 차례 치계에서 상신한 바와 같사옵니다. 여정 중에 작고 큰일이 한두 번 있기는 하였사오나 모두 전하의 하해와 같은 은덕으로 무사히 넘길 수가 있었사옵니다. 오늘부로 통신사의 모든 임무를 마치고 삼사와 삼당상 외 제 원역들은 본직으로 돌아가고자 하오니 윤허하여 주시옵소서."

"수고했소. 과인이 그동안 올라온 장계를 상세하게 살펴보았소. 그런데 이번에 일본으로부터 유황을 들여오게 되었다는 말을 들었다. 그게 사실인가?"

"네, 그러하옵니다, 전하. 신 상통사 김지남이 그 길을 터놓았습니다."

"장한 일이로다. 그대들의 공적은 담당부서(該曹)에서 곧 상신해 올 터이니 그에 따라서 하명할 것이다. 그리고 이들에겐 인정전(仁政殿)에서 하사주를 받게 하라."

그때, 뒷줄에 조용히 앉아있던 지평 김구가 지남의 공적에 대한 이의를 제기하고 나왔다.

"전하! 아뢰옵기 황송하오나 소직이 확인한 바, 유황이 오기로 되어있는 날이 보름이 지났는데도 아직 오지 않고 있으니 참으로 괴이하옵니다."

그러자 집의 신엽이 거들고 나왔다.

"윤 정사의 유황에 대한 복명은 신뢰할 수 없습니다."

그러자 훈련대장 신여철(그사이 김만기에서 신여철로 바뀜)이 말했다.

"신도 지난번 치계를 보고 유황을 기다리고 있었는데 아직 소식이 없어 유황을 구입했다는 말이 사실인지 의아심을 갖고 있었습니다."

사헌부와 훈련원에서 지남의 유황에 대한 의문을 제기하자 어전의 분위기도 갑자기 거꾸로 돌아갔다.

그때 정사가 김 지평을 나무라며 나왔다.

"아니! 지평은 무슨 근거로 그렇게 함부로 아뢰는 것인가?"

하고 윤 정사가 김구를 나무라자 변 수역도 같은 말을 하였다.

"김 통사가 의료용으로 유황을 들여올 수 있게 한 것은 사실이옵니다. 그것은 관백의 답서를 받을 때 분명히 말했습니다."

그러자 김 지평이 다시 말하기를,

"정사가 관백의 답서에도 손을 댔다면서요?"

그 말을 듣고 있던 대사헌이 크게 놀란 듯이,

"그러면 관백의 답서를 조작했다는 말이 아닌가?"

라고 하였다. 그러자 주위는 일시에 웅성거리기 시작했다.

허나 정사는 차분하게 반박을 하고 나섰다.

"국서에 대한 답서는 상대국의 승인을 받고 사전에 검열하는 것은 관례이옵니다. 그렇다고 해서 우리가 관백의 답서에 단 한 자도 첨삭(添削)한 일이 없었사옵니다."

이번에는 훈련대장이 다시 목소리를 높였다.

"그렇다면 지난달 말이나 늦어도 이달 초에는 유황이 부산에 도착했어야 할 게 아니오? 지금까지 그 유황이 오질 않았으니 인삼만 40근을 날려 버린 게 아니고 무엇이겠소? 그 점에 통사 김지남의 자세한 소명이 있어야 할 것이외다."

대사헌과 훈련대장까지 나서서 지남을 겁박했지만 유황이 오질 않았으니 지남도 할 말이 없었다. 한동안 침묵이 흐르자 지평이 다시 목청을 높였다.

"그것 보시오, 당사자인 김 통사도 아무런 소명을 못 하지 않습니까?"

임금 앞에서 지남은 그야말로 입이 있어도 말을 할 수가 없었다.

그러자 임금이 직접 추달하였다.

"무엇이 진실이냐?"

"전하, 하늘이 내려다보고 있사옵니다. 어찌 감히 전하를 기망하려는 망상을 추호인들 염두에 두었겠사옵니까. 유황이 들어오게 되어있었던 것은 진실이옵니다."

"네 말을 믿고자 해도 실물이 들어오지 않았지 않느냐?"

그러자 변 수역이 지남을 감싸고 나왔다.

"전하! 아뢰옵기 황송하오나 며칠 더 기다려 봄이 가할 줄 아옵니다."

신 훈련대장이 변 수역을 다그쳤다.

"언제까지 기다리자는 것이오? 그때까지 안 오면 어떻게 할 것이오?"

변 수역도 언제까지라고 잘라 말할 수가 없었다. 지남이 떨리는 목소리로 전하게 아뢰었다.

"전하! 신이 유황을 들여오게 된 것은 사실이오나 실물이 오지 않으니 변명할 도리가 없사옵니다. 하오니 신을 다시 한번 기회를 주시옵소서."

"어떻게?"

"신이 부산이나 대마도를 아니면 에도라도 다시 한번 다녀오겠사옵니다."

"그래도 유황을 가져오지 못하면?"

"그때는 명을 바치겠사옵니다."

"그래! 그러면 김 통사를 다시 내려보내도록 하라!"

그리하여 지남은 누명을 벗기 위해 다시 부산으로 내려가게 되었다.

퇴궐하면서 삼사와 김지남 등 통신사 일행은 모두 궐 뒤뜰에 모였다.

"김 통사, 내게는 진실을 말해야 해, 유황을 구매했다는 게 사실인가 아닌가? 만약 이것이 잘못되면 여기서 살아남을 사람은 아무도 없네."

라고 정사가 지남에게 애원하듯 말했다.

"정사께서 소인을 믿지 못하고 그렇게 말씀하시면 더 아뢸 말씀이 없습니다."

옆에서 지남을 바라보고 있던 종사관도 지남을 다그치듯 말했다.

"아, 그 무슨 방자한 말을 하는가? 자네가 글쎄 유황을 샀다고는 하지만 그 상황을 본 사람은 아무도 없고 더구나 물건이 온다는 날짜에 오지 않으니 의심을 하는 것은 당연한 일이 아닌가?"

이유야 어쩌하든 지남으로서도 할 말은 없고, 더구나 지남을 심정적으로 돕고 있는 변 수역을 비롯한 삼 통사도 할 말을 못 하고 보고만 있었다.

그때 퇴궐을 하던 좌의정 민정중과 병조판서 남구만이 지나가면서 안타깝다는 듯이 한마디를 던지고 지나갔다.

"여기서 이래 봐야 부질없는 짓이니 한시라도 빨리 내려가 보게, 이 사람들아!"

그 말은 지극히 당연한 충고였다. 정사는 지남에게 바로 일렀다.

"내가 각 지방 수령들과, 남익훈 동래 부사에게 협조를 부탁하는 서찰을 써줄 테니 그걸 가지고 한시바삐 떠나도록 하게!"

변 수역도 지남을 위로하며 내려가는 모든 비용을 부담할 테니 가급적 빨리 떠나라고 일렀다.

지남은 모레 아침 떡뫼와 갓마흔과 함께 떠나겠다는 승낙을 받고 헤어졌다.

이렇게 하여 지남은 한양에 돌아온 지 이틀 만에 다시 부산으로 내려가야 하는 처지가 되었다. 집으로 돌아오는 길은 발바닥의 감각도 없었다. 입이 마르고 명줄이 타는 듯했다. 자기 때문에 생긴 삼사의 운명을 생각하니 한순간도 견딜 수가 없었다.

강병수의 얼굴이 떠올랐다. 같은 민족이라고 너무 믿은 게 후회스러웠다. 집에 도착했다. 어떻게 왔는지 알 수도 없었다. 누구를 부를 힘도 없어 손바닥으로 대문을 두드렸다. 하인이 달려 나와 문을 열었다. 창백한 지남의 모습에 놀라 소리를 질렀다.

"마님, 주인님이 돌아오셨습니다!"

하인의 다급한 목소리에 아내가 달려 나왔다. 지남은 아내의 부축을 받으면서도 마루에 쓰러지고 말았다. 온 집안이 일시에 초상집 분위기로 바뀌어 버렸다. 아내는 지남의 겉옷을 벗기고 어머니는 무슨 일이냐며 벌벌 떨며 어쩔 줄을 몰랐다. 그 와중에 어린아이들이 전부 소리를 내어 울기 시작했다. 지남이 아기들 울음이 더 괴롭다는 듯이 말했다.

"왜 이렇게 울어! 아빠 잠시 후면 일어날 거야."

그러자 아내는 아이들을 작은 방으로 들여보냈다. 잠시 눈을 감고 있던 지남은 힘겹게 몸을 일으켜 안방으로 들어갔다. 어머니가 따라 들어가며 물었다.

"아니! 무슨 일인가? 말을 해야 알 게 아니냐?"

"별것 아닙니다."

"이게 어찌 별것이 아닌가? 내가 더 죽겠다. 말 좀 해봐! 무슨 일인지."

라고 어머니가 말하자 그는 물을 달라고 했다. 아내가 흰 사발에 냉수 한 그릇을 떠다 주니 그걸 마시고는 그대로 잠이 들었다. 어머니는 방문을 닫고 나오며, "관세음보살! 관세음보살!"

하고 평소처럼 부처님을 찾았다.

다음 날 건천동 윤 정사의 댁으로 속히 오라는 기별을 받고 가니 변 수역이 먼저 와서 기다리고 있었다.

"나으리, 찾아 계시오니까?"

지남이 인사를 드리자 정사는 한 통의 서찰을 내밀었다.

"자, 부산에 내려가면서 도움이 필요한 수령에게 이 서찰을 보여주게, 그러면 어려움이 없을 것이네."

그러자 이번에는 변 수역이 은전 한 꾸러미를 내밀며 말했다.

"이걸 가지고 내려가서 필요한 곳에 긴히 쓰게. 어쩌면 대마도나 대판에 가는 문제가 발생할 수도 있으니 그때는 뱃삯으로 쓰게, 아마 모자라지는 않을 것이야. 그리고 내일 바로 떠나게."

두 어른이 이렇게 자신을 지원해 주는 걸 보며 이번 사태가 얼마나 심각한지 알 수가 있었다.

지남은 정사의 서찰과 수역의 노자를 받아 들고 집으로 돌아왔다. 그날 저녁, 지남이 어머니 방으로 가서 자초지종을 말씀드렸다.

"애비의 말을 듣고 보니 참으로 난감하구나! 내 정성이 부족해서 그런가 보다."

하면서 어머니는 "휴~" 하고 깊은 한숨을 내쉬었다.

"그러면 부산에 가서 강병수라는 사람을 못 만나면 어떻게 되는 건가요?"

하고 아내가 걱정스럽게 물었다.

"그러면 대마도로 가야 되지 않겠소?"

"거기 가서도 못 만나면?"

"그럼 대판으로 가봐야지."

"아니! 그게 말씀이라고 하세요? 지금."

"그럼 어떡하겠소? 그렇게라도 해봐야지, 나 때문에 다 죽게 생겼는데."

그 말을 듣고 있던 어머니가 흐르는 눈물을 손으로 훔치며,

"딱 죽게 생겼구먼!"

하고 말했다.

"꼭 그렇지만은 않습니다. 강병수라는 사람이 그런 사람이 아니기 때문에 부산에 가면 무슨 소문이라도 들을 수 있을 겁니다. 너무 걱정하지 마세요."

하면서 어머니를 위로하였다.

"뭐가 그런 사람이 아니에요? 강이라는 사람이 나쁜 인간이구먼."

하면서 아내가 강병수를 원망하였다.

"자꾸만 그러지 마오, 어떻게 될지 누가 알아?"

하면서 어머니 방을 나왔다.

그날 밤 어머니와 아내는 밤새도록 지남의 겨울옷을 챙기느라 불이 꺼지지 않았다.

지남이 떠나는 날 아침, 한겨울 찬바람이 얼굴은 엔다. 어머니와 아내가 챙겨 놓은 짐이 산더미 같았다. 짐이 너무 많다고 해도 어머니는 막무가내였다. 떡뫼와 갓마흔이 대문 밖에서 헛기침하는 소리가 들렸다. 지남은 어머니의 두 손을 잡으며 작별인사를 하였다. 그리고 아내의 등을 다독이며,

"잘 다녀오리다."

하고 말에 올랐다.

한강 나루에 도착하니 이른 새벽인데도 사공이 나와있었다. 주위는 어둡고 강바람은 찬데, 혼자 배에 앉아 길손을 기다리고 있었다. 사공의 삶도 자신처럼 먹고사는 일이 참으로 무섭다는 생각이 들었다. 배에 오르니 비장한 생각이 들었다. 그러나 그 맘도 잠시뿐 한강을 건너 배에서 내려 한양을 바라보니 가족생각에 설움이 북받쳐 올랐다. 그래도 내색은 하지 않고,

"춥지?"

하고 떡뫼에게 말을 걸었다.

"아닙니다, 우리는 괜찮습니다요."

라고 말하는 그가 고마웠다. 세 사람은 귀양길이라도 되는 듯 침묵 속에 양재로 향했다. 지난봄, 연도의 구경꾼들이 소리치고 박수 치며 환송하던 기억이 생생했다.

"나으리, 부산은 어떻게 가실 겁니까?"

"지난번에 갔던 대로."

지남은 수하들에게도 면목이 없어 떡뫼의 물음에 한마디만 하고 길을 재촉했다. 양재에 도착하니 벌써 날은 훤히 밝았다. 그날따라 날씨가 어찌나 쌀쌀한지 이마가 시렸다.

지난 5월에는 양재에서 하루를 묵었지만 지남은 그냥 달려 양지에서 점심을 먹고 무극에서 첫날을 묵었다. 지남은 무극패를 결성했던 그때를 생각하며 그때 그 무극역참 봉놋방에서 하루를 묵기로 했다.

"여기 생각나지?"

"그럼은요, 그때를 생각해서 술 한잔해야 안 되겠습니까?"

하고 떡뫼가 술 이야기를 꺼냈지만 지남은 그럴 생각이 없다고 역에서 주는 밥만 먹고 첫날밤을 새웠다. 다음 날 아침 일찍 출발하여 숭선에서 점심을 먹고 충원(충주)을 거쳐 안보역에서 두 번째 날을 묵었다. 그다음 날도 조령을 넘어 문경에서 자고 나흘째 되는 날 영천에서 자고 엿새 만에 동래에 도착했다. 동래부에 들어가니 부사 남익훈이 깜짝 놀랐다.

***

"어서 오시오, 통사. 어쩐 일인가?"

"이러한 모습으로 다시 뵙게 되어 면목이 없습니다. 영감님!"

"하여튼 안으로 들어가세."

남 부사는 뜻밖에 지남을 다시 만나 놀라면서도 반갑게 맞아주었다.

지남은 차를 마시며 윤 정사가 써준 서찰을 건네주었다.

부사는 찬찬히 읽어보더니 지남에게 말했다.

"이 서찰에는 잘 부탁한다는 말만 있고 아무런 내용이 없구먼."

그러자 지남은 이번에 다시 오게 된 까닭을 다시 차근차근 설명하였다.

"그것참! 고얀 일이로다!"

눈을 지그시 감고 듣고 있던 부사는 수염을 쓰다듬으면서 말했다.

"그렇다면 나도 가만히 있을 수는 없는 일이니, 미력이나마 힘을 한번 써보겠네."

하면서 남 부사는 지남과 수하들이 머물 방 2개를 마련해 주었다.

부사의 배려로 그날 저녁은 동래에서 하루를 편히 묵었다.

다음 날 아침 식사를 마치고 지남의 방에 셋이 모였다. 떡뫼가 먼저 말을 꺼냈다.

"나으리, 어찌하실 생각입니까?"

"글쎄, 고민을 많이 해봤는데 강병수를 만나는 방법밖에 없을 것 같아."

"이놈 생각도 그렇습니다."

하면서 갓마흔도 심각한 표정을 지으며 지남과 생각이 같다고 했다. 그런데 그를 만나는 게 최선이기는 하지만 에도에 있는 그를 만난다는 것은 현실적으로 불가능했다.

"내가 강병수를 동족이라고 너무 믿은 게 실수였어!"

하면서 지남이 주먹을 쥐고 무릎을 치면서 탄식하였다. 그러자 수하들도 고개를 끄덕이며 한숨만 쉬었다.

동래에 온 지 3일째 되는 날, 남 부사의 제의로 저녁을 같이 하게 되었다.

"나도 걱정이 되어 잠이 오질 않는데, 어떻게 할 작정인가?"

하고 부사가 지남을 향해 물었다.

"강병수를 만나는 외에 다른 방법이 없는 것 같습니다."

"글쎄, 그 수밖에 없는데 에도에 갈 수가 없지 않은가? 현실적으로 불가능한 그런 말 하지 말고 다시 한양으로 올라가서 이 사실을 전하께 고하고 용서를 구하는 수밖에 없겠는데."

남 부사는 지남을 다시 한양으로 올라가서 전하께 용서를 구하라고 했다. 그러나 지남으로서는 차라리 부산 앞바다에 투신을 하더라도 그럴 수는 없는 노릇이었다.

"그것은 안 됩니다. 그럴 수는 없습니다."

라고 지남은 단연코 부사의 제안을 거절했다. 그러자 부사도 대안이 없는 듯 잘 생각해 보라며 저녁을 마치고 돌아갔다. 지남은 수하들과 부산진과 동래를 오가며 아무런 실익도 없이 나흘이 지났다. 지남은 잘 먹지도 못하는 술을 매일 마시지 않으면 잠을 이루지 못했다. 닷새가 지나자 지남의 몰골은 급격히 초췌해져 갔다. 이대로 간다면 지남에게 꼭 무슨 일이라도 일어날 것만 같았.

피가 마르는 것은 수하들이라고 다르지 않았다. 그다음 날 저녁, 잠자리에 들기 전에 성질 급한 갓마흔이 떡뫼에게 말했다.

"성님, 저러다 나으리 어찌 되는 것 아닙니꺼?"

"그래, 내가 봐도 무슨 일이 일어날 것만 같아 걱정이야."

"그러지 말고 저랑 둘이 에도에 가서 강을 잡아 옵시다."

"그게 말이 돼?"

"말이 안 되면 어떻게 할 겁니꺼, 나으리를 저대로 두고 볼 겁니꺼?"

"말도 안 돼! 에도가 어디라고 거길 또 간다는 거야?"

하고 떡뫼가 마흔에게 야단을 치듯 말을 꺾어버렸다. 그러자 마흔은 자기도 모르겠다며 자리에 드러누워 버렸다.

밤이 지나고 새벽이 왔다. 이번엔 떡뫼가 먼저 말을 꺼냈다.

"곰곰이 생각해 보니 동생 말이 맞는 것 같아. 죽이 되든 밥이 되든 에도로 가봄세!"

"생각 잘했소. 강가 놈을 잡아 오는 길 외는 방법이 없습니더."

"그런데 거길 어떻게 가나?"

"방법이야 많지요, 세견선(歲遣船)도 있고 밀상선(密商船)도 있으니."

"그래, 그럼 가보자, 가서 놈의 모가지를 끌고 오자."

둘은 새벽에 일어나 강을 잡으러 에도에 가기로 다짐을 했다.

아침 식사가 끝나고 둘은 지남을 찾아갔다. 떡뫼가 먼저 말을 꺼냈다.

"나으리, 우리가 가서 그놈의 모가지를 끌고 오겠습니다. 다만 배만 잡아주십시오."

"안 돼! 너희들은 안 돼!"

"내가 다녀올 테니 너희들은 여기서 기다리고 있어."

"그럼 셋이 같이 갑시다!"

라고 떡뫼가 말했다.

"그럼은요, 같이 가야지요!"

라고 마흔도 합세하였다.

"그 길은 살아 돌아오는 길이 아니야!"

라고 하자,

"우리는 다 경험자 아닙니까? 한 번 더 가겠습니다."

라고 떡뫼가 다짐했다.

"고맙다. 내 너희를 잊지 않으마!"

"별말씀을요. 우리는 끝까지 따를 것입니다."

라고 떡뫼와 마흔이 함께 언약을 하였다.

"그런데 어떻게 가나?"

하고 지남이 타고 갈 배 걱정을 하였다.

"갓마흔이 세견선이든 밀상선이든 돈만 있으면 갈 수 있다고 하던데요."

"세견선은 부산에서 대마도까지밖에 안 가."

라고 지남이 말하자 갓마흔이 말을 이었다.

"그렇기 때문에 오사카까지는 밀상선이 낫습니다."

그러자 지남이 고개를 끄덕이며 수긍하는 모습을 보이더니 다시 입을 열었다.

"그런데 밀상선을 아는 사람이 없지 않은가?"

"지난번 우리가 부산진에 넘겨준 밀수녀들을 이용하면 될 것 같습니다."

역시 갓마흔은 회전이 빨랐다. 그러자 떡뫼가 손뼉을 치며,

"역시!"

라고 하였다. 지남은 점심을 먹고 부사를 찾아가 도움을 청했다. 부사도 좋은 생각이라며 부사가 직접 지남의 일행을 데리고 부산진 첨사를 찾아 갔다.

첨사는 부사를 영접한 뒤, 군뢰(軍牢)로 하여금 옥두리와 미바리를 동헌 앞마당에 끌어내게 하였다. 두 여인은 갑자기 밖으로 끌려나가니 그 연유를 몰라 겁을 먹고 부들부들 떨었다.

***

나장(羅將) 김기수가 먼저 미바리에게 물었다.

"네가 지금 가면 너의 서방 이토를 만날 수 있느냐?"

"요즘은 일본에 있다고 들었습니다."

그러자 다음은 옥도리에게 물었다.

"너의 서방 이진구는 지금 어디에 있느냐?"

"옛날 그 자리에서 장사를 하고 있습니다."

"옛날 그 자리라니?"

"왜관 남쪽 '새동네'라는 곳입니다."

지남은 그길로 김 나장을 따라 이진구를 만나러 갔다. 그는 나장의 일행을 보고 완전히 겁먹은 표정이었다. 나장은 그에게 부탁이 있어 왔다고 하자 그때서야 진정하는 모습을 보였다.

"너 혹시 밀상들 아는 사람이 있는가?"

"그런 사람들을 이놈이 어찌 알겠습니까?

"우리가 다 알고 왔는데 그렇게 잡아뗄 것 없어."

그래도 그는 완강히 부인했다. 그러자 나장에 자기 애첩 옥도리를 거론하였다.

"너 옥도리를 빨리 꺼낼 생각 없어?"

그 말에 이진구의 표정이 확 바뀌면서 말했다.

"알아봐 드리면 옥도리를 풀어주시겠습니까?"

"그럴 수도 있지."

하면서 나장이 팔짱을 끼면서 느물대기 시작하자 그는 바짝 몸이 달았다.

"그러면 이놈이 한번 알아보겠습니다요. 그 대신 약속은 꼭 지켜야 합니다."

"그건 자네에게 달렸어."

나장과 지남은 그렇게 이진구와 약속을 하고 객사로 돌아왔다.

지남은 이진구가 다시 온다고는 하였지만 그때가 언제인지 알 수가 없었다. 그렇다고 그가 돌아올 때까지 맥 놓고 있을 수도 없어 그사이 혹시 영실의 소식을 들을 수 있을까 해서 잠시 동래 교방을 찾았다.

"아이구, 이분이 뉘시라고! 어서 오십시오, 나으리."

뜻밖의 지남 방문에 행수 기생이 그를 반갑게 맞아 거실로 모시고 차 대접을 하며 물었다.

"웬일로 이렇게 또 오셨습니까?"

"내가 왜 왔겠나?"

"떠나고 없는 영실을 찾아오신 것은 아닐 게고, 절 보러 오신 거지요 뭐."

"좋을 대로 생각하게. 영실은 그 후로 소식이 없는가?"

"예, 통 없습니다. 그런데 진짜 어떻게 오신 겁니까?"

"유황을 좀 구하려고."

"유황요? 우리 집에 유황 파는 사람들이 유숙하고 있는데."

지남이 그 소리를 듣자마자 깜짝 놀라 다시 물었다.

"어떤 사람들인데 유황을 팔아?"

"이와이, 겐조, 그리고 또 한 사람은 뭐라 하던데 잘 모르겠습니다만 하여튼 왜상 세 사람입니다."

지남은 겐조라는 소리에 깜짝 놀라 다시 물었다.

"조금 전에 '겐조'라고 했느냐?"

"네."

지남은 행수의 말에 온몸에 전율이 흘렀다. '겐조'라는 이름이 거기서 왜 나올까? 동명이인이 있을 수는 있지만 하여튼 유황을 취급하는 사람으로 겐조라는 이름을 들으니 지남으로서는 당연히 의아해할 수밖에 없었다. 지남이 고개를 갸우뚱하면서 의아해하는 표정을 짓자 행수가 다시 물었다.

"아니! 나으리 왜 그러세요?"

"아닐세, 아니야."

하고 지남은 딴전을 피우며 영실 이야기를 꺼냈다.

"그럼 영실은 이제 영원히 못 보겠구나."

라고 하자 행수는 지남에게 잠깐 기다려 보라는 손짓을 하고 자리에서 일어나더니 작은 보자기를 가지고 와서 지남 앞에 풀었다.

"이게 그 아이가 빠뜨리고 간 거랍니다."

라고 하며 하얗고 코끝에 수실이 달린 외짝 버선과 쓰고 다니던 하얀 너울을 보여주었다. 지남은 유류품을 이리저리 살펴보더니 그녀를 본 듯 반가워하며 자기가 가져도 되느냐고 승낙을 받은 뒤, 너울은 목에 두르고 버선은 소매 속에 넣으면서 말했다.

"사노라면 만날 날이 있겠지."

세월이 흘러도 잊지 못할 것 같은 지남의 표정에 행수도 마음이 아팠던지 위로하는 말을 건넸다.

"그런 날이 오겠지요."

그러자 지남은 찻잔에 남은 마지막 한 모금을 마시고 자리에서 일어나면서 빠른 시일 내에 다시 한번 올 테니 그놈들의 동정을 잘 살펴보라며 객사로 돌아왔다.

숙소로 돌아온 지남은 영실의 생각과 '겐조'라는 이름이 뒤섞여 잠을 이루지 못했다.

***

이틀 뒤, 이진구가 김 나장을 찾아왔다.

"그래, 잘 알아봤느냐?"

"예, 만나기는 했는데, 그들은 내 말을 못 믿겠다며 직접 만나길 원합니다."

밀상들이 배를 타고 갈 사람을 직접 만나길 원해 나장과 지남 일행은 이진구를 따라나섰다.

이진구는 김 나장 일행을 초량 왜관(倭館)을 지나 용두산 아래 왜인들의 집단 거주지로 안내했다. 그곳은 왜관의 우두머리 관수(館守)가 사는 집과

도 그리 멀지 않은 곳이었다. 집은 검은 기와로 나지막한 일본식 이층집이었다. 그 집의 위치로 보아 밀상들은 관수와 무슨 관계가 있는 듯했다.

이진구가 대문의 줄을 당기자 하인이 나와 그와 나장 일행을 거실로 안내했다. 잠시 뒤, 일본 전통복장 와후쿠(和服)를 입은 사람이 통역하는 시종을 데리고 나왔다. 이진구가 나장에게 먼저 왜상을 소개했다. 그러자 나장은 자신을 부산진(釜山鎭)에서 왜관을 관리하는 나장 김기수라고 소개하였고, 다음으로 지남은 자신을 전의감(典醫監) 주사라고 하고 떡뫼와 갓마흔을 데리고 있는 봉사라고 속였다. 그러자 왜상은 자신을 '사이토'라고 간단히 말하고 나서 물었다.

"오사카를 가시겠다고?"

지남이 그렇다고 하자 조선과 일본 사이는 세견선이 많은 데 그것을 타고 가지 왜 비싼 자기들 배를 타려고 하느냐고 다시 물었다.

"그 배는 대마도밖에 가지 않지 않은가?"

라고 지남이 말하자 사이토는 고개를 끄덕거렸다.

"오사카까지는 날씨 따라 다르지만 갔다 오는데 20~30일이 걸리고 선원도 10명 이상이 필요하기 때문에 적어도 2천 냥은 받아야 합니다."

너무도 터무니없는 뱃삯에 지남이 놀라는 표정을 짓자 그는 다시 물었다.

"오사카에는 왜 가려 하오?"

"우리는 오사카를 거쳐서 에도까지 가야 하네."

"거긴 왜요?"

"유황 때문에."

"그건 어디에 쓸려고?"

"지금 한양에는 궁녀들과 양반집 마님들에게 임질, 매독 등 성병이 창궐하여 유황이 한시가 급한 상황이네."

"그렇게 급하면 그 먼 곳까지 갈 필요 없이 우리 것 사세요."

"유황을 가지고 있는가?"

"돈만 준다면야 얼마든지."

지남은 돈만 주면 거래가 금지된 유황을 얼마든지 구할 수 있다는 말에 자신이 이 세상을 너무도 모르고 살고 있구나 하는 것을 깨달았다.

그러자 지남은 비싼 뱃삯을 주고 그들의 배를 타고 갈 것이냐 아니면 여기서 이들의 유황을 살 것이냐를 두고 고민이 생겼다. 그것은 단순한 문제가 아니었다. 서둘 것이 아니라는 생각에 다시 만나기로 하고 숙소로 돌아왔다.

그날 저녁 행수 기생이 지남을 찾아왔다.

"나으리, 나으리 짐작이 맞았습니다. 어제저녁 놈들이 술을 마시며 하는 말 중이 겐조가 강병수를 죽게 한 것이 너무 괴롭다고 하자 한 사내가 말하기를 남자가 정(情)에 약하면 큰일을 못한다며 야단치는 것을 들었습니다."

"겐조가 강병수를 죽게 했다고?"

"네, 그러면서 '10여 년 전에 이토(伊藤)상이 물건을 잡았을 때 거제 가덕진에서 임지수와 조선인 몇 놈만 손을 봐버렸으면 아무 탈이 없었는데 사소한 인정을 베풀다가 100여 명이 걸려서 50여 명이나 참살을 당했잖아.'라고 했습니다."

지남은 행수의 말을 듣고 이 사건엔 겐조가 끼어있다는 것을 알게 되었다. 그길로 지남은 첨사를 찾아가 이 사실을 보고했고, 첨사는 즉시 휘하의 장수들을 진동문루(鎭東門樓)로 급히 불러 대책을 논의했다.

지남이 여러 장수들 앞에서 현재 상황을 설명했다.

"이번 사건은 소관이 에도에서 매입한 유황을 강병수가 가지고 오다 해

15. 누명을 벗다

상에서 해적을 당했습니다. 그놈들이 지금 동래 기생집과 왜관 남쪽의 왜인들의 집단 거주지에 있는 걸로 보입니다. 지금 우리는 곧 놈들을 만나게 될 것인데, 그때 탈취당한 유황을 다시 찾아와야 합니다."

"그러면 놈들과 해전(海戰) 한판 해야겠는데요."

라고 한 장수가 지남의 뒤를 이어 말했다. 그러자 다른 부장도 이어서,

"그래! 요즘 몸도 근질근질 한데 잘됐네요. 한판 합시다!"

라고 말했다. 그 말을 듣고 있던 갓마흔이 입을 열었다.

"놈들이 어떻게 나올지 모르는데 어떻게 해전을 준비합니까? 소인의 생각으로는 우리가 유황과 인삼을 주고받을 때 현장을 급습하는 게 좋을 것 같습니다요."

그러자 떡뫼가 옆에서 마흔을 거들었다.

"그래, 우리 동생 말이 옳은 것 같습니다!"

그때 첨사도 그 말을 수긍하는 듯 고개를 끄덕이며 손을 들고 좌중을 진정시켰다.

"지금까지 이야기를 들어보면 놈들에게 유황을 탈취당한 것은 명백하다. 그런데 그것을 다시 되찾기 위해서는 놈들이 기미를 눈치채기 전에 현장을 급습하는 것이 상책이다."

하면서 휘하 부장들과 지남에게 세세한 행동요령을 꼼꼼하게 명령했다.

다음 날, 증산(甑山)의 산 그림자가 부산진성에 길게 드리울 즈음, 약속대로 이진구가 어수룩한 차림을 하고 성 남문 앞에 나타났다. 첨사의 명령에 따라 남문 장대에서 그를 기다리고 있던 김 나장과 지남 일행은 지시받은 대로 행동을 개시했다. 김 나장이 그를 성문 앞에서 맞았다.

"어서 오게, 기다리고 있었네."

"준비가 되었으면 출발하시지요."

이진구도 긴장이 되었던지 무겁게 입을 열었다. 김 나장은 그를 따라 성문을 나섰다. 짐꾼으로 위장한 5명의 병사와 가짜 인삼궤짝을 짊어진 지남 일행이 그 뒤를 따랐다. 왜관 남쪽 왜인들 집단 거주지를 훨씬 지나 절영도 서북쪽과 맞닿는 법수천(현 보수천) 선창에 이르니 외딴 왜식 건물 한 채가 나타났다. 이진구는 일행을 그 건물 안으로 안내했다. 그 집도 기와로 지붕을 덮고 벽채는 검은 목재와 유리창으로 지어진 왜식의 이층집이었다. 집 문밖에는 날렵한 왜선 한 척이 정박해 있었다. 해는 이미 저물고 사방은 어둠에 잠겼다. 부장(副將) 김동현이 사수 10명을 뽑아 그들 뒤를 따라 매복하고 있는 줄은 김 나장과 지남만이 알고 있었다.

김 나장 일행이 건물 안으로 들어가자 꽤 넓은 거실이 나왔다. 그곳에는 이미 며칠 전에 만났던 사이토라고 했던 놈이 같은 패거리 서너 명과 함께 앉아있고, 그들 뒤로는 건장한 사내들이 2명이 서있었다. 분위기가 어찌나 엄숙하고 살벌한지 시선 돌리기도 조심스러웠다.

그때 사이토가 말을 건넸다.

"인삼을 보여주시오."

그러자 지남이 대답했다.

"유황을 먼저 보여주게."

"그러면 동시에 보여주기로 합시다."

하면서 그자가 손뼉을 치니 옆방에서 몇 사람 인부가 유황을 가지고 나왔다. 그런데 그 작업을 지시하는 사람이 겐조였다. 지남은 얼른 고개를 숙이고 겐조의 시선을 피했다.

그때 김 나장이 왼손으로 뒷목을 만지작거리자 부하 한 사람이 측간에 가고 싶다며 자리에서 일어나자 문을 지키고 있던 사내가 밖으로 나갈 수 없다며 제지했다. 그 짐꾼이 밖으로 나가지 못하자 김 나장은 아주 당황하며 말했다.

"왜 볼일을 못 보게 하는가?"

라고 항의하자 그들은 비웃음을 웃으며 말했다.

"서툰 짓 하지 말고 인삼이나 보여주시오, 나장 나리."

그러자 어쩔 수 없이 인삼을 보여줄 수밖에 없었는데 어떻게 하든 시간을 끌기 위해 유황을 전부 보여달라고 했다. 그러자 그들은 거실 한쪽에 유황 보따리를 차곡차곡 재기 시작했다. 그런데 지남은 인삼을 전부 가져간 게 아니라 일부만 가져갔기 때문에 다 보여줄 수가 없었다. 지남이 이러지도 못하고 저러지도 못해 우물쭈물하자 사이토가 소리를 질렀다.

"야! 다들 나와!"

그때 옆방에 숨어있던 낭인 차림의 부하들이 우르르 몰려나와 떡뫼와 갓마흔의 위장 인삼궤짝을 강제로 빼앗아 풀어헤쳤다. 그러자 인삼은 몇 뿌리 되질 않고 모두 지푸라기만 나왔다.

"하하하~ 이 애송이들 노는 짓이 귀엽구먼."

하면서 다시 소리를 질렀다.

"이 새끼들을 모조리 저 골방에 처넣어!"

그때 짐꾼으로 위장한 김 나장의 부하 병사들이 봇짐 속에 감춰둔 칼을 꺼내 놈들과 한판 벌이려고 대치상태를 벌였다. 그러자 사이토가 껄껄 웃으며 말했다.

"이봐! 조센징들, 우리는 너희들 칼 솜씨를 다 알고 있어. 웃기지 말고 전부 칼 내려놔! 모가지가 날아가기 전에!"

"야이, 도적놈들아! 남의 유황을 탈취하고 오히려 큰소릴 치느냐? 너희들이 이러고도 무사할 줄 아느냐?"

하고 나장이 소릴 질렀다. 그러자 사이토는 웃으며 말했다.

"야이, 바보야, 우리는 오늘 저녁 떠나면 그만이야!"

하면서,

"이놈들 빨리 처넣어!"

하고 다시 고함을 질렀다. 그의 고함 소리가 문틈으로 신호를 기다리는 김 부장의 귀에까지 들렸다. 김 부장은 아무리 기다려도 연락이 오지 않자 이미 담을 넘어 집 안에까지 몰래 잠입해 있었다. 서로의 살벌한 언성이 오가고 있고 더 이상 지체할 시간이 없다고 판단한 그때,

'탕! 탕! 탕!' 하고 김동현 부장이 총을 쏘며 집 안으로 급습했다. 김 부장을 보고 일본도를 든 낭인이 쏜살같이 달려들자 김 부장을 호위하고 있던 부관의 총에서 '탕!' 하고 불을 뿜었다. 놈이 그대로 푹 꼬꾸라졌다. 다른 한 놈이 또 칼춤을 추며 달려들자 다른 사수의 총에서 '탕!' 하고 놈의 이마를 향해 불꽃이 뿜어 나갔다. 연거푸 두 놈이 고꾸라지자 사이토도 부하들에게 스스로 칼을 내려놓으라고 했다. 작전은 순식간에 마무리되었다.

김 부장은 사이토와 겐조를 포함한 놈들을 줄줄이 묶고, 탈취당한 유황을 모두 회수하여 부산진성으로 돌아왔다. 첨사는 즉시 이 사실을 동래 부사와 경상좌수사에게 보고하는 한편, 겐조에 대한 죄상을 밤새 문초하고, 조사가 끝나자 바로 임금에게 치계(馳啓)하였다.

신 부산진 첨사 홍기재 삼가 전하께 아뢰옵니다. 이달 15일, 신의 관내인 초량 왜관 인근 법수천 하류에서 왜의 밀상(密商)들에 대한 소탕작전이 있었사옵니다. 놈들은 윤지완 임술 통신사를 배종했던 통사 김지남이 에도에서 유황을 구매하여 조선상인 강병수와 왜상 겐조로 하여금 운반하게 하여 오던 중, 대마도 악포 인근 해역에서 그 배를 나포하여 강병수를 그 자리에서 살해하여 바다에 던져버리고, 왜상 겐조만을

15. 누명을 벗다

데리고 부산항에 입항하여 그 유황을 밀매하려고 때를 기다리고 있었습니다. 본진에서는 때마침, 한양에서 내려온 통사 김지남에게 그 유황을 다시 판매하려는 정황을 포착하고, 놈들을 급습하여 일당 두 놈을 사살하고 죄인 겐조를 포함한 7놈을 생포하였으며, 해상에서 약탈당했던 유황 2,000근을 모두 회수하였기에 먼저 치계하여 올립니다.

임술 12월 일
신 부산진 첨사 홍기재 상서

***

그 이튿날 지남은 바로 유황의 절반을 수레에 싣고 한양으로 출발했다. 지남이 한양에 도착한 것은 12월 중순 한겨울 추위가 맹위를 떨치고 있을 때였다. 그가 한강 나루에 도착하니 변 수역이 그곳까지 마중을 나와있었다.

"아이구, 수역님. 이 혹한에 여기까지 나오셨습니까?"

"야이 사람아, 혹한이 문제냐? 사람이 다 죽게 생겼는데. 어서 따라오게!"

라고 하면서 변승업은 지남을 데리고 바로 건천동 윤 정사의 댁으로 향했다.

"어서 오게, 김 통사! 치계로 소식은 들었다만 어떻게 된 겐가?"

"부산진 첨사가 올린 치계가 그 내용 전부입니다. 강병수가 겐조와 함께 유황을 싣고 오다가 대마도 악포 인근에서 해적을 만났던 것입니다. 놈들은 그 자리에서 강병수를 죽여 바다에 던져버리고 겐조만 데리고 부산에 와서 그 유황을 밀매하려다 다행스럽게도 동래 행수 기생이 귀띔을 해주는 바람에 놈들의 범인이라는 것을 알게 되었습니다. 그리하여 부산진 첨사가 놈들을 급습하여 유황도 전부 되찾고 죄인들도 모조리 생포하였습니다. 그게 전부입니다."

"큰 고생을 하였구나! 이제 우리가 모든 누명을 벗고 살게 되었어."

라고 윤 정사가 지남을 치하하였다.

"내일 주상전하께 재복명을 하도록 되어있으니 빨리 가서 입궐 채비를 하게!"

그리하여 지남은 유황을 가지고 돌아와서 임금께 재복명을 하게 되었다.

***

재복명하는 자리에는 지난달 16일 윤 정사가 처음 복명할 때 참석했던 삼정승을 비롯한 대사헌, 대사간, 예조판서 남용익, 병조판서 남구만, 훈련 대장 신여철, 집의 신필(申㻠), 지평 김구(金構) 등이 대부분 그대로 참석하였다. 이번에도 역시 승지 이현석의 안내로 복명을 하게 하자 임금이 제지하였다.

"과인이 이미 부산진 첨사의 치계를 보았거늘 재삼 논할 이유가 없다. 대간들의 근거 없는 경솔한 간언으로 하마터면 통신사 일행이 큰 공을 세우고도 큰 벌을 받을 뻔했는데, 김 통사의 노력으로 누명을 벗게 되어 다행한 일이 아닐 수 없다. 통신정사 윤지완을 비롯한 삼사는 가자(加資)하고, 선래군관 윤취오, 이만상과 상통사 유이관, 정문수는 모두 승서(陞敍)하며, 상역관 변승업과 홍우재는 각각 숙마(熟馬) 한 필씩을 내리도록 하고, 통사 김지남은 준직(准職)을 제수하니 해당 부서에서는 차질 없이 거행토록 하라!"

죽은 목숨이라고 생각했던 삼사와 통사들은 임금의 포상이 내려지자 모두 함께 엎드려 절을 하며 한목소리로 아뢰었다.

"전하! 망극하옵니다. 신들이 불민하여 전하의 심려를 끼치게 된 대역죄를 범하였는데도 오히려 후한 상을 내리시니 몸 둘 바를 모르겠사옵니다."

　그러자 임금은 인정전에 선온 채비를 명하고, 특히 지남에게 직접 하사주를 내리며 그의 공을 높이 치하하였다.

　이번 임술 사행에서 김지남은 5월 8일 한양을 출발하여 12월 중순까지 7월 10일 동안의 노정을 보면, 한양에서 부산까지 1,045리, 부산에서 강호까지 4,490리(해로 3,245리), 이를 합하면 5,535리이며, 이를 왕복하면 11,070리이다. 물론 이 거리가 정확한 수치는 아니지만 이 거리를 육로는 짐을 지고 가고 바닷길은 노를 저어 갔으니 그 의미를 깊이 새겨볼 필요가 있다.

　이러한 고난을 겪으면서 통신사가 에도막부의 관백 습직을 축하하는 국서를 전하고, 조선의 호의에 감사하다는 관백의 답서를 받아옴으로써 양국 간의 우의를 돈독히 하는 데 이바지하였다.

　이로써 김지남은 1682년 5월 8일 한강 나루에서 출발한 임술 통신사행 배종업무가 12월 15일 모두 마무리되었다.

〈끝〉

별첨

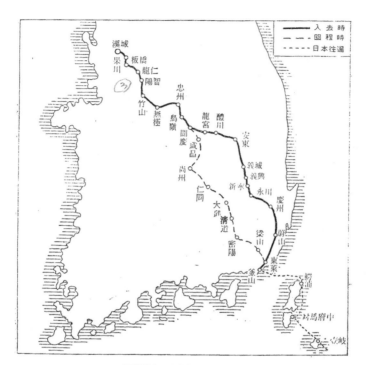

通信使行 路程(朝鮮境內)

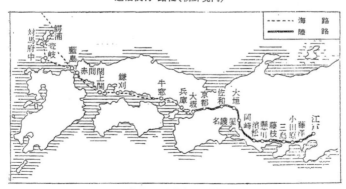

通信使行 路程(日本境內)

참고문헌

1. 『조선왕조실록』

2. 『동사록』(김지남)

3. 『북정록』(김지남)

4. 『신전자초방』(김지남)

5. 『심양일기』(소현세자)

6. 『흠정 만주원류고』(남주성)

7. 『북간도』(안수길 대하소설)

8. 『징비록』(류성룡)

9. 『열하일기』(박지원)

10. 『주해 을병연행록』(홍대용)

11. 『육효박사』(이시송)

12. 『주역』(노태준)

13. 『유마도』(강남주)

14. 『역주 화포식언해 신전자취염소방언해』(세종대왕기념사업회)

15. 『심행일기』(이준)

16. 『승정원일기』(박홍갑 외)

17. 『인물로 보는 조선사』(김정우)

18. 『조선붕당실록』(박영규)

19. 북간도 반환청구소송(강정민)

20. 『조선역관열전』(이상각)

21. 『인현왕후전』(태을출판사 편집부)

22. 『객주』(김주영 대하소설)

23. 백두산정계비 건립 실황기(국토통일원)

24. 『백두산정계비의 비밀』(김병렬)

25. 『연행사의 길을 가다』(서인범)

26. 『조선후기 중국과의 무역사』(유승주, 이철성)

27. 「'황여전람도'와 일본 고지도에 나타난 장백산과 토문강」(이돈수, 『간도학보』. 2021년 12월호)

28. 「'대고려국', 만주국, 동북인민정부의 상관관계연구」(신용우, 『간도학보』, 2020년 9월호)

29. 「한국이 '간도협약의 무효'를 중국에 통보하지 않는 이유분석」(이일걸, 『간도학보』, 상기호)

30. 「간도문제에 있어서 일본 책임론에 관한 연구」(조병현, 2016년 간도학회)

31. 그 외 인터넷 검색자료

대역관 김지남

초판 1쇄 발행   2024. 3. 26.
2쇄 발행   2024. 3. 29.

지은이   하치경
펴낸이   김병호
펴낸곳   주식회사 바른북스

편집진행   김재영
디자인   배연수

등록   2019년 4월 3일 제2019-000040호
주소   서울시 성동구 연무장5길 9-16, 301호 (성수동2가, 블루스톤타워)
대표전화   070-7857-9719 | **경영지원**   02-3409-9719 | **팩스**   070-7610-9820

•바른북스는 여러분의 다양한 아이디어와 원고 투고를 설레는 마음으로 기다리고 있습니다.

이메일   barunbooks21@naver.com | **원고투고**   barunbooks21@naver.com
홈페이지   www.barunbooks.com | **공식 블로그**   blog.naver.com/barunbooks7
공식 포스트   post.naver.com/barunbooks7 | **페이스북**   facebook.com/barunbooks7

ⓒ 하치경, 2024
ISBN   979-11-93879-38-2 04810
979-11-93879-03-0 04810 (세트)